本书是辽宁省科学事业公益研究基金（软科学研究计划）
进'智造强省'建设的对策研究"（编号 2023JH4/10600001

辽宁
智造强省建设研究

A STUDY ON BUILDING LIAONING INTO A LEADING PROVINCE
IN INTELLIGENT MANUFACTURING

李万军　姚明明　徐　峰　著

辽宁人民出版社

ⓒ李万军　姚明明　徐　峰　2023

图书在版编目（CIP）数据

辽宁智造强省建设研究 / 李万军，姚明明，徐峰著 . —沈阳：辽宁人民出版社，2023.12

ISBN 978-7-205-10993-6

Ⅰ.①辽… Ⅱ.①李… ②姚… ③徐… Ⅲ.①智能技术—应用—制造工业—产业发展—研究—辽宁 Ⅳ.①F426.4-39

中国国家版本馆 CIP 数据核字（2023）第 232428 号

出版发行：辽宁人民出版社
　　　　　地址：沈阳市和平区十一纬路 25 号　邮编：110003
　　　　　电话：024-23284321（邮　购）　024-23284324（发行部）
　　　　　传真：024-23284191（发行部）　024-23284304（办公室）
　　　　　http://www.lnpph.com.cn
印　　刷：辽宁新华印务有限公司
幅面尺寸：170mm×240mm
印　　张：20
字　　数：326 千字
出版时间：2023 年 12 月第 1 版
印刷时间：2023 年 12 月第 1 次印刷
责任编辑：郭　健
封面设计：G-Design
版式设计：姜中壹　李红梅
责任校对：吴艳杰
书　　号：ISBN 978-7-205-10993-6

定　　价：86.00 元

序 言

  制造业是国民经济的主体，是立国之本、兴国之器、强国之基，也是推进中国式现代化建设的主战场。推动制造业高质量发展是构建现代经济体系的重要一环。当前，我国制造业正处于结构调整、提质增效的关键时期，也处于由大变强、由中国制造向中国创造转变的关键阶段。从形势看，全球制造业正经历深刻变革，新形式的技术封锁、科技打压愈演愈烈，发达国家"高端制造业回流""再工业化"等制造业全球领先战略接踵而来，而中国制造的自主创新能力、智能化水平、整体质量与效益等与发达国家相比还存在明显差距。从趋势看，面向智能制造的转型已经成为中国在全球制造业竞争新格局下，抢占新赛道、形成新优势、取得新成就的必选之路。制造业的核心就是创新，推动我国制造业转型升级，建设制造强国，必须加强技术研发，提高国产化替代率，把科技的命脉掌握在自己手中。在工业 4.0 时代，我国要实现工业强国，除了在处理卡脖子的关键工序实现真正的自主可控之外，还要加强顶层设计和前瞻部署，继续推动制造业向高端化迈进、智能化升级、绿色化转型，不断提高制造业高质量发展的内生动力、发展活力和国际竞争力。

  辽宁作为全国重要的老工业基地，工业体系完备，拥有一批关系国民经济命脉和国家安全的战略性产业，并且正在深入推动全省工业智能化、绿色化、融合化发展，加快数字辽宁、智造强省建设，全力打造先进装备制造、石化和精细化工、冶金新材料和优质特色消费品工业 4 个万亿级产业基地，做强做大数控机床、船舶与海工装备等 12 个有影响力的优势产业集群，培育壮大新能源汽车、集成电路装备等 10 个战略性新兴产业集群，为中国式现代化辽宁实践提供坚强支撑。辽宁推进智造强省建设，机遇与挑战并存，优势与短板兼具。国家对辽宁及东北全面振兴、全方位振兴的支持，党中央、国务院对辽宁发展的殷切关注和政策倾斜，以及先进地区制造业数字化转型的成功经验，都为数字辽宁、智造强省战略实施提供了良好机遇。自主可控等关键核心技术亟待突破、产业链"低端锁定"以及"两化融合"程度不高是数字辽宁、智造强省建设面临的重要挑战。但是，辽宁智能化应用场景丰富、制造业门类齐全、国家级创新平台数量众多以及"星火·链网"规模较大等在全国优势明显，为进一步提高智能制造成熟度、完善工业互联网体系等新型工业基础设施、构建数字化生态圈提供了客观条件。

进入全面建设社会主义现代化国家的关键时期，以智能制造为主攻方向的制造强国加速推进，智能制造成为制造业支撑中国式现代化的中坚力量。全方位、宽领域、深层次推进智造强省建设，就是要在制造业领域从"点"的突破和"线"的拉动基础上，全"面"推进制造业向高端化、智能化、绿色化方向提升。辽宁坚持高水平科技自立自强，把握智能制造发展趋势、完善智造强省战略目标、明确智造强省战略任务，提出智造强省建设对策，有助于解决智能制造领域专用装备、核心基础零部件、关键工业基础软件等短板；有助于认真总结具有辽宁特色的智能制造推进方法和经验，既不同于德国工业4.0，又不同于欧美工业互联网；有助于形成具有中国地区实践特色的智能制造理论体系，讲好中国智能制造新故事。

本书主体内容共由七篇十九章组成，分别是形势篇、理论篇、政策篇、现实篇、案例篇、战略篇和对策篇，其中形势篇共两章六节，以全球制造业发展态势与格局、数字经济新趋势、数字中国与工业4.0以及智能制造对未来产业的影响为研究背景，分析了辽宁智造强省建设面临的机遇与挑战。理论篇共三章十二节，分别从数字经济赋能制造业高质量变革的理论、制造业数字化转型理论和智能制造理论展开论述。政策篇共两章九节，从国家智能制造政策梳理到辽宁省智造强省系列政策，进行了较为详细的系统梳理。现实篇共两章九节，全面分析了辽宁制造业发展现状以及制造业数字化转型面临的主要问题。案例篇共四章十四节，分别从美国、德国、日本等国外发达国家到广东、江苏、浙江和山东等国内先进地区，梳理了它们在智能制造领域采取的战略或制造强省建设经验等，并对智能制造关键基础性产业发展态势做了分析，最后分别从国家战略、先进省份两个层次总结了制造业智能化转型的经验与启示。战略篇共一章四节，提出了辽宁智造强省战略的指导思想、基本原则、战略目标和战略任务。对策篇共五章二十节，分别从推动辽宁智造强省建设的新型创新载体、智能制造应用示范、智能制造基础、智能制造企业主体以及智能制造的体制机制等维度，提出了相关对策建议。此外，附录部分，收集了作者近三年在报刊媒体及智库内参上发表的研究报告，部分报告受到了省级领导的肯定性批示、批办，以飨读者。

　　以上是为序。

2023 年 7 月 12 日于沈阳

目　录

第三篇　政策篇

第四篇 现实篇

第八章 辽宁制造业发展现状 / 129

第九章 辽宁制造业数字化转型升级面临问题 / 159

第五篇 案例篇

第十章 发达国家智能制造发展战略 / 173

第六篇　战略篇

第十四章　辽宁智造强省战略研究 / 217

第七篇 对策篇

附　录

图表目录

图目录

表目录

第一篇　形势篇

第一章

国内外制造业数字化转型的发展背景及趋势

当前，全球制造业正经历深刻变革，受逆全球化和保护主义抬头、国际经贸规则重构、发达国家推动产业链回迁、新一轮科技革命加速推进等多重因素影响，未来全球制造业和产业链、供应链格局将朝着区域化、本土化、多元化、数字化等方向加速调整和重塑。因此，各国需要加强合作、互学互鉴，共同把握新一轮科技和产业革命机遇，增强制造业数字化、智能化技术创新能力，推动制造业质量变革、效率变革、动力变革。

第一节　全球制造业发展态势与新格局

一、西方发达国家制造业发展趋势：向智能化、数字化转变

智能化是全球制造业发展的重要趋势，也是促进一国制造业提质增效升级的必然选择。在新一轮科技革命和产业变革加速演进过程中，大数据、物联网、人工智能、3D 打印等对产业链、供应链各个环节的逐步渗透，将从根本上改变原有的研发方式、制造方式、贸易方式、产业组织形态，制造业在科技革命驱动下，向智能化、高效化和格局重构演变的趋势更加凸显。

科技革命推动生产方式变革，推动产业链、供应链变得更短、更加智能。

一方面，互联网技术与制造业的结合，使得制造业研发设计、产品生产、销售管理等全链条网络化，生产布局更加分散化、工厂规模更加小型化，交付周期大幅缩短，进而使产业链、供应链变得更短。例如，3D打印技术会让本地化生产成为可能。另一方面，人机共融的智能制造模式、智能材料与3D打印结合形成的4D打印技术，推动制造业由大批量标准化的生产方式转变为以互联网为支撑的智能化大规模定制生产方式，原料采购、产品加工和市场销售都将实现本地化，导致所有企业的供应链体系发生巨大变化。

科技革命加速机器换人步伐，可能固化全球产业链、供应链分工格局。国际机器人联合会（IFR）数据显示，2021年全球机器人销量高达48.68万台，同比大幅增长27%，其中亚洲和大洋洲的增长幅度最大，均达到33%，共计35.45万台；电子行业（13.2万台）、汽车行业（10.9万台）等制造业是工业机器人需求量最多的领域，之后是金属和机械行业（5.7万台）、塑料和化学行业（2.25万台）、食品和饮料行业（1.53万台）。新冠病毒感染加速了世界各国机器换人的意愿和速度，各国都希望通过利用工业机器人获得更低的成本、更高的效率和更快的生产速度。与部分经济水平落后的发展中国家相比，发达国家以及中国等新兴市场国家，在科技和数字经济领域具有明显优势，通过推动机器换人，未来可能改变过去产业向劳动力成本较低的国家转移的规律。同时，数据将成为重要的生产要素，导致不同经济体之间要素禀赋优劣势发生根本性变化，这将从根本上影响跨国公司的投资决策，驱使产业链、供应链布局向发达经济体或具有数字技术优势的发展中国家倾斜。

先进技术带来的新产品和服务，或将影响全球产业链、供应链布局。数字技术的发展和应用，可以改变部分行业的产品和服务，形成新的产业形态或新的产品和服务，甚至影响贸易流量的内容和数量。例如，受益于数字技术、新能源技术、政策补贴等方面的综合影响，据日本经济新闻网站报道，2021年全球纯电动汽车（EV）新车销量达到约460万辆，是2020年的2.2倍，首次超过混合动力车（310万辆），混合动力汽车销量同比增幅仅为33%，在低价车型受欢迎的中国，纯电动汽车占到新车销量的 1 成。^① 未来，随着电动汽车销量持续上涨，可能会使对汽车零部件的贸易量产生部分替代效应，同时也会抑制石油进口，对相关产业、相关国家的进出口贸易和供应链产生较大影响。

二、全球制造业"三大中心"及其产业链、供应链本土化新趋势

制造业发展和格局演化对世界经济具有重要影响。二战以来，全球制造业经历多次转移，形成了"三大中心"主导的全球产业链、供应链分工格局。当前，受逆全球化、贸易保护主义加剧、新冠疫情冲击、俄乌冲突等多重因素影响，全球制造业产业链、供应链正在朝着区域化、本土化、多元化、数字化等方向加速调整。

19 世纪工业革命以来，全球制造业先后经历了由英国、美国转移到日本、德国，之后又由欧美国家和日本转移到"亚洲四小龙"、再转移到中国的发展历程，形成了以美国为中心的北美供应链、以德国为中心的欧洲供应链和以中国、日本与韩国为中心的亚洲供应链网络。全球制造业围绕美德中日韩等制造业大国，通过与周边国家产业链、供应链合作，形成了各具特色和优势的全球制造业"三大中心"。

一是以美国为核心，辐射带动加拿大和墨西哥的北美制造业中心。作为世界上最发达的工业国家之一，美国 2021 年制造业增加值为 2.50 万亿美元，占 GDP 的比重为 10.7%，占全球制造业增加值比重为 15.3%，位居全球第二。美国在东北部、南部和太平洋沿岸地区形成了横跨钢铁、汽车、航空、石油、计算机、芯片等多个领域的制造业区域集群，并与加拿大、墨西哥形成了紧密的产业链、供应链合作关系。美国经济分析局统计数据显示，美国自加拿大和墨西哥货物进口额占自全球进口的 1/4 左右，对加拿大和墨西哥货物出口

---

① 数据来源：人民资讯网，https://baijiahao.baidu.com/s？id=1730673468414044662&wfr=spider&for=pc。

额占对全球出口的 1/3。[①]

二是以德国为核心，辐射带动法国、英国等老牌发达国家的欧洲制造业中心。这一制造业中心不仅是近代工业革命的发源地，制造业历史底蕴雄厚，同时也因为拥有数量众多的中小企业，为欧洲制造业的创新发展注入了充足活力。2021 年，德国制造业增加值占全球制造业增加值的比重为 4.7%，位列全球第四。法国和英国制造业增加值全球占比分别为 1.5% 和 1.7%。同时，欧盟制造业增加值全球占比 15.6%，整体与美国规模实力相当。

三是以中日韩为核心，辐射带动东南亚、南亚等国家的亚洲制造业中心。近年来，凭借人口红利和正在快速崛起的消费市场，以及蓬勃的经济活力，亚洲制造业中心形成了全球最完整的产业链，并逐步向中高端制造业领域发展，甚至在部分制造技术方面已经对欧美等国家形成一定竞争优势。自 2001 年中国加入世界贸易组织以来，中国制造业增加值占全球比重逐步提升，并分别在 2001 年超过德国、在 2007 年超过日本、在 2010 年超过美国，连续 12 年成为世界第一制造业大国。2021 年，中国制造业增加值达到 31.4 万亿元，占全球比重由 2010 年的 18.2% 提高到 29.8%。日本、韩国制造业增加值占全球比重分别为 5.9% 和 2.8%，在亚洲制造业产业链、供应链体系中占据重要地位。同时，在东南亚地区，越南凭借劳动力成本优势，积极承接产业转移，实现制造业增加值快速增长，从 2010 年的 150.1 亿美元增长到 2021 年的 481.6 亿美元，但其占全球比重目前仅为 0.3% 左右。在南亚地区，印度制造业增加值也有所增长，从 2010 年的 2853.5 亿美元增长到 2021 年的 4465.0 亿美元，占全球制造业增加值比重一直维持在 2.7% 左右。

从全球范围来看，制造业产业链、供应链形成了不可分割、高度依赖的格局，主要表现在两个方面。一是全球制成品贸易超过 60% 集中在欧洲和亚洲。2010 年至 2021 年，东亚和太平洋地区、欧洲和中亚地区、北美地区制成

[①] 数据来源：张威、林梦（中国社会科学院世界经济与政治研究所和虹桥国际经济论坛研究中心《世界开放报告 2022》课题组），发表于《经济日报》，2022-11-09。

品出口占全球制成品出口的比重虽然均呈现小幅下降趋势，分别从 2010 年的 28.8%、43.2%、12.7% 降至 2021 年的 26.9%、39.5%、11.8%，但东亚和太平洋地区、欧洲和中亚地区两大区域合计占比仍保持在 60% 以上。二是全球中间品贸易发展强劲。中间品贸易是制造业全球供应链稳健性的关键指标之一。麦肯锡研究报告显示，1993 年，全球中间产品贸易额占全球贸易额的比重约为 1/4，而目前这一比例已超过 2/3，且排名前五位的国家中间产品贸易额之和占全球中间产品贸易总额的比重超过 1/3。世界贸易组织按季度发布的《全球中间产品出口报告》显示，2021 年各季度全球中间品出口都保持了 20% 以上的增长，大多数主要出口国的中间品贸易超过了新冠肺炎疫情暴发前的水平。

国际金融危机后，随着全球经济回归实体经济和发达国家实施"再工业化"战略，以及主要新兴经济体竞相采取优惠政策改善投资环境，引发了世界各国对制造业新一轮的激烈争夺，产业链、供应链本土化趋势凸显。美国、欧盟、日本等发达国家近年来力图重振本国制造业，纷纷鼓励本国制造业企业回流。特别是新冠肺炎疫情更加凸显了供应链安全的重要性，发达国家考虑到应急安全、基本保障、经济发展、社会稳定等因素，纷纷通过法律规定、经济补贴以及政治手段，促使本国企业加大对本国投资，使得全球产业链、供应链呈现"本土化"或"本国化"趋势。例如，美国在《2021 年战略竞争法案》中，明确提出从 2022 年至 2027 年每个财政年度拨款 1500 万美元支持供应链迁出中国，确定中国境外生产或采购的替代市场。日本政府 2020 年拨款 2200亿日元支持日本企业回流本土或转移至其他国家，并在 2021 年 6 月出台的《经济财政运营与改革基本方针 2021》中提出要集中投资半导体等战略物资，重建国内生产体系，鼓励企业将生产基地多元化、分散化。这些措施将在一定程度上改变全球价值链的区域布局，加速本土化方向发展。

三、部分发展中国家制造业转型升级趋势

"制造业迁出中国"算是近两年的热门话题，热门的目的地除了印度，

就是越南，前者工业基础薄弱，后者体量实在太小，基本只能做做组装手机的生意。事实上，真正能承接中国的制造业体量的目的地，是整个东南亚。与很多人的惯常认知相反，东南亚并不是一个香蕉共和国的合集。在2021年上半年，中国进口的价值1540亿美元的芯片中，就有超过300亿美元来自东盟国家，占比接近20%，远超橡胶、铜铝、海鲜等人们印象中的东南亚土特产。

以越南、印度为代表的东南亚、南亚国家凭借劳动力低成本优势以及优惠的引资政策，大力吸引外商投资，积极承接国际产业转移，导致部分在华外资企业将工厂从中国转向越南、印度等国家。近年来，越南凭借开放的市场环境、优越的地理区位、相对丰富且廉价的劳动力资源，以及与多个国家和地区签署的多双边自由贸易协定，成为吸引跨国企业投资的主要目的地之一。2012年至2021年越南制造业利用外资金额波动上涨，从54.6亿美元上涨至181亿美元。而且，越南拥有大量劳动力人口，15岁至64岁人口占越南总人口70%左右，劳动力成本相对较低，2020年越南平均时薪为2.99美元，而同期中国则为6.5美元，越南仅为中国的46%。近十年，三星在越南总计投资超过173亿美元。仅智能手机一项，越南工厂每年产量就在1.5亿台左右，约占全球总产量的一半。而从整体上看，2018年越南三星的出口额达到600亿美元，是越南全国出口的1/3。更为重要的是，韩国在亲力亲为培育配套产业链的生长。此外，越南还出台了"四免九减半"、特殊投资优惠等一系列具有吸引力的引资政策。这些优越的引资条件和优惠的引资政策，吸引了一些跨国企业从中国转移到越南。越南本身并不足为惧，但如果以越南组装为核心，加上有电子产业链基础的四小虎，这便会形成一个有实力的零部件供应商，成为中国本土制造业的巨大威胁。而这个威胁正在酝酿。

印度近5年来推出"印度制造""印度技能"等系列政策，旨在推动印度成为全球制造业中心。印度将2019年10月1日至2023年3月31日期间新成立并运营的制造企业基本税率从25%下调至15%，进一步吸引国际投资。同时，提高手机及零部件进口关税，从而使得手机及零部件生产厂商不得不在印度建厂。在一系列政策的推动下，部分跨国企业将供应链从中国转移到印度，促进了印度制造业快速崛起。在汽车行业，2021至2022财年印度前十大车企中有8家是外资企业，日本铃木（43.65%）和韩国现代（15.78%）合计占比接近60%。在手机行业，2021年印度前五大手机厂商均是外资企业，其中67%的市场占有率来自中国企业。

四、中美大国博弈影响全球制造业产业链、供应链重构

随着中国制造业产业竞争力不断增强，中国成为全球第二大经济体和制造业第一大国，对美国制造业形成冲击与竞争压力。美国为了促进本国制造业发展，维护自身霸权地位，在经贸、高科技、制造业产业链领域发起挑战，并通过推动在华美国企业回流、意识形态施压等手段，构建"去中国化"的产业链、供应链。中美博弈将导致全球经济政治格局重塑，进而推动全球制造业产业链、供应链重新配置。

制造业一直是中美战略博弈的关键环节，产业链、供应链是重点领域。早在2018年，美国就开始相继发布多项行政法令与政策文本，对其在制造业、国防工业等重点领域的产业链、供应链安全、对国外依赖程度、具体应对策略等进行了全面评估，以应对激烈的国际竞争。新冠肺炎疫情暴发以来，美国供应链安全战略更是不断升级，力图重构以自身为主体的供应链体系。2022年5月，"印太经济框架"启动，包括美国、日本、澳大利亚、韩国、印度等多个国家加入，在供应链合作方面，该框架计划建立一个供应链预警系统，增强原材料、半导体、关键矿物和清洁能源技术等关键供应链领域的可追溯性，与参加国合作推进生产的多元化布局。其供应链多元化实质就是"有限全球化"，即在制造业产业环节中避免过度依赖特定国家。在当前全球复杂多变的局势下，由于将经济、贸易等问题与包括国家安全在内的更广泛的国家利益分开考虑越来越困难，美国尝试通过推进贸易一体化的多边方法现代化，重塑自由贸易价值观，并与"可以依赖的国家"进行贸易。因此，价值观和供应链的脆弱性可能成为发达国家重构国际贸易格局的考量因素，

并将使多边贸易体制受到根本性冲击，加剧全球供应链风险。

第二节　数字经济新趋势

一、制造业数字化新趋势

由国务院于 2015 年 5 月印发的国家行动纲领——《中国制造 2025》，从国家层面确定了中国建设制造强国的总体战略，明确提出要以加快新一代信息技术与制造业深度融合为主线，以推进智能制造为主攻方向，实现制造业由大变强的历史跨越。在中国共产党第十九次全国代表大会报告中，提出加快建设制造强国，加快发展先进制造业。要继续做好信息化和工业化深度融合这篇大文章，推进智能制造，推动制造业加速向数字化、网络化、智能化发展。中国共产党第二十次全国代表大会报告中指出，坚持把发展经济的着力点放在实体经济上，推进新型工业化，加快建设制造强国、质量强国、航天强国、交通强国、网络强国、数字中国。

制造业是国民经济的主体，其价值链长、关联性强、带动力大，在很大程度上决定着现代农业、现代服务业的发展水平，在现代化经济体系中具有引领和支撑作用。党的十八大以来，以习近平同志为核心的党中央高度重视制造业发展，强调要把制造业高质量发展作为构建现代化产业体系的关键环节，做实、做优、做强制造业，推动我国从"制造大国"向"制造强国"迈进。十年来，我国制造业实现了量的增长和质的提升。2021 年中国制造业增加值规模达到了 31.4 万亿元，占 GDP 比重达 27.4%，占全球比重由 2012 年的 22.5% 提高至 2021 年的近 30%，见图 1-1，且连续 12 年位居世界第一。从 2012 年到 2021 年，中国工业增加值年均增长 6.3%（以不变价计算），远高于同期全球工业增加值年均增速（2% 左右）。此外，按照工业和信息化部统计，我国制造业有 41 个工业大类、207 个工业中类和 666 个工业小类，成为全球产业门类最齐全、产业体系最完整的制造业。并且制造业相关产业链配套能力全球领先，具有强大的韧性和发展潜力，这种体系完备、配套完善、组织协作能力强的优势在近几年应对外部冲击过程中得到了充分彰显。我国深入实施智能制造工程和制造业数字化转型行动，实现云计算、大数据、人工智能与制造业的融合发展。2021 年，重点工业企业关键工序数控化率、数字化研发设计工具普及率分别达到 55.3% 和 74.7%，较 2012 年分别提高 30.7 和 25.9 个百分点，一批智能示范工厂加快建成，智能制造应用规模全球领先。

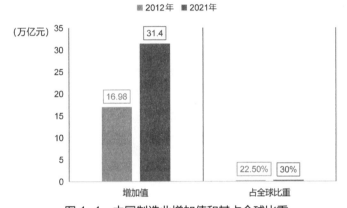

图 1-1　中国制造业增加值和其占全球比重

数据来源：（增加值）国家统计局，（占全球比重）工业和信息化部。

但也要看到，我国制造业在自主创新能力、信息化水平、资源利用效率等方面，与世界先进水平相比，还有差距。站在新的历史起点上，中国制造要锚定高端化迈进、智能化升级、绿色化转型的目标，深入实施制造强国战略，不断夯实实体经济根基，谱写制造强国新篇章。

未来，制造业数字化的主要趋势表现为：智能制造、工业互联网加快推进，制造业数字经济持续渗透。2022 年 11 月 21 日，根据财联社报道，工业和信息化部等三部门联合印发《关于巩固回升向好趋势加力振作工业经济的通知》（以下简称《通知》）。《通知》主要聚焦工业经济的提振巩固，明确提出：（1）深入实施先进制造业集群发展专项行动，聚焦新一代信息技术、高端装备、新材料、新能源等重点领域，推进国家级集群向世界级集群培育提升。（2）启动创建国家制造业高质量发展试验区，构建一批各具特色、优势互补、结构合理的区域增长极。（3）加强新技术新产品的推广应用，推动新一代信息技术与制造业深度融合，构建新一代信息技术、人工智能、生物技术、新能源、高端装备、工业软件、绿色环保等一批新的增长引擎，大力发展新产业、新业态、新模式。加快发展数字经济，打造具有国际竞争力的数字产业集群。（4）深入实施智能制造工程，开展智能制造试点示范行动，加快推进装备数字化，遴选发布新一批服务型制造示范，加快向智能化、绿色化和服务化转型。（5）深入开展工业互联网创新发展工程，实施5G行业应用"十百千"工程，深化"5G+工业互联网"融合应用，加快5G全连接工厂建设，推动各地高质量建设工业互联网示范区和"5G+工业互联网"融合应用先导区。（6）落实5G扬帆应用行动计划，深入推进5G规模化应用。

因此，针对复杂多变的国内外局面，国家也积极继续进行前瞻布局，正式提出了国家发展的数字化、绿色化理念和趋势，明确了将数字、知识、碳排放等确认成为新的生产要素，明确了逐步形成以国内大循环为主体、国内国际双循环相互促进的新发展格局的战略部署。所以，对于中国制造业来说，数字化和智能化、双碳目标和绿色化以及内循环建设和供应链重构是当前以及未来基本明确的三个重大趋势，将直接影响国家未来的社会治理、经济发展、企业的成长、盈利模式、人民的生活和消费方式，是国家发展模式的根本性改变。

二、数字产业化新趋势

1. 数字化转型助推全球化，也加速推动全球价值链"近岸化""短链化"

伴随着数字产业发展带动的生产能力和配套产业链的完善，加上数字技术进步带来的生产要素比重变化，全球价值链"近岸化""短链化"正逐步成为可能。数字技术加速了全球分工格局变化，得益于发达国家制造业外迁和数字经济产业的发展，ICT产品制造业成为以中国、越南、马来西亚等为代表的东亚、东南亚发展中国家融入全球价值链的重要机遇。从世界范围来看，随着美国等发达国家加大了对制造业回流的力度，以及对数字技术的应用，全球价值链围绕美国、德国、中国三个核心国家布局的"短链化"趋势也会越来越明显。这意味着虽然中国在数字经济行业的绝对规模在上升，但增加值构成发生了变化，中国在三个数字经济产业中从国外进口产品和服务参与生产的比重在下降，利用国内产品和服务参与国内生产的比重在不断上升。造成这种情形主要有两种原因：第一，中国强大的工业配套体系能力和数字技术能力的提升，使得很多生产中间产品和服务的流程可以在国内完成，因此后向联系中三个产业的国外增加值占比会明显下降，但数字经济两个服务业的前向联系国外增加值比重会轻微上升；第二，数字技术和数字基础设施的完善和发展，促进了对数字制造和服务需求的绝对增长，这不仅包括中国这种能力提升明显的国家，也包括越南、菲律宾、波兰、匈牙利等在区域核心周边的国家，这些国家的需求也促进了德国、日本、韩国等国的国外参与比重。

2. 数字产业化领域不断扩大，并呈加速应用态势

数字产业化是数字技术与实体经济深度融合过程中的产业化，可以分为政府引导的数字基础设施产业化、传统企业的数字产业化、创新平台企业的数字产业化、新个体经济的数字产业化等几个部分。未来中国的数字产业化规模也将快速扩大，因为政府数字基础设施投入的增加，无论是技术还是经济基础设施都开始走向大规模产业化，产生十万亿人民币级别的市场机会；传统产业的数字产业化任务往往集中在数字科技部门，这些部门将会逐渐找到运营产业云、产业数据资产、产业互联网等模式的新路径，并开始显示出巨大的价值创造能力；创新平台企业的数字产业化，重点体现在数字生产性服务业的快速发展，如同 2C 的大型平台经济企业一样，在 2B 领域也将涌现大量新型的产业数字服务平台企业；从个体层面来看，数字产业化空间也极其巨大，向数字艺术、新电商、社交等数字空间服务市场，将会涌现大量的数字自由职业者。

3. 数字化转型依然由服务业推动，但数字技术与实体经济深度融合的模式仍在探索

虽然数字化转型已进入到第三阶段，借助工业互联网实现数字技术与

实体经济的深度融合。但是目前各发达国家尚未探索出有强大带动力、可普遍实施的数字化路径，数字技术与实体经济的深度融合程度尚需加强。根据OECD 对产业数字密集度的分类，大部分制造业属于中高数字密集型，制造业占比较低的美国在这一类别有轻微的下降，但是并不显著；与日本相比，美国、德国的高、中高数字密集度产业的占比之和要略高一些。一是说明这些国家近年来的产业结构较为稳定；二是说明现行分类标准下行业的数字密集度并没有出现结构性改变。实践中，发达国家因较高的人力成本，其本国制造业的自动化水平一直较高，虽然不断推出"数字化工厂""无人工厂"等新的制造业模式，但大多用于附加值较高的行业（如汽车制造）或具有品牌溢价的制造业企业中，并没有改变整个行业的数字密集度。而制造业上下游产业联系复杂，中小企业众多，大企业的数字化转型经验难以完全复制到上下游的中小企业中，因此数字技术与实体经济融合的过程较为缓慢。

4. 数据安全和平台垄断成为数字化转型的焦点，各国利用法律法规进行战略布局

数字经济时代，数据成为重要的战略资源。一方面，数据作为重要的生产要素进入生产函数，可以改进生产流程，优化组织形式，不仅能够形成新的产业，也可以重塑原有产业的比较优势。另一方面，个人活动、生产活动以及政务活动中形成的大量数据，其数据所有权、使用权以及数据安全保护，成为数字化转型特有的新现象。同时，数字经济产业也是具有网络效应的行业，极容易通过直接网络效应、间接网络效应和跨边网络效应形成"赢家通吃"，而平台经济的兴起更加剧了这一现象，尤其在提供基础设施服务（IaaS）的平台，非常容易形成寡头垄断，造成中小企业对大企业平台的依附。这些问题不仅是数字化转型中必须面对的问题，也成为各国利用法律法规进行数字产业布局的竞争点。因此，未来针对数据和平台治理的问题，各国均想方设法形成有利于自身的标准，对各国数字领域企业参与国际竞争产生不可预知的风险。

第三节　数字中国与工业4.0

一、数字中国战略导向

1.数字中国提出的背景

数字化为人力成本提升下的必然选择，国内 IT 行业有望稳健成长。对标欧美发展史来看，我国经济已经到达了对数字化需求迫切增长的拐点，需要采取数字化手段降本增效。数字化的本质是更自动、更智能的生产工具，可赋能千行百业，是人力成本提升下的必然选择。数字化发展的大背景下，当前 IT 行业也步入了产业升级的新阶段，产品化、云、人工智能等新一代技术加速涌现、驱动新一轮成长。

大数据成为塑造国家竞争力的战略制高点之一，国家竞争日趋激烈。一个国家掌握和运用大数据的能力成为国家竞争力的重要体现。美国高度重视大数据研发和应用，2012 年 3 月推出"大数据研究与发展倡议"，将大数据作为国家重要的战略资源进行管理和应用，2016 年 5 月进一步发布"联邦大数据研究与开发计划"，不断加强在大数据研发和应用方面的布局。欧盟2014 年推出了"数据驱动的经济"战略，倡导欧洲各国抢抓大数据发展机遇。此外，英国、日本、澳大利亚等国也出台了类似政策，推动大数据应用，拉动产业发展。

2.国家大数据体系规划的总体目标

数字经济战略地位空前，工业互联网渗透率有望提升 3 倍。2022 年 1 月12 日，国务院印发《"十四五"数字经济发展规划》的通知，到2025 年，我国数字经济核心产业增加值占 GDP 比重需从 7.8% 提升至10%，其中工业互联网平台应用普及率计划从 14.7% 提升至 45%；1 月 15 日，《求是》刊登文章《习近平总书记：不断做强做优做大我国数字经济》。两次顶级文件印证我国数字经济战略地位达到空前高度，有望成为经济高质量、稳增长发展的重要抓手。根据中国人大网报道，2022年11月14日，国家发展和改革委员会发布《国务院关于数字经济发展情况的报告》（以下简称《报告》），与数字经济发展战略、"十四五"数字经济发展规划一脉相承。同时，《报告》对下一步工作安排做出了具体指示，重点关注关键核心技术攻关、数字基础设施建设、数字产业创新发展、产业数字化转型、数字公共服务、数字经济治理体系、网络安全和数据安全保护、数字经济国际合作等多个方面。概括而言，数字中国的战略目标包括以下几个方面：

（1）形成战略性、基础性的数据资源库，奠定国家竞争优势。

经济体之间的竞争，归根到底是总体社会秩序的竞争、总体运行效率的竞争、总体运行成本的竞争，都可以落地到数据资源的竞争，这已是全球公认的治理基础。

宏观层面全面的态势感知能力，是通过在微观层面全面汇集、关联最小单元的数据而形成的。因此，凡是涉及国家安全、社会治理和经济发展的领域，都需要对相关的最小安全保障单元（如社会网格）、最小的社会治理单元（如乡村、社区）、最小的经济发展单元（如数字生态）的数据进行基于管控的全面采集、汇聚，形成国家战略性数据资源库。

在各个领域形成国家战略性数据资源库，将使得我国在全球治理过程中，获得主动地位。这是保障国家安全、推行社会治理、促进经济发展的基础性工作，使我国在大国博弈过程中获得保护数字主权的主动性，具备后发先至、运筹帷幄的竞争优势。率先实现"数字共同体"，进而"经济共同体"融合，稳步向"人类命运共同体"的使命迈进。

以国家战略性数据资源库为基础，还可以精准有效地整合社会资源，进而构建国家一体化的大数据中心，探索业务融合、技术融合、数据融合的经济、社会发展路径，推行跨层级、跨地域、跨系统、跨部门、跨业务的创新融合发展模式。

（2）以数字生态指导社会生态重构，探索建立长治久安的社会治理新模式。

国家大数据体系下，社会治理的最小单元乡村、社区的相关数据，可以完全汇集起来，省去层层统计、汇总、上报的过程的耗费和失真，直接把原始真实数据、每个乡村、每个家庭甚至每个人的数据直接通达中央。基于全面、完整、翔实的最基层的数据，中央既可以在总体上把握社会态势，又可以在微观上洞悉基层具体问题，形成民情通达、政令通达、科学计划、精准决策的社会治理的基础。

（3）形成自主可控的下一代大数据基础设施技术架构——"数联网"。

"数联网"是我国下一代大数据基础设施总体技术架构和具体实现的总称，是全新的体系架构，以应对海量的数据增长和数以万计的各类应用，应对已知的网络攻击和防范未知的、潜在的网络破坏、攻击。总之，数联网为社会稳定运行、经济持续发展提供总体的、可靠的、可控的技术解决方案。

构建我国的数联网，必须基于一系列自主关键技术的突破，重点在大数据核心架构关键技术上的创新突破。中国下一代大数据核心架构与基础设施的设计理念应兼顾治理与发展的双重需求，以自主知识产权为核心，以数据件为细胞，自主开发数联网协议族，以"人事财物权"为基本框架、设计发展多维多梯度的数据标识体系，来适应多维多梯度的大数据结构网络。

构建我国的数联网，必须融合一系列的现有的基础设施，与天基北斗系统、路基通信系统、海洋探测系统紧密融合；与 IPv6、量子通信、区块链等前沿、热点、有广泛影响的技术紧密融合，相关借鉴。

构建我国的数联网，必须改进一系列的网络管理措施，例如建设位于中国境内的、完全自主独立的新一代域名/地址管理系统等。

大数据时代，中国将以数据资源的庞大优势，以社会需求的庞大规模，带动、建设技术领先全球的大数据网络。技术领先的大数据网络，又能进一步促进我国数据资源不断丰富、社会需求不断扩张，从而进入良性、正向的技术、经济大循环，推动我国社会、经济、国防、科技不断的进步。

二、工业 4.0 任务要求

工业革命 1.0 阶段，蒸汽机技术的发明推动人类进入机械化生产时期，人们通过操控机器代替手工生产，突破了体力上的局限，实现生产效率的大幅提升。工业革命 2.0 阶段，电力技术驱动工厂大规模生产推动社会生产效率空前提升，人类历史上第一次解决了供需之间在数量上的矛盾，最典型的案例即是福特汽车全球首创流水线生产模式，让更多的人（平民阶层）拥有了一辆黑色 T 型汽车。工业革命 3.0 阶段，随着通信和计算机技术的发展，制造业进入自动化生产时期。人们通过计算机编程可以远程操控机器自动化生产，生产效率得到进一步提升；同时人们在管理和制度上的创新和精益求精，尤其以日本提出"精益生产"理念为代表，使得产品质量在这一时期得到了大幅改善，消费端产品形态也更加丰富多元，马路上奔驰的不再是千篇一律的黑色汽车，更多款式、更多型号的汽车品牌开始纷纷涌现。

相较于工业 3.0 阶段，工业 4.0 阶段以数字化手段和智能化手段为驱动，通过工业自动化程度的继续提升和数字化和智能化手段的应用，为下一阶段工业的增长提供了基础，从而大幅推动智能制造发展，见图 1-2。

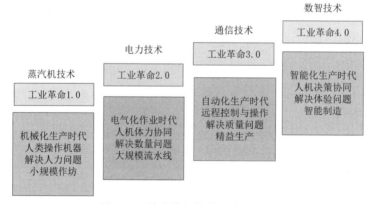

图 1-2　技术革新推动制造业升级

1. 加快工业软件技术化应用，降低工业生产成本，提高生产效益

工业软件是指专用于或主要用于工业领域，为提高企业从研发制造到生产管理等整个流程效率和水平的专业软件，是工业技术 / 知识和信息技术的结

合体。按照产品形态、用途和特点的不同，工业软件市场可进一步细分为研发设计软件、生产控制软件、信息管理软件以及嵌入式软件。

（1）研发设计类：包括 CAD、CAE、CAM 以及 PLM 等；

（2）生产控制类：包括 DCS、MES、SCADA 等；

（3）信息管理类：包括 ERP、CRM、FM 等；

（4）嵌入式软件：主要嵌入到工业装备内部，包括 PLC 等，应用领域包括工业通信、能源电子、汽车电子、安防电子、数控系统等（见图 1-3）。

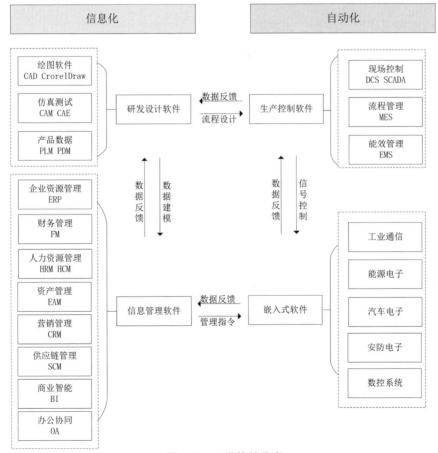

图 1-3　工业软件分类

资料来源：《2019 年中国工业软件发展白皮书》，信达证券研发中心。

以工业软件为代表的智能制造技术能够有效为工业生产降本增效。自 2015 年起，工业和信息化部共遴选出 305 个智能制造试点示范项目，涉及 92

个行业类别，经初步统计，这些项目智能化改造前后对比，生产效率平均提升 37.6%，最高 3 倍以上；能源利用率平均提升 16.1%，最高达到 1.25 倍；运营成本平均降低 21.2%，产品研制周期平均缩短 30.8%，产品不良率平均降低 25.6%。以工业软件为代表的智能制造技术的应用能够有效为制造业企业降本增效，助力下游工业企业的智能升级与利润空间放宽，反过来促进下游工业企业对工业软件的需求，见图 1-4。

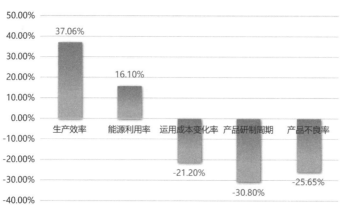

图 1-4　工业和信息化部智能制造应用试点前后成效对比

数据来源：工业和信息化部，国盛证券研究所。

工业软件"姓工"，是复杂工业知识外溢输出的结果。纵观目前国际主流的工业软件巨头，身后多具有制造业与工业企业的背景。例如，CATIA 最初脱胎于达索航空，具有深厚的航天制造业积累，后来达索航空将其开发团队独立出来，即达索系统，专门从事工业软件；无独有偶，服务器与电脑厂商 IBM 近年也逐渐脱离硬件生产业务，转而成为知识输出型企业。工业生产复杂性高，细分类别多、行业跨度大、专业壁垒，唯有本身就对工业生产了如指掌的企业，才能将这些工业知识高度概括、抽象、封装成为工业软件，并用以指导工业生产——换言之，工业软件是工业知识的结晶，工业软件壁垒高度，则取决于所在细分赛道的 Know-how 的积累深度。工业巨头企业及其支持开发的早期工业软件见表 1-1。

面对国内外动荡的局势以及国际贸易摩擦，国产替代对于国家和企业都迫在眉睫，工业软件的断供短期内会影响到企业的正常生产经营，同时限制企业的自主创新发展，长期来看，不利于国家工业强国战略的推行，在工业 4.0 时代，我国要实现工业强国，就必须在卡脖子的关键工序实现真正的自主可控。

表 1-1　工业巨头企业及其支持开发的早期工业软件

开发 / 支持工业公司	软件名称
美国洛克希德公司	CADAM
美国通用电气	CALMA
美国波音	CV
美国麦道	UG
法国达索航空	CATIA
德国大众汽车	SURF
美国福特汽车	PDGS
法国雷诺	EUCLID
西屋电气太空核子实验室	ANSYS

资料来源：华经情报网，国盛证券研究所。

2. 重视工控与工业软件开发，提高国产替代能力

国际环境动荡，核心产品的国产替代进程加速。中美贸易摩擦叠加新冠疫情与俄乌冲突的影响，国际外部环境动荡，出于政治、军事、经济和民生等多方面因素，我国各行各业的核心产品国产替代进程逐步加速。近年来我国大力推进芯片、操作系统等多个领域的国产替代，未来将会在更多领域进行国产替代；在工业方面，工控与工业软件产品作为工业生产的核心枢纽，在工业中扮演着重要地位，工控与工业软件的国产替代迫在眉睫。

工控产品在工业生产中的地位重要，目前已经初步具备国产替代的条件，国产替代进程提速。工控产品作为工业生产的"神经中枢"，能够数十倍地撬动工业产值，例如冶金行业中一台大型 PLC，通常能够连接数千万甚至上亿元的固定资产，从而实现数亿元的年产值；而且工控产品作为工业生产的"指挥者"，一旦出现问题则工业现场就会面临停产问题，造成的间接经济损失巨大。工控产品作为工业现场的中枢，无论是出于安全还是经济考虑，都有必要进行国产替代，目前我国国产工控产品已经基本具备了多行业国产替代

的能力，并且在大型 PLC/ 高端 DCS/ 伺服系统等多类高端产品上取得了积极突破，长期国产替代空间大。政策积极扶持国产工业软件发展，国内工业软件企业迎来发展契机。国内的 CAD/BIM/EDA 等基础性设计类工业软件蓬勃发展，MES/APS/MOM 等制造类工业软件和 ERP 等管理类初步成熟，并在较好的盈利能力的支撑下持续创新，增厚自身的核心竞争力。总体来看我国工业软件正处于快速上升期，政策与资金支持较充裕，有利于整个行业的健康发展，并伴随着国产工业软件实力的不断提升，国产工业软件替代正加速推进。

3. 工业自动化是智能制造的重要体现

伴随着智能制造的深化，机器决策将会得到更广泛的应用，决策速度与精度相较于传统的人工决策得到明显提升，为自动化程度与机械精度的提高创造了刚性需求。基于智能制造的自动化升级，一方面体现在执行设备精密程度的提高，另一方面体现在控制节点数量的增加与控制器精度的提高。智能制造趋势倒逼自动化升级，工业设备精密度升级、工控节点数量提高和工控设备复杂度增长构成了自动化赛道的成长逻辑，一方面包括变频器和 PLC/DCS/ 控制器等工控设备，另一方面提振机器人、传感器等设备的成长。据《2021 中国工业软件发展白皮书》、华经情报网、工控网、中商情报网等数据，2020 年 PLC/DCS/ 伺服系统市场规模为 111 亿元 /85 亿元 /149 亿元，2021 年 DCS/ 伺服系统市场规模为 88 亿元 /169 亿元，2022 年 DCS/ 伺服系统市场规模为 93 亿元 /181 亿元，假设控制节点与周边设备的价值量比值为 1∶10，2021 年 PLC 及周边设备 /DCS 及周边设备 / 伺服系统及周边设备市场规模为 1404 亿元 /966 亿元 /1859 亿元，在智能制造趋势和新能源等新型行业兴起的背景下，预计 2023—2025 年 PLC 及周边设备 /DCS 及周边设备 / 伺服系统每年以 15%/12%/15% 同比增速增长。

我国虽然是世界上一流的制造业大国，但是国内工业软件产业规模在全球占比仍较小，具备较大增长空间。根据《中国工业软件产业白皮书（2020）》数据，2019 年全球工业软件市场规模为 4107 亿美元，2012—2019 年复合增速为 5.4%，近三年同比增速保持在 5% 以上，2019 年我国工业软件市场规模为 1720 亿元，仅为全球市场的 6.2%（按照 1 美元 =6.784 人民币汇率计算），2012—2019 年复合增速为 13%，远高于全球水平。2019 年，我国工业增加值 38.1 万亿，其中制造业增加值达 26.9 万亿元，占全球比重 28.1%，连续十年保持世界第一制造大国地位，但是 2019 年工业软件产业规模仅为全球的 6%，长期发展空间大。

目前国内主流的 PLC/ 伺服系统等自动化产品仍以外资品牌为主，在国内自动化市场规模保持较高增速的同时，国产自动化品牌的替代进程也在加速。综合考虑到外部局势动荡、本土企业忧患意识增强和国内自动化企业技术实力提升的多重因素，未来国产自动化替代趋势较为确定，另外我国部分企业近年在高端 PLC/DCS 等核心自动化产品上取得了重大突破，未来有望突破以欧美系为主的国内高端自动化产品领域，进一步提高市场地位。

三、数智技术驱动智能制造

1. 数智技术的内涵

信息技术是包括信息从采集、传输、存储、分析、反馈这五大环节所有技术要素的总称，五个环节组成信息产业的闭环，每个环节的技术进步都会推动整个行业应用生态螺旋式向上发展。

数智技术即是推动智能时代信息产业发展的技术集合，包括更低成本的信息采集设备，高带宽低延时的 5G 传输技术、万物互联的 IoT 技术、大容量存储和高性能计算的云服务，以及对海量信息高效分析的人工智能技术等，它们与制造技术融合应用推动制造业数字化转型进程，引领制造业完成"智"升级的战略目标。

换句话说，整合数智技术完成信息从采集、传输、存储、分析到反馈的闭环流程是实现智能制造的前置条件之一。

走完智能制造信息闭环主要经历三大阶段——数字化、网络化和智能化：一是利用信息采集技术，包括 MEMS 传感器、智能摄像头、智能终端等感知设备实现物理世界数字化过程；二是结合 5G、物联网等通信传输技术完成不同节点间低成本的高效连接和交互，加速数据的流通和共享；三是基于云边计算和人工智能技术，进行低成本存储、处理海量数据资源，并通过智能化分析形成一系列决策指令，以指导价值链各环节的企业活动。其中，每一阶段的完成程度决定下一阶段技术的应用价值，换句话说，数字化和网络化是企业实现智能化的必要前提。

另一前置条件是数智技术与制造技术的双向融合。制造的本质是发现问题、了解问题，在此过程中获取信息，并将其抽象化为知识，再利用知识去认识、解决和避免问题的过程。了解和解决问题的方式决定了所获取知识的形式，而将知识抽象加以运用的过程则决定了知识传承的形式。

由上可知，智能制造是在数据驱动下完成"获取信息、抽象知识、形成认知到解决问题"的过程。可见，数据是获取知识的基本要素，洞察关键数据的内在关系是形成决策的前提，这就要求企业在数智技术应用中要融合对制造技术的认知，深刻了解生产工艺特点、掌握制造流程变化，才能进行高质、高效的数据采集和积累，在此基础上才能真正走完上述信息闭环。

图1-5直观显示了数字化转型的技术要素。

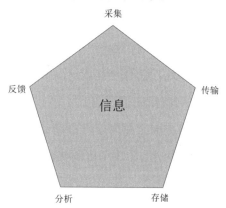

图 1-5　数字化转型的技术要素

资料来源：商汤，《数智技术驱动智能制造》，上海市人工智能技术协会。

2. 数智技术对智能制造的价值体现

数字化转型显著提升生产效率，智能制造成为制造业发展的必然选择。根据《灯塔工厂引领制造业数字化转型白皮书》统计数据，数字化手段在电子、汽车、机械装备和生物医药中的应用效果显著，在部分生产／管理／检测环节中能够将 KPI 提高 100% 以上，显著提升了制造业用户的整体效率。伴随着以智能制造为代表的第四次工业革命的进一步深化，国内传统制造业或将重新迎来行业洗牌，智能制造转型缓慢的企业或将在市场竞争中处于劣势、被进一步挤压利润，在市场利润逐步向智能制造转型成功的制造业集中的行业格局下，智能制造将成为制造业发展的必然选择。

数字化和智能化手段驱动制造业领域广泛应用，相比于工业 3.0 阶段，数字化和智能化手段的基数小、应用少，但是以智能制造为代表的工业 4.0 对数字化和智能化的需求大幅提升，在工具层面上体现为工业互联网平台、工业数据中台的出现，以及工业软件的广泛应用，并能够覆盖数字孪生、智能生产、柔性制造和无人工厂等多个新应用场景。

数字化和智能化手段主要通过多个途径推动工业发展：如通过平台的方式打通了多个生产环节，协同各生产环节的数据，实现了设备互联；构建数据池，提高了数据量与数据间关系对，充分挖掘数据价值，能够对不同客户或不同工艺进行智能画像；拥有灵活的工艺路线，实现资源弹性配置；实现基于约束条件的动态预测与最优决策，同时在决策层面能够实现决策下移；构建虚拟空间，完成不确定性的工作，降低开发和测试成本。

数智技术驱动制造业转型升级见图 1-6 示意。

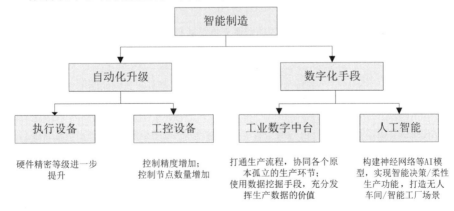

图 1-6　数智技术驱动制造业转型升级示意图

资料来源：信达证券研发中心。

四、智能制造开启中国制造强国建设新征程

国家政策持续支持工业升级，积极推动工业软件、工业互联网等智能制造相关赛道的进步，通过政策引导、减免税费等多重手段推动国内传统制造业的智能制造升级。近二十年，我国经历了从信息化到数字化到智能化的转型，2015 年《中国制造 2025》发布，正式明确了智能制造的发展大方向。2015 年至今，国家坚定通过政策手段推动智能制造进程，同时我国在化工、石化、钢铁、医药等行业打造了多个国家级智能制造试点示范项目，各级工业和信息化部门积极推动工业化和信息化的深度融合，部分行业协会和其主要意见领袖共同成立了智能制造评估委员会，打造了高效的合作沟通平台，奠定了智能化发展的基础。在多重利好因素的共同推动下，我国智能制造稳步推进。在《“十四五”软件和信息技术服务业发展规划》《“十四五”数字经济发展规划》《“十四五”智能制造发展规划》等政府最新文件中，国家明确提出了 2025 年力争国内工业 APP 突破 100 万个、规模以上企业的软件业务收入突破 14 万亿元、全国两化融合发展指数达到 105、数字经济核心产业增加值占 GDP 比重达到 10%、工业互联网平台应用普及率由 2020 年的 14.7% 提升至 45% 等一系列具体目标，坚定不移地以智能制造为主攻方向，推动产业技术变革和优化升级，促进我国制造业迈向全球价值链中高端。见表 1-2。

表 1-2　国家政策支持智能制造发展

文件名称	相关内容
《中国制造 2025》	通过两化融合发展方式，从制造业大国向制造业强国转变，最终实现制造业强国
《国务院关于深化制造业与互联网融合发展的指导意见》	以激发制造企业创新活力、发展潜力和转型动力为主线，以建设制造业与互联网融合“双创”平台为抓手，围绕制造业与互联网融合关键环节，积极培育新模式新业态
《软件和信息技术服务业发展规划（2016—2020 年）》	以“技术＋模式＋生态”为核心的协同创新持续深化产业变革，以“软件定义”为特征的融合应用开启信息经济新图景

续表

文件名称	相关内容
《关于深化"互联网＋先进制造业"发展工业互联网的指导意见》	以全面支撑制造强国和网络强国建设为目标，围绕推动互联网和实体经济深度融合，聚焦发展智能、绿色的先进制造业，构建网络、平台、安全三大功能体系，增强工业互联网产业供给能力
《工业互联网APP培育工程实施方案（2018—2020年）》	夯实工业技术软件化基础，推动工业APP向平台汇聚，提升工业APP发展质量
《制造业设计能力提升专项行动计划（2019—2022年）》	夯实制造业设计基础，推动重点领域设计突破，培育壮大设计主体，构建工业设计公共服务网络
《国家智能制造标准体系建设指南（2018年版）》	指导当前和未来一段时间智能制造标准化工作，解决标准缺失、滞后、交叉重复等问题，落实"加快制造强国建设"
《新时期促进集成电路产业和软件产业高质量发展若干政策》	凡在中国境内设立的集成电路企业和软件企业，不分所有制性质，均可按规定享受相关政策
《中共中央　国务院关于完整准确全面贯彻新发展理念做好碳达峰碳中和工作的意见》	实现碳达峰、碳中和目标，要坚持"全国统筹、节约优先、双轮驱动、内外畅通、防范风险"原则
《"十四五"软件和信息技术服务业发展规划》	提出2025年力争国内工业APP突破100万个、千亿营收的企业超过15家、规模以上企业的软件业务收入突破14万亿元等具体目标
《"十四五"信息化和工业化深度融合发展规划》	未来五年将进一步推动信息化和工业化的深度融合，2025年全国两化融合发展指数达到105
《"十四五"数字经济发展规划》	由2020年的640万户提升至6000万户，工业互联网平台应用普及率由2020年的14.7%提升至45%
《"十四五"智能制造发展规划》	坚定不移地以智能制造为主攻方向，推动产业技术变革和优化升级，促进我国制造业迈向全球价值链中高端

资料来源：根据国家各部委公布资料整理。

　　曾经中国制造产业在国际分工中可以看作一条微笑型曲线，一端是研发设计，另一端是营销服务，两端附加值高，中间是加工制造，附加值低，大量的制造企业集中在中间低洼地带。近十几年，中国通过实施制造强国战略，加快推进制造业转型。随着技术升级工程的实施，中高端产品供给能力的扩大，核心技术研发卓有成效，中国制造产业逐渐摆脱原有的低附加值的现状，微笑曲线逐渐被拉直。见图1-7。

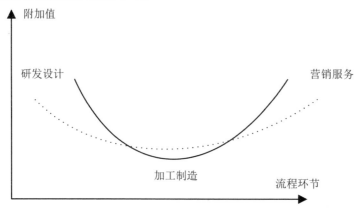

图 1-7　中国制造业的微笑曲线

从世界知识产权组织发布的数据来看，2021 年，中国申请人通过《专利合作条约》（PCT）途径提交的国际专利申请达 69540 件，同比增长 0.9%，连续 3 年位居申请量排行榜首位。其中，华为以 6952 件位居首位，并且连续 5 年独占鳌头，OPPO 以 2208 件排名第 6，相比 2020 年提升了 2 位，第三年跻身 PCT 国际专利全球申请人排行榜前十。截至 2022 年 6 月 30 日，OPPO 全球专利申请量超过 80000 件，全球授权数量超过 40000 件。见图 1-8。

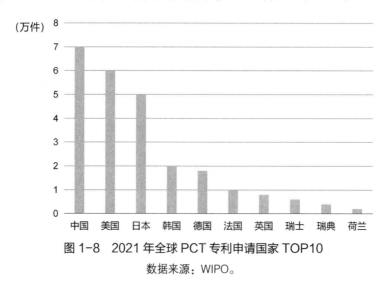

图 1-8　2021 年全球 PCT 专利申请国家 TOP10

数据来源：WIPO。

专利数量增加的背后是中国企业在技术研发上多年深耕和努力的结果，也是推动企业实现高端制造的强劲引擎。未来，制造商品附加值的提升，比拼的就是人工智能终端设备的技术水平、精度和效率，也就是"智造"的环节。

智能制造产业的革命，就是生产力的革命，也是制造品质的革命，更是品牌塑造的革命。智能制造是信息技术、自动化技术和人工智能技术与制造业的融合，也是整个价值链的创新，科技的搭载，实现了5G、工业互联网、大数据、云计算等先进技术与制造业深度结合，科技的加码，品质的升级，让中国制造的"量""质"提升，从而推动产业数字化、数字产业化不断加快，向"中国智造"大力挺进。

第四节　智能制造重构产业未来

一、智能制造实施的战略背景

1. 智能化、绿色化和服务化已经成为我国制造业提质增效升级的主趋势

制造业智能化升级是降低成本、提高品质的重要途径。《中国制造2025》将智能化作为我国制造业未来发展的主题和主线，浙江省等很多地区也明确提出"机器换人"的发展方向，希望通过智能化改造，减少人参与简单加工制造过程的环节，提高产品品质，降低生产成本。企业也逐步将加大智能化改造力度，探索与智能化改造相匹配的管理体制和运行机制。

绿色化是当今全球制造业发展的重要主题，既是我国产业升级的内在需求，也是企业增强产品竞争力的客观要求。我国生态环境保护压力日益加大，这既对我国经济持续发展产生重要制约，也成为我国产品进入国际高端市场的重要壁垒。为适应这一趋势，可以预见，未来环境保护相关政策法规的执行力度将进一步强化，节能减排指标硬约束也将更为紧迫，企业也将加大对节能环保的技术改造投入力度，在产品设计、制造、包装、运输、使用到报废处理的整个生命周期中，进一步提高资源利用率，最大程度降低对环境的负面影响。

发展服务型制造，是推进制造业迈向价值链高端的重要途径，也是改善

供给体系、适应消费需求升级的重要方向。国内很多企业都已开始从单纯的产品销售，逐步转为提供"产品＋服务"，延长了价值链条，实现了企业的增长增效。这是适应当前市场竞争需要的，也是符合我国发展阶段的。未来，这一趋势将进一步强化，将有更多的企业由传统生产型制造向服务型制造转型，以发掘产业价值潜力。企业也将进一步探索如何把网络、信息技术与传统工业嫁接，有针对性提供个性化解决方案，逐步从单一产品供应商向系统服务提供商转变。

2. 新业态、新模式为智能制造提供了新动能

智能制造的新业态加速形成。随着互联网在各行各业应用的不断深化，各种新业态层出不穷，对经济增长的影响越来越大。例如，彩色电视正在向拥有独立操作系统和应用商店的智能电视演进，基础网络融合正在催生 OTT（Over the Top，直译为"过顶传球"）等新业态。再如分享经济，就是通过利用互联网和大数据等信息技术，重新组合制造业的原有各种基础设施和生产要素，打造"共享车间""共享设备"等，在不增加或少增加投入的同时，挖掘、创造出新的价值空间，推动经济增长。

智能制造新模式不断迸发。"互联网＋"的快速推进，极大地优化了劳动、信息、知识、资本等资源配置方式，催生了"众创、众包、众扶、众筹"等新模式，极大地激发了全社会创业创新的热情。例如，腾讯的开放网络孵化平台，目前集聚了大约 500 万的开发者创业，为第三方开发者创造了巨额收益；海尔集团的"海创汇"创业平台汇聚了 1328 家风险投资机构、98 家孵化器资源及 4000 多家生态资源，已成功推出雷神笔记本、水盒子等 1000 多个创新产品及创业项目。因此，当前新型电商正在重塑商品物流渠道和模式，电子银行交易额呈几何级数增长，智能机器人、新能源汽车等新兴产业迎来了跨越式发展的新时期。中国汽车工业协会发布的数据显示，2022 年，我国新能源汽车产销分别达到 705.8 万辆和 688.7 万辆，同比增长 96.9% 和 93.4%，国内市场占有率达到 25.6%，新能源汽车逐步进入全面市场化拓展期，提前三年完成市场渗透率 25% 的目标。2022 年我国新能源汽车产业走势强劲，产销量继续保持高速增长，为中国经济发展注入新动能。① 新兴产业的快速发展，不但增强了产业发展新动能，也对"稳增长、调结构、惠民生"发挥了重要作用。

3. 智能制造产业日趋走向产业分化和空间分异

原材料行业增长进入平台期。随着我国城镇化的推进和基础设施的不断完善，就意味着钢铁、水泥等原材料工业增速持续放缓，标志着以往主要依靠投资拉动和规模扩张的发展模式已基本走到尽头。同时，装备制造业迎来快速发展的新时期。装备制造业是国民经济发展的基础性产业，装备制造业的发展水平在很大程度上影响甚至决定着相关产业部门的技术进步和产业发展水平。随着《中国制造2025》等国家战略的深入推进，未来一个时期装备制造业仍将保持快速增长势头。空间分异趋势将更加明显。从各地出台的战略规划看，一些先发地区为突破传统路径依赖，塑造制造业增长新动力，纷纷做出前瞻部署，提出了一些新理念、新思路。

二、平台支撑工业互联化

1. "工业互联网"受国家高度重视，乘国家战略东风强力推进

"工业互联网"连续五年被写入政府工作报告，体现了国家对于工业互联网的重视与发展的决心，在双碳时代，工业互联网/智能制造势在必行，未来发展空间广阔。2018年，政府工作报告提出要"发展工业互联网平台"，此后从2019年到2021年，政府工作报告均提出要"发展工业互联网"，2022年报告提出要"加快"发展工业互联网，并且提出要培育壮大集成电路、人工智能等数字产业，提升关键软硬件技术创新和供给能力，可以看出，工业互联网发展迫在眉睫，同时5G时代，新技术的发展有望赋能工业互联网发展进入新台阶。工业互联网对于带动制造业数字化转型作用明显。我国规模以上工业企业关键工序数控化率已达55.3%，数字化研发工具普及率达

---

① 数据来源：中工网报道，https://baijiahao.baidu.com/s?id=1755674985245786111&wfr=spider&for=pc。

74.7%，开展网络化协同和服务型制造的企业比例分别达 38.8% 和 29.65%，工业互联网对于传统企业数智化转型至关重要。见表 1-3。

表 1-3 "工业互联网"连续五年写入政府工作报告

时间	相关内容
2018 年	发展工业互联网平台
2019 年	打造工业互联网平台，拓展"智能 +"为制造业转型升级赋能
2020 年	发展工业互联网，推进智能制造
2021 年	发展工业互联网，搭建更多共性技术研发平台，提升中小微企业创新能力和专业化水平
2022 年	加快发展工业互联网，培育壮大集成电路、人工智能等数字产业，提升关键软硬件技术创新和供给能力

资料来源：工业互联网产业联盟。

我国工业互联网已经进入产业深耕的新阶段。根据腾讯网新闻数据，我国已经培育较大型工业互联网平台超 150 家，平台服务的工业企业超 160 万家，接入设备总量超 7600 万台套，全国在家"5G+ 工业互联网"项目超 2000 个。国家坚定推进数字经济，工业互联网平台提升空间大。2022 年 2 月 9 日，国务院再提《"十四五"数字经济发展规划》，坚定推进数字经济发展。其中，《"十四五"数字经济发展规划》中计划到 2025 年数字经济核心产业增加值占 GDP 比重达到 10%，其中工业互联网平台应用普及率由 2020 年的 14.7% 提升至 45%，体现出了国家对于提升工业互联网平台普及率的决心。

2. 工业互联网架构体系日趋完善

工业互联网从架构体系来看，主要包括设备层、网络层、平台层、软件层、应用层五大架构，以及保障各层架构安全运行的安全体系，见图 1-9。

（1）设备层：处于工业互联网底层，是工业基础设施，包括工业机器人、智能机床等生产设备，传感器、芯片等智能终端，PLC、DSP 等嵌入式软件，工业 IDC 等。

（2）网络层：是工业互联网的基础，主要实现现场、车间、企业、行业环节的深度互联，主要包括工厂内和工厂外两大网络，工厂内网包括工业以太网、现场总线、蓝牙通信、工业无线网等，工厂外网包括互联网、移动网、专网等。

（3）平台层：是工业互联网的核心，是新型制造系统的神经中枢，在传统平台上采用物联网、大数据等对收集的数据进行分析形成智能化的生产与运营决策，包括连接设备采集的边缘层、提供数据存储的 IaaS 层、进行工业数据处理的 PaaS 层，其中，PaaS 层是平台层的核心。

（4）软件层：针对不同场景设计工业软件，用以提高企业研发、管理、生产控制等。

（5）应用层：处于产业链下游，主要将工业互联网应用于垂直行业，针对垂直行业采用工业大数据分析实现设备控制、能耗分析、供应链管理、智能诊断等任务功能。

（6）安全体系：安全是工业互联网的保障，是工业互联网应用推广的前提条件，主要包括应用安全、数据安全、云安全、控制安全、设备安全等几个层面，负责数据、终端、通信连接等的防护及安全监测与分析、安全配置与管理。

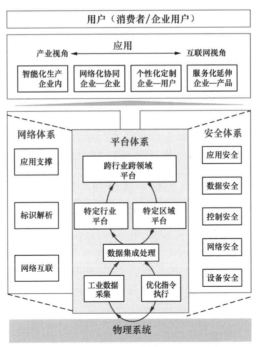

图 1-9　工业互联网架构体系示意图

资料来源：《2019 年中国工业软件发展白皮书》。

3. 工业互联网产业链日趋完整

从产业链来看，工业互联网上游主要包括智能硬件设备、控制系统、传感器、芯片、模组等相关企业，为工业互联网提供相关硬件和软件；中游主要包括网络层、平台层、软件层，其中网络层主要包括工业网络通信服务企业、通信设备商和通信运营商，平台层包括 IaaS 层、PaaS 层，IaaS 层包括云平台企业，PaaS 层主要包括工业大数据平台、传统制造企业工业互联网平台、互联网企业主导工业互联网平台，软件层主要包括各类工业软件企业；下游主要包括具备典型应用场景的工业企业，见图 1-10。

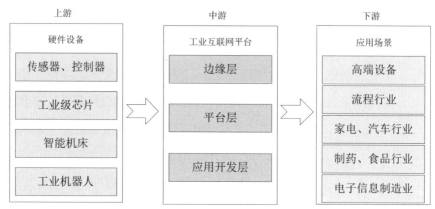

图 1-10　工业互联网产业链构成

资料来源：前瞻产业研究院。

平台是工业互联网的核心，工业 PAAS 是工业互联网平台的核心。工业互联网平台的本质是将采集的海量工业数据，基于各种服务架构的数字化模型，通过将数据存储、管理、分析、建模等，开发出创新性应用，提高资源配置效率。工业互联网平台具体包括边缘层、IaaS 层、PaaS 层及应用层，PaaS 层包括通用 PaaS 层和工业 PaaS 层，工业 PaaS 层集成了数据分析和建模，是工业互联网平台的核心，工业 PaaS 层对传统的 PaaS 平台进行数字化扩展，把重复的工业技术、流程和命令进行模块化封装，使其满足大容量全方位的现代化工业生产的需求，并对特定的工业应用提供支撑。

4. 工业互联网平台作用与价值突出

工业互联网平台对于企业数字化转型的"应用价值"实力强劲，主要体现为"提质、降本、增效",业务场景涵盖从研发到协同多个方面,平台从边缘能力到应用开发与人机交互等具备多重能力。针对不同行业,工业互联网平台提供的作用和价值各不相同,见图1-11。

(1)高端制造行业(工程机械、数控机床):针对产品生产销售、服务后端等,工业互联网可在全生命周期开展平台应用。

(2)流程行业(化工、钢铁、有色):针对具有高复杂性和逻辑性特点的行业资产、设备、生产、价值链等,工业互联网平台可提供系统性优化,提高效率。

(3)离散制造业(家电、汽车):针对制造业的规模化及个性化定制、产品质量管理和后市场服务等,工业互联网可提供各类配套服务。

(4)普通消费行业(制药食品):工业互联网提供标识解析功能,帮助产品进行销售供应链溯源、真伪识别、经营管理。

(5)电子制造业:工业互联网可针对行业进行质量管理,旨在提升行业效率。

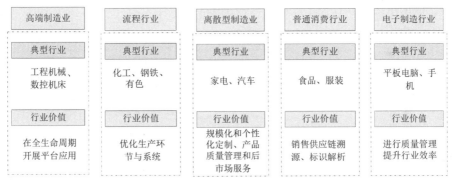

图1-11 工业互联网平台对不同行业价值

资料来源:信达证券研发中心。

因此,工业互联网平台最大的作用在于帮助企业"提质、降本、增效",在后疫情时代,帮助企业更好地进行数字化转型。工业互联网平台的价值可以分为"有形价值"和"无形价值","有形价值"主要帮助企业"降低成本"和"扩大收入","无形价值"可以帮助企业"提升质量"和保证"安全及可持续"。根据《工业互联网平台白皮书2021》数据,工业互联网平台最大的应用价值体现在降低成本，占比达 63%，基于平台实现扩大收入、提升质量、安全及可持续价值占比相对均衡，分别为 12%、11% 和 14%。从平台赋能的业务场景来看，对于生产管控领域的赋能最强，占比最多，达 62%，经营管理和运维服务类占比分别达 14%、11%，研发设计和资源协同类相对较少，分别为 8%、5%。从工业互联网平台下游应用成熟度来看，原材料行业平台应用最成熟，涉及应用案例占比达 36%，装备制造行业平台应用成熟度居中，设计应用案例占比达 25%，消费品行业成熟度相对较低，案例占比达 21%。其中，原材料行业，应用聚焦于生产管控和经营管理业务领域。原材料行业包括石化、钢铁、建材、有色等行业，一方面，原材料行业上游产品价格经常波动，企业希望通过平台实现最优生产计划排产，从而抵抗价格波动的影响，提升企业利润；另一方面，原材料行业由于生产工艺比较复杂，通常来说由于排放耗能高、生产安全风险大等，对于设备管控、生产工艺优化、安全环保管理的应用需求较大。装备制造行业，关注研发设计业务和产品全生命周期管理。装备制造行业具备产品复杂、价值量高、产品生命周期长等特点，所以研发设计和产品全生命周期管理价值高，图 1-12。

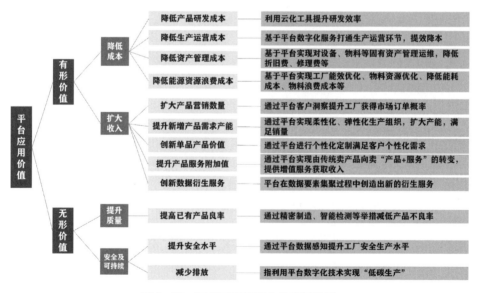

图 1-12　工业互联网平台的应用价值

资料来源：《工业互联网平台白皮书 2021》，信达证券研发中心。

工业互联网平台目前处于规模化扩张的起步阶段，发展潜力较大。近年来，工业互联网发展迅速，并涌现出一大批较为成熟的工业互联网平台。

（1）垂直领域的龙头企业谋求现代化转型，基于自身工业经验建立立足行业的工业互联网平台，如宝信软件宝联登 xln3Plat 平台、深耕于工程机械制造的徐工集团建立的 Xrea 平台、树根互联的根云平台、海尔的 COSMOPlat 平台、航天云网的 INDICS 平台等；

（2）工业自动化领先企业，依托在设备制造和工业软件方面的优势，向工业互联网平台转型，例如西门子 MindSphere 平台、施耐德 EcoStruxure 平台等；

（3）新兴的 ICT 企业，依靠强大的数字建设能力建立工业互联网，如中国电信的 CPS 平台、华为的 OceanConnectIoT 平台等。

全球工业互联网软件与平台规模持续增长，国内工业互联网平台增速高于全球水平。根据前瞻产业研究院数据，2019 年全球工业互联网软件和平台市场规模为 4088.7 亿美元，同比增长 5.03%，2019 年我国工业互联网平台产业规模为 2486 亿元，同比增长 21.68%，对比而言，我国工业互联网平台增长更加迅速。

三、用户为中心智造服务化

制造业和服务业的融合是智能制造发展的主要趋势之一。在智能制造视角下，嵌入数智技术的智能化产品，可以感知周边环境变化，并通过与用户、环境的不断交互，向企业平台自动回传运行数据和状态信息，结合智能化分析，企业可实时掌握产品使用情况和用户需求变化，并及时做出反应，主动为用户提供高附加值的服务体验，通过"硬件产品＋软件系统＋增值服务"模式来满足用户的个性化、多样化需求，创造全新的价值空间。

产品远程运维服务即是典型的制造企业智能化服务模式，企业利用数智技术，对正在使用的智能产品的设备状态、作业操作、环境情况等多维数据进行实时采集和回传，基于上述数据的分析结果为用户提供产品的日常运行维护、预测性维护、故障预警、诊断和修复、远程升级等服务。

四、要素融合产业生态化

推进智能制造是一个长期的、渐进的过程，除面临人才、网络安全、技术标准等共性问题外，我国还面临智能制造装备可靠性差，关键技术受制于人，核心零部件、工业软件主要依赖进口，系统集成能力不足，以及整体制造业信息基础设施薄弱等诸多挑战，只有主动适应智能制造发展趋势，积极发挥政府引导作用，并以企业为主体，促进"产学研用"四方联动加快培育智能制造产业生态，才能推动智能制造高质量发展。

五、数据驱动生产柔性化

柔性生产的本质是对资源要素进行快速重构以响应新的制造需求，而智能制造系统将资源要素及其过程状态转化为数字化信息，并通过算法优化的方式对这些资源要素进行高效配置，从而实现以数据为驱动的柔性化生产。例如，在产品研发环节，企业实时获取终端用户交互数据，通过分析预测实现"以需定产"，在产品制造环节，通过物联网、传感器收集全生产过程的实时数据，并整合来自上下游和用户的数据信息，传输到工业互联网数据平台，人工智能再依托数据进行智能分析，最终制定出最佳生产方案，并将指令传递至制造一线实现柔性化生产。

智能制造带动柔性化生产趋势在消费品制造领域表现得尤为明显，因为消费制造领域离用户最近，对于汽车、3C产品、服装、食品等具备"少批量、多品种、定制化"特征的制造企业，进行智能化升级的主要目标之一即是实现柔性化生产，从而可以快速、准确地满足终端用户个性化需求，而由消费品制造领域引领的智能化浪潮继而往上游各环节逐级传导，进而带动整个产业链基于数据驱动的柔性化生产趋势。

第二章
辽宁智造强省发展机遇与面临挑战

第一节　辽宁智造强省发展机遇

一、开放合作机遇：新发展格局激发智造强省内生动力

当前，全球产业格局正发生着巨大的变革，中国正在加快构建以国内大循环为主体、国内国际双循环相互促进的新发展格局。一方面，发挥我国超大规模市场优势和内需潜力，为制造业内循环提供原动力；另一方面，打造世界级先进制造业集群，实现高水平对外开放。为此，2020年5月14日，中央首次提出"构建国内国际双循环相互促进的新发展格局"。2020年5月下旬"两会"期间，习近平总书记再次强调，要"逐步形成以国内大循环为主体、国内国际双循环相互促进的新发展格局"。党的十九届五中全会通过《中共中央关于制定国民经济和社会发展第十四个五年规划和二〇三五年远景目标的建议》，将"加快构建以国内大循环为主体、国内国际双循环相互促进的新发展格局"纳入其中。构建基于"双循环"的新发展格局是党中央在国内外环境发生显著变化大背景下，推动我国开放型经济向更高层次发展的重大战略部署。

在国际市场中，中国企业正在重新定位，依靠先进的技术和丰富的产业链，坚持走品牌化经营道路，越来越多的中国产品在质量、技术和服务等方

面已达到全球先进水平，得到了越来越多的海外消费者的认可。同时，我国制造业产品的出口发生了巨大变化，由以劳动密集型行业为主，逐渐转变成了以技术密集型行业为主，出口结构得以优化，产品质量和出口附加值得以提升。根据国家统计局数据，从 2012 年到 2021 年，我国技术密集型的机电产品、高新技术产品出口额分别由 2012 年的 7.4 万亿元、3.8 万亿元增长到 2021 年的 12.8 万亿元、6.3 万亿元，制造业中间品贸易在全球的占比达到 20% 左右，2021 年入围世界五百强的中国制造业品牌有 58 家，比 2012 年增加 27 家，骨干龙头企业持续做强做优。并且，对于品牌而言，通过布局海外市场，一方面能实现海外扩张和增量探索，另一方面也能实现在用户内心的形象反哺，树立正面的品牌形象。根据巨量算数调研显示，为数众多的国内消费者认为在国外市场取得出色表现意味着产品的"品质过关""品牌认可"，也会更愿意购买这些品牌的产品，而已经购买和使用在国外市场取得成功的国产品牌，还能满足其民族自豪感和使命感，图 2-1。

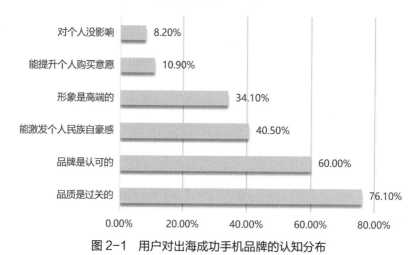

图 2-1　用户对出海成功手机品牌的认知分布

数据来源：中国"智造"问卷调研，巨量算数，2022 年 9 月，N=3345。

辽宁融入"双循环"的新发展格局，具有坚实的发展基础，也为辽宁利用国内国际两个市场和对内对外开放合作机遇，推动智造强省建设激发内生动力。早在 2018 年 9 月，辽宁省委、省政府印发了《辽宁"一带一路"综合试验区建设总体方案》，统筹谋划"三核三区、两廊两沿、七港七路、双园双融、一网一桥"的空间布局,围绕将辽宁建成推进"一带一路"建设先行区、东北亚国际合作先导区、全面开放引领全面振兴示范区等三大定位,全力构建内外联动、陆海双济的全面开放新格局,见表2-1。

表2-1 "三核三区、两廊两沿、七港七路、双园双融、一网一桥"具体内涵

"三核三区" 三核牵引、全省联动	"三核"	沈阳、大连、锦州—营口—盘锦等全面开放核心
	"三区"	辽宁沿海经济带、沈阳经济区、辽西北地区
"两廊两沿" 边海联动开放带	"两廊"	向北融入中蒙俄经济走廊,向东构建东北亚经济走廊
	"两沿"	辽宁沿海经济带和东部沿边开发开放带
"七港七路" 硬软联通	"七港"	大连、营口、丹东、锦州、盘锦、葫芦岛等沿海港口整合,打造大连东北亚国际航运中心和世界级港口集群,高质量建设沈阳国际陆港
	"七路"	构建"辽满欧""辽蒙欧""辽新欧""辽珲俄"铁路通道、"辽海欧"北极东北航道、"辽海欧"印度洋航道、辽宁"空中丝路"通道
"双园双融" 产业与资本双向合作	"双园"	引进来建设产业合作园和走出去建设境外辽宁产业园
	"双融"	加强融资和融智合作
"一网一桥" 全方位智慧化合作	"一网"	建设辽宁"数字丝路"全球信息服务网
	"一桥"	架设辽宁与沿线国家民心相通纽带桥梁

资料来源:根据《辽宁"一带一路"综合试验区建设总体方案》整理。

辽宁省以智能制造和智能服务为主攻方向,以推进技术、标准、人才、项目对接合作为抓手,辽宁智造精准对接德国工业4.0,可推广、可复制的发展模式引领着老工业基地产业转型升级。全面振兴中,老工业基地众多企业处在传统制造向智能制造转型的关键节点上。直面发展中的现实困难,辽宁省积极创造条件,鼓励和支持企业引进德国先进实用技术,借力而为,以期在智造领域率先突围。已经占据超大功率异步电机领域国内领先地位的泰豪沈阳电机有限公司,正是借助德国LDW公司的超大功率高效电动机技术,大幅度提升了公司超大功率异步电机的设计制造能力,使产品主要性能指标均高于业内同行,成为行业一方霸主。北方重工在向德国IMK公司学习后,借力德国大型散装物料成套装卸技术,经过融合、消化、创新,取得重大突破,不仅产品各项指标达到了国际先进水平,还填补了国内大型散料设备的空白。

与此同时，辽宁省不断搭建对接平台，支持重点企业和德方企业在多个方面合资合作。东软集团、瓦轴集团、大连艾科科技等企业分别在电子信息、先进装备制造等领域从德国找到合作伙伴。中德工业 4.0 联盟、西门子智能交通研发中心、德国弗朗霍夫辽宁创新中心、德国史太白技术转移中心、智加工业设计等 17 个德国及全球知名的研发、孵化、总部类项目，也已经入驻园区。园区还与德国中小企业协会、德国诗道芬公司、德国 AFB 咨询公司、杜塞尔多夫中国中心、德国 RS 工业管理公司、瑞士 Z-Punkt 公司等一大批德国及欧洲的商协会及中介机构建立了招商合作机制，推进德国企业加速落地。通过合作，辽宁省企业在欧洲市场的知名度、影响力进一步提升。

二、转型机遇：高质量发展为智能强省建设提供新动能

辽宁是工业大省，实体经济特别是制造业数字化、网络化、智能化发展需求迫切、空间广阔，激发传统产业数字化转型活力是实现振兴的关键路径。2022 年 2 月 28 日，辽宁省政府印发《辽宁省深入推进结构调整"三篇大文章"三年行动方案（2022—2024 年）》（以下简称《行动方案》）。《行动方案》明确，辽宁将以工业振兴引领全面振兴，加快建设 3 个万亿级具有国际影响力的先进装备制造业基地、世界级石化和精细化工产业基地、世界级冶金新材料产业基地；重点支持数控机床、航空装备、轨道交通装备等 12 个市场竞争优势明显的千亿级产业集群；扶持壮大集成电路装备、新能源汽车、生物医药等 10 个战略性新兴产业集群，加快建设数字辽宁、智造强省。

《行动方案》明确提出，在改造升级"老字号"方面，到 2024 年，辽宁将建成 200 个数字化车间、200 个智能工厂，推动 200 条生产线智能化改造；培育省级服务型制造示范企业（项目、平台）100 个、工业设计中心 20 个；高效节能变压器在网运行比例提高 10%；人均工业机器人装机量达到 175 台 / 万人，钢铁行业先进冶炼装备比例达到 90% 以上；建成 300 个绿色矿山，治理废弃矿山 6000 万平方米；振兴装备、原材料、轻纺等 60 个以上工业老品牌。

在深度开发"原字号"方面，到 2024 年，成品油产量占原油加工量比重

下降到 40% 以下，化工精细化率达到 48%；冶金新材料营业收入占冶金行业比重提高至 28%，沈阳现代化都市圈内主要钢铁企业力争率先完成超低排放改造；新型轻烧氧化镁窑炉产能比重超过 30%，镁质建筑材料及化工材料产业规模占菱镁产业比重达到 10%，农产品加工产值与农业产值比提升至 2.4 : 1。

在培育壮大"新字号"方面，到 2024 年，高端装备占装备制造业比重提高到 27.5%，集成电路产业占电子信息产业比重提高 5 个百分点，建成 60 个以上工业互联网平台，标识解析二级节点达到 30 个，疫苗、基因工程药物、高端医疗器械三类高附加值产品占全行业比重提高至 25%，新材料产业营业收入达到 3100 亿元，推广碳捕捉等 50 项绿色低碳技术和产品，实施未来产业技术攻关及产业化项目 50 项。

2023 年 11 月，辽宁省委召开"全省新型工业化暨重点产业集群推进会议"，提出了要牢牢把握高质量发展这个首要任务，立足维护国家"五大安全"重要使命，以做好结构调整"三篇大文章"为抓手，以建设数字辽宁、智造强省为目标，推动工业发展取得了新进展新成效。切实锚定新时代"六地"目标定位，对全省新型工业化和重点产业集群建设进行再部署、再推进，全力打造先进装备制造、石化和精细化工、冶金新材料和优质特色消费品工业 4 个万亿级产业基地，着力培育壮大 22 个重点产业集群，加快打造具有辽宁特色优势的现代化产业体系，以高质量新型工业化和产业集群化发展支撑新时代辽宁全面振兴。

三、政策机遇：东北全面振兴、全方位振兴为智造强省提供有利条件

东北振兴政策的提出，始于 2003 年中共中央、国务院印发《关于实施东北地区等老工业基地振兴战略的若干意见》。此后，国家出台了很多支持东北地区全面振兴全方位振兴的政策，并分别于 2005 年、2009 年、2014 年、2016 年陆续出台支持东北振兴政策，其中 2016 年 11 月，国务院印发《关于深入推进实施新一轮东北振兴战略加快推动东北地区经济企稳向好若干重要

举措的意见》（以下简称《意见》），推进创新转型、培育发展动力。主要包括加快传统产业转型升级、支持资源枯竭产业衰退地区转型、大力培育经济发展新动能、加强创新载体和平台建设、加快补齐基础设施短板等。2019年8月，国家出台了推动东北地区高质量发展的意见，有关部委也陆续出台配套文件，成为东北振兴发展的最新纲领性文件。对东北振兴之背景、原则、指导思想、意义、目标、重点工作进行了全面规划和部署。2021年11月出台的《东北全面振兴"十四五"实施方案》，为推动东北全面振兴和全方位振兴指明了方向，明确了重点。东北在国家发展全局中具有重要战略地位，要从维护国家国防、粮食、生态、能源、产业安全的战略高度，加强政策统筹，通过重点突破，带动东北全面振兴和全方位振兴，确保东北在现代化建设新征程中开好局、起好步。其中，将产业结构调整升级作为推动东北振兴取得新突破的"发力点"。产业结构调整是东北"振"的重点和"兴"的方向，要加快推动东北地区传统产业改造升级和提质增效，同时要着力提升创新支撑能力，坚持制度创新和科技创新"双轮驱动"，既不断完善创新生态，又高效集聚创新要素，加快形成有利于东北全面振兴和全方位振兴的创新体系，走出一条科技环境优越、科技资源汇集、科技成果转移转化顺畅的高质量振兴发展之路。

2023年9月7日，习近平总书记在新时代推动东北全面振兴座谈会上的讲话中指出，东北资源条件好，产业基础比较雄厚，区位优势独特，发展潜力巨大。东北全面振兴的核心在于找到发展机遇，并把这些优势充分地发挥出来。中共中央政治局10月27日召开会议，审议《关于进一步推动新时代东北全面振兴取得新突破若干政策措施的意见》，强调要牢牢把握东北在维护国家"五大安全"中的重要使命，牢牢把握高质量发展这个首要任务和构建新发展格局这个战略任务，统筹发展和安全，坚持加大支持力度和激发内生动力相结合，强化东北的战略支撑作用。有关方面要制定出台针对性强的支持政策，加强协调服务和督促检查，及时跟踪研究新情况解决新问题，合力推动东北全面振兴取得新突破。可见，中央关于进一步推动新时代东北全面振兴取得新突破若干政策措施，为东北、辽宁全面振兴提供了有力政策支持。

我国高度重视数字经济发展，国家和部委层面都出台了一系列政策举措，用好落实好各项政策是实现振兴的重要内容。《中国制造2025》将进一步推动辽宁制造业数字化转型升级，加速推进"智能+"战略落地，助力辽宁省建设国家级智能制造示范基地，进一步优化产业结构调整和升级；辽宁省以打造国家智能制造产业高地为目标，加强与各省份的协同发展，打造具有全国影响力的区域智造高地。辽宁先后出台《辽宁省工业互联网创新发展三年行动计划》《辽宁省工业互联网产业集群发展培育方案》等系列文件。在规划引领、政策鼓励下，全省各地深耕应用场景资源，引导工业互联网应用持续走深向实，不断提升产业竞争力。

四、技术机遇：信息技术为智造强省提供必要保障

辽宁产业门类齐全，发挥好工业互联网的创新驱动作用，加快新技术应用、新模式推广、新业态培育是实现振兴的战略支撑。辽宁拥有完备的工业门类体系，有着丰富的科教资源，装备、化工、汽车等产业在全国占有重要地位，辽宁可谓有着宝贵的"家底"。这也就积蓄了其强劲的发展势能，为数字化技术提供了广阔的应用场景，有更优条件迈上高质量发展新台阶。

丰富的应用场景是辽宁最吸引人的地方，这将是一个巨大的市场。在2021全球工业互联网大会上，辽宁发布了1453个场景资源，通过积极撮合服务提供商与企业对接交流，共同形成技术解决方案，并对场景建设给予资金支持，现已建成77%。截至2022年11月，在辽企业通过应用5G、人工智能、数字孪生、工业机器人等新技术新装备，重点企业生产效率平均提升约20%。辽宁全省工业企业关键工序数控化率达到56.2%，数字化研发设计工具普及率达到75.3%，均高于全国平均水平，较2019年分别提高了8.2个和10.3个百分点。大连冶金轴承股份有限公司等20家企业试点建设5G全连接工厂，华晨宝马汽车有限公司建成全球首个5G汽车生产基地。

在国家数据节点建设方面，辽宁以中国移动为主力，已建成沈阳、大连

两大国家级超大型数据中心，全省数据中心总量达 26 个，推动全省 6500 家工业企业上云，完成 25 个双千兆园区网络覆盖，打造了"onepower·辽宁"5G+工业互联网平台，自 2022 年 8 月上线已为省内 100 余家企业用户提供服务，标识解析方面建设了锦州、阜新、铁岭 3 个自建节点在内的共计 14 个工业互联网标识解析二级节点，占全省二级节点建设的 40%，全方位推动工业企业高质量发展。截至 2022 年 11 月，辽宁已开通 5G 基站 6.7 万个，国内首个"星火链网"骨干节点在营口建成、沈阳超级节点上线运营。工业互联网标识解析体系建设实现了全省覆盖，二级节点上线运行 32 个，数量居全国第二位，接入企业 2263 家、标识注册量 2.47 亿。

大企业建平台、中小企业用平台。辽宁加快推动各领域产业链上中下游企业协同转型、大中小企业融通创新，加速数字技术的渗透应用持续走深向实。截至 2022 年底，全省重点培育的省级工业互联网平台已达到 50 个，包括鞍钢"精钢云""长征云"等 5 个跨行业跨领域平台，禾丰食品"丰云"、大杨集团有限责任公司"优思达"、英特工程仿真技术（大连）有限公司"仿真云"等行业和专业型平台。这 50 个平台已服务工业企业 2 万户、连接工业设备超过 80 万台。大连英特、航天新长征大道、大杨集团等企业的 7 个平台入选工业和信息化部工业互联网平台试点示范。中国工业互联网研究院辽宁分院、国家工业互联网大数据中心辽宁分中心等创新平台在辽落地。辽宁上云企业超过 10 万户。

第二节　辽宁智造强省建设面临挑战

一、降低生产要素成本与实现"双碳"目标的挑战

我国在过去 30 年的发展中，经济的高速发展和巨大的国内市场成就了制造业的高增长，但相对应的巨量基数则是持续成长的最大阻力。随着国家进

入了重工业化后期，社会总需求增速必然放缓，但对产品的种类、层次和质量的要求越来越高，也越来越特性化。资源和环境约束不断强化，劳动力等生产要素成本不断上升，投资和出口增速明显放缓，主要依靠资源要素投入、规模扩张的粗放发展模式难以为继。中国制造业中的优势行业，除非将市场放眼到全球，在全球市场取得优势竞争地位，否则纯粹只考虑国内量的市场，未来量的空间有限。

根据工业互联网世界公众号消息，2022 年 11 月，工业和信息化部印发《石化行业智能制造标准体系建设指南（2022 版）》，提出到 2025 年，建立较为完善的石化行业智能制造标准体系，累计制修订 30 项以上石化行业重点标准。在我国稳步推进"碳达峰""碳中和"的战略背景下，石化、化工、冶金等流程型行业作为典型的碳排放行业，碳排放量在全国总碳排放量中的比重高，是优先需要进行节能减排改造的领域，同时，石化、化工、冶金等流程型行业作为国家的重点支柱产业，具备产业规模大、工艺环节多、工艺流程长的特点，总体市场规模可观。另外，石化、化工、冶金等行业当前的工艺水平与自动化程度不高，能耗方面依旧处于粗放式管理阶段，在基于双碳背景下自动化升级 / 智能制造改造的迫切性强，涉及的工艺环节与相关硬件设备数量多，流程型智能制造需求空间广阔，流程型智能制造 + 工业互联网全解决方案成为石化行业"双碳"目标的必由之路。

随着"双碳"目标的确定和落地分解，对于各地政府而言，稳定连续的低碳低成本能源供给和碳排放权将成为各地政府更重要的资源禀赋，当能耗双控落入政府绩效考核体系中以后，政府掌握的实质发展权必然受到限制，政府首先得学会自己的高效低成本能耗管理和以碳排放为核心的发展权的管理和运营。

国家的目的也是通过考核的压力，真正推动地方政府重视高质量发展的要求，摆脱以前靠低质量的粗放的量的扩张的发展模式，真正建立一套集约的、高效的、有选择和配置的高质量的产业发展模式，使得地方政府有较强的产业结构规划和控制能力和动力。所以，以前产业发展的要素瓶颈，更多在于技术落地、环境要求，而未来，以碳排放为核心的发展权以及有限制的能源结构和成本管理将成为产业发展的基本要求和根本能力。

由于智能制造能够助推流程行业"超级自动化"，是企业发展的必选项。辽宁又以石化、冶金、化工等原材料行业为主导产业，对于冶金、石化、化工等流程型行业，智能制造能够有效降低生产成本、提升生产效率和重塑生产方式，实现流程行业的"超级自动化"。比如，在原料端，智能制造能够精确调整原料需求和配比，减少原材料的浪费；在作业端，智能制造能够深入高温高压、高腐蚀等恶劣环境中进行作业，提高成品良率；在数据端，智能制造能够打通全流程数据，充分挖掘数据价值，提高全产线效益与产品价值。

当前时点，辽宁省域内流程型企业的智能制造改造具有投资占比小、回本周期短的特点，能够在提质增效的同时提升企业核心竞争力，是企业发展的必选项。特别是在"双碳"政策下，流程型智能制造行业业绩确定性强，市场空间广阔，见图 2-2。

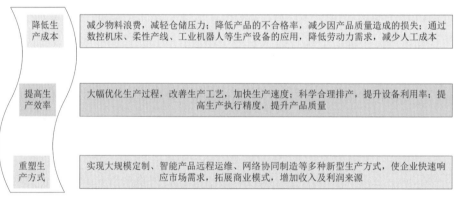

图 2-2 智能制造对企业的核心价值
资料来源：艾瑞咨询，信达证券研发中心。

整体而言，辽宁制造业成本优势式微，技术水平与公司治理能力与国内一流水平仍存差距，智能制造转型有望成为传统制造业增厚盈利能力的良药。从成本端来看，由于国内的原材料自主定价权弱，辽宁省内原材价格容易受到国际因素的影响，人力成本和土地成本持续增长，在当前辽宁人口老龄化趋势日益明显和技术工人缺乏的背景下，改革开放以来的制造业的成本优势已经逐渐消退；从销售端来看，大部分省内品牌依旧主打物美价廉，高端产品全球市场的定价和议价能力尚弱，品牌溢价能力较差，产品同质化依旧严重；从技术水平和公司治理能力来看，目前省内的主流制造企业仍是起步于改革开放前后的企业，企业基因中一定程度地存在着粗放式管理的烙印，缺乏创新性和精细化管理机制，在国内由供不应求到产能过剩外部环境变化下，传统制造业的生存环境恶化。综合考虑到智能制造转型带来了自动化程度提升、数据治理能力提升和产品高端化转型等因素，在当前时间节点率先实现智能制造转型的企业有望明显增厚盈利能力，有助于摆脱当前环境带来的负面影响，重新塑造自身的第二成长曲线。

二、辽宁制造业总体水平不高与提升价值量的挑战

根据制造业智能化的程度，智能制造能够由浅至深划分为 4 个阶段，分别是以数据可视化为代表的智能制造 1.0 阶段、建立业务子系统为代表的智能制造 2.0 阶段、以子系统间协同为代表的智能制造 3.0 阶段和以基于模型的研发生产制造 MBSE 为代表的智能制造 4.0 阶段，见图 2-3。智能制造改造是一个递进的过程，当企业客户完成初步的智能制造升级后，会在降本增效的驱使下提出更多的智能制造改造需求，自发推动企业的智能制造深化，总体来看，伴随着智能制造改革逐步向更高阶段的迈进，对应环节价值量也会有明显提升。

从辽宁制造业数字化、自动化和智能化的程度看，省内制造业企业多处于智能制造 2.0 阶段与 3.0 阶段之间。目前省内传统制造业的数据可视化改造的完成度较高，这一阶段制造业的投入主要是基础的可视化软件与商务大屏，投资金额较小。智能制造 2.0 阶段则是针对不同业务建立子系统，提升业务的自动化与智能化程度，投资额相较智能制造 1.0 阶段有了明显的提高；而智能制造 3.0 阶段主要是通过搭建工业中台、工业互联网平台等手段进一步打通不同的业务子系统，充分挖掘数据价值。目前省内制造业企业在降本增效的驱动下，已经开始自发性通过建立业务子系统来推动企业智能制造转型，并有

部分企业已经开始积极通过中台的手段实现各子系统间协同。当前，省内制造业企业正加快推进智能制造 2.0 阶段与 3.0 阶段的建设，迈向智能制造 4.0 阶段的改造的任务还很艰巨，智能制造赛道的天花板有望持续拔高，维持智能制造的行业高景气度。

图 2-3　智能制造升级分为多个阶段
资料来源：信达证券研发中心。

三、"数字经济"与"制造业"融合发展的挑战

尽管数智技术对产业数字化转型的意义匪浅，但辽宁在实际落地过程中仍然存在一定挑战，主要体现在以下几个方面。

第一，辽宁制造业数字化程度低，信息闭环难闭合。数据资产的积累是产业数字化转型的重要前提，如何持续获取数据，并将分布在不同系统、组织内的数据打通融合是企业数字化转型的首要命题。目前，辽宁多数制造业企业（尤其是中小企业）受限于资金和人才匮乏，对数智技术投入不足，导致企业数字化水平低，缺乏完善的信息网络基础设施。此外，由于缺少统一标准、接口和编码体系，使得企业内外"数据孤岛"丛立，无法实现互通、共享，导致企业使用数据规模、种类有限，信息闭环难闭合，海量数据的资产价值无法得到充分发挥。

第二，制造业与信息技术产业跨界融合难度大，复合型人才缺乏。数字化转型实际上是利用数智技术对企业流程再造的过程，需要既具备良好的数智技术素养，又能够了解产业技术和发展规律的复合型人才。据清华大学互联网发展和治理研究中心 2020 年对全球 ICT 人才调研统计，当前国内数智技术人才主要集中于科技行业，缺乏产业经验和实践背景，而产业 IT 人员总体对数智技术的认知不深，难以支撑产业数字化转型需要。根据人力资源与社会保障部数据分析，2025 年智能制造领域人才需求为 900 万人，人才缺口预计达到 450 万人。

第三，不同产业差异大，规模效应难一朝形成。由于不同产业或产业中不同领域、不同企业之间存在技术、流程等差异巨大，数智技术在产业中的深入渗透须结合具体场景进行定制化开发，尚不存在一套放之四海而皆准的解决方案，这使得数智技术在产业互联网中的应用很难像在消费互联网时代一样，短期建立规模效应、获取巨大收益，而是需要与产业合作共进，在垂直领域中不断积累解决问题的通用能力。

第四，网络安全问题不容忽视。随着数智技术的应用推广，网络安全问题将成为数字化转型过程中面临的重要挑战。一方面，传统网络安全系统跟不上数智技术应用和创新步伐；另一方面，数字化转型带来信息节点和信息总量爆发式增长，使得网络攻击的潜在损失"指数级"放大，对网络安全技术提出更高要求。

四、强化数字人才队伍建设的挑战

智能制造是信息技术、智能技术和先进制造技术的有机融合，智能制造业的发展既需要传统制造业的产业工人和高端制造业人才，也需要计算机、互联网、人工智能、工业信息化和工业互联网等领域的高端人才，以及针对制造业智能化转型升级的管理人才。当前，辽宁省具备雄厚的产业工人基础，但多数都集中在传统制造业，对智能制造的技术和管理了解不足。智能制造装备的应用，使制造业企业对低技能的一线工人的需求大幅减少，而对从事机器维护和研发等高层次人才的需求逐渐增加。辽宁省当前对于高层次人才的吸引力相对落后于北京市、长三角和珠三角地区，未能形成高科技人力资源的集聚效应，智能制造产业结构性缺工现象明显，这也成为制约辽宁智能制造产业发展的瓶颈。

"抢人大战"已经在全国展开，而且愈演愈烈，从北上广深等一线城市扩展到所有二、三线城市。人才是创新发展的第一资源。人才是社会财富的重要源泉，特别是国家未来发展和民族振兴需要人才支撑，将来科技人才将成为人才竞争的重要方面，特别是高端人才的竞争将更加激烈。目前，我国已经有一批科学家、企业家和职业经理人等高层次人才，正在建设世界一流的科研机构和实验室。但在一些领域，我国还存在着大量的科研人员、科技创新和科技成果转化能力不足等问题。特别是在人工智能、生命健康等方面，我国与世界先进水平相比有较大差距。"抢人大战"，实际上是人才争夺战，更是国家或地区对科技创新人才的争夺战。

辽宁对科技创新人才吸引力不高，创新人才的集聚面临挑战，辽宁智造强省建设，需要大量的高科技人才。从国家层面看，目前已经把建设制造强国作为全面建设社会主义现代化国家的三大战略之一。在制造业方面，最主要、最核心的是工业机器人和高端智能装备，如果这些产业想要进一步提升，必须吸引更多的科技创新人才。同时，要加快建设制造强国、实施振兴东北老工业基地战略、全面振兴实体经济，必然需要大批科技人才特别是高端科技创新人才加盟。但从辽宁自身来看，由于受种种因素影响，这些年全省上下对科研人员和优秀大学生没有给予足够的重视和支持。比如每年辽宁省有大批优秀的大学生毕业后选择留在外地就业创业，而辽宁本地没有形成很好的科研环境和政策支持体系让这些大学生留在当地。加上近年来辽宁省人口出现较大幅度下滑。2018 年辽宁省户籍人口出现了负增长约为 60 万人（2017 年户籍人口增加了 20 万，2018 年辽宁减少了 6 万），而出生人口数较上年增加 0.3 万人（2017 年辽宁增加了 1 万多人），也为近几年最低水平。根据辽宁省统计局、辽宁省第七次全国人口普查领导小组办公室 2021 年 5 月发布的《辽宁省第七次全国人口普查公报》，全省人口与 2010 年第六次全国人口普查的 43746323 人相比，10 年共减少 1154916 人，减少 2.64%。年平均增长率为 –0.27%。14 个地市中，仅沈阳和大连两市人口增加。从年龄结构看，同 2010 年第六次全国人口普查相比，0—14 岁人口的比重下降 0.3 个百分点，15—59 岁人口的比重下降 9.99 个百分点，60 岁及以上人口的比重上升 10.29 个百分点，65 岁及以上人口的比重上升 7.11 个百分点，达到了 17.42%。人口流失、老龄化、少子化特征明显。

五、完善新型基础设施及数字化平台的挑战

新型基础设施，是以新发展理念为引领，以技术创新为驱动，以信息网络为基础，面向高质量发展需要，提供数字转型、智能升级、融合创新等服务的基础设施体系，主要包括信息基础设施、融合基础设施和创新基础设施。一般认为包括 5G、特高压、城际高速铁路和城际轨道交通、新能源汽车充电桩、大数据中心、人工智能、工业互联网、物联网等领域。其中，工业互联网等数字化平台是支撑现代产业体系的重要基础设施。辽宁省存在着传统产业向现代产业转型升级的客观需要，工业互联网的建设规模与质量制约着辽宁省传统产业转型升级的进程。当前，辽宁省传统制造业与智能制造的产业融合仍然处于起步阶段，信息化与工业化尚未实现真正的均衡发展，并且以往的互联网基础设施由于经济发展的需要而主要集中于商业领域，工业互联网的发展水平不高，与世界上其他智能制造发达地区仍存在着较大差距。因此，辽宁数字化平台距离国家标准，还有较大差距，高效、便捷、共享、完善的数字化平台建设还面临挑战。

第二篇　理论篇

第三章
数字经济赋能制造业高质量变革理论

第一节　数字经济赋能制造业质量变革机理

施蒂格勒将制造业发展解析为由劳动制造→资本制造→知识制造→智能化制造的演化发展结构。根据施蒂格勒的观点，制造业质量变革内生于制造业发展演化，但在不同的演化阶段，质量变革赋能、驱动和迭代效应不同，如图3-1所示。

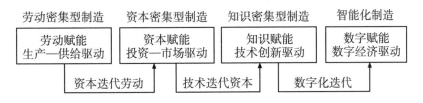

图3-1　数字经济赋能制造业质量变革的演化发展范式

劳动密集型制造中，质量变革主要由劳动赋能，源于生产—供给驱动，表现为产能扩张和低端制造。在资本密集型制造中，质量变革主要由资本赋能，源于投资—市场驱动，表现为持续产能扩张和低端制造向中高端制造升级（质量阶梯升级）。在知识密集型制造中，质量变革主要由知识创新赋能，源于全要素生产率驱动，表现为垂直专业化和全球价值链攀升。在智能制造中，质量变革主要由数字经济赋能，源于数字化、网络化、平台化和需求升级驱动。由此可见，施蒂格勒演化发展范式揭示了制造业质量变革的应然逻辑。本书从宏观和微观两个层面对此加以解析。

（1）宏观层面解析。现代经济中，科技革命是制造业高质量发展的内在动力和决定性因素，数字经济无疑是最具创新品质的新科技革命前沿和发展方向。因此，数字经济与制造业融合是促进质量变革的积极路径，也是数字经济赋能的重要实践机制。根据对数字经济效应机制的理解，数字经济与制造业融合实际上是科技创新与产业创新的相互作用过程：其一是科技创新对产业创新的促进作用，科技创新通过影响生产投入和产出效率从而影响制造业质量变革，体现为要素投入增加、要素配置效率改善以及技术溢出带来的全要素生产率提升。数字经济通过持续的新技术迭代，不断提升制造业基础能力和产业链现代化水平。在这一意义上来看，发生在现代制造业领域的一系列数字化创新，譬如工业互联网、工业云平台、大数据管理以及智慧工厂、工业机器人、增材打印等，实际上是数字经济赋能效应的具体形式。其二是产业创新对科技创新的促进作用，即围绕产业链部署创新链。产业创新为科技成果产业化、商业化开辟广泛应用前景，是将科学技术转化为生产力的关键性机制。然而，必须指出的是，我国制造业由于一直以来低端制造和规模经济增长的依赖性，在数字经济赋能和质量变革领域实际上存在着比较普遍的"策略性迎合"，即所谓"机会主义"和"搭便车"。在某种意义上而言，这种"策略性迎合"恰恰是形成我国制造业"低端锁定"的重要根源之一。因此，数字经济赋能必须实现从"策略性迎合"向"战略性进取"转变，这实际上也是数字经济赋能的内在要求。

（2）微观层面解析。在微观意义上，制造业质量变革体现为一系列具体质量创新活动，数字经济赋能的意义在于提供动力以及引导、激励和整合。本书将其解析为三个核心要义：其一，纠偏或矫正。如前文所述，我国制造业质量变革一直以来存在着二元边际且非均衡演化，即所谓扩展边际强、集约边际弱的格局。这一格局的形成主要源于两个方面的机制性因素：一是传统比较优势所激发出来的增长路径；二是投资驱动所形成的资本赋能。因此，如何从根源上有效矫正其非均衡演化成为持续质量变革的关键。在这个意义上，数字经济赋能必须要实现从过去那种"随机、迎合和盲序"结构向"精准、定位和有序"结构的转型。其二，数字集约化。在数字经济中，数字成为关键或核心生产要素，在参与价值创造的过程中，通过与劳动、资本、资源等传统生产要素的集约，实现制造业生产函数重构。当然，这一过程依赖于微观经济主体创新能力和创新信念。其三，链结构协同。在制造业的发展演化中，客观上存在一些重要的链机制，包括价值链、产业链、供应链、商品链、服务链乃至更广泛意义上的市场链等，这些链机制相互联系、相互制约、相互作用形成复杂链结构，成为数字经济赋能质量变革的重要传导机制。链结构的协同性和循环性至关重要，尤以产业链—供应链循环更为关键。

第二节　产业数字化转型的价值维度

产业数字化转型的主体现实需要是产业实现高质量发展，客体是数字技术。产业数字化转型的价值维度是指数字技术对产业实现高质量发展的价值影响。从理论上讲，产业发展涉及产业效率、产业组织、产业竞争等多个方面，数字技术对产业发展的价值影响也是多方面的。本书从产业效率提升、产业跨界融合、重构产业组织的竞争模式、赋能产业升级四方面分析产业数字化转型的价值维度，揭示数字技术应用对于传统产业升级的影响机理。[①]

一、数字化转型驱动产业效率提升

数字技术在企业经营中的作用不再仅仅局限于辅助性角色，而是变得更加具有战略性价值。企业增加对数字技术的投资有助于扩大数字溢出对经济

---

① 肖旭，戚聿东：《产业数字化转型的价值维度与理论逻辑》，改革，2019年8月第8期。

增长的贡献率。根据华为公司和牛津经济研究院的测算结果，过去30年中，数字投资对GDP增长的边际贡献率达到20倍，而非数字投资的边际贡献率仅为3倍。除对GDP增长的直接贡献外，数字投资还在业务协同、产业融合、要素配置、创新升级等方面创造了广泛的间接收益。

技术的升级带来协作方式的改变，推动生产效率的提升。随着数字技术的不断完善，企业在数据获取、存储、分析等方面的能力均得以增强，并且创造了可观的销售业绩。在数字化管理以及资产组合管理等方面，创新能力强的企业普遍表现出更为积极的姿态。数字化转型提高了企业的生产效率，进而驱动产业效率的升级。

数据存储量的增加，有助于强化数据分析对经营决策的支持。在海量数据的基础上，企业通过不断修正数据模型的精确度，提高分析结果与现实场景之间的匹配程度。一方面，数据的价值体现在企业内部对程序性业务的优化。经过长期发展，程序性业务均有较为完善的流程与模式，由计算机进行智能化运营。脱离人工操作，有利于降低人工失误所造成的信息误差，进而实现业务效率的大幅提升。另一方面，企业通过对数据进行实时分析能够对业务流程进行全面而系统的监督，及时发现经营过程中的异常及隐患。同时，企业可以通过数据挖掘发现价值流程中的低效以及冗余环节，重组价值链条，改善用户体验。

数字化转型对产业效率的提升还体现为信息处理的智能化、定制化。互联网提高了企业对市场信息的获取能力，也增强了企业对信息的即时价值的捕捉。然而，信息量的爆炸式增长也带来了信息过载。为了从大量信息中检索出真正有价值的部分，企业不得不投入大量的成本，这也降低了对信息使用的效率。实现信息的高效获取，降低信息处理的复杂性，有助于提升企业业务效率。大数据技术为信息筛选提供了技术支持，但是仍然依赖于人工操作，存在一定局限。数字技术的应用则能够实现对信息检索的智能化、定制化。企业通过建立数据科学模型，模仿人脑机制对信息进行智能化甄别、筛选、解释，能够保障信息的高效供给。这个过程完全建立于预设的算法逻辑之上，赋予机器常识，克服了由个人的"有限理性"和"理性无知"对分析结果产生的主观性影响。

二、数字化转型推动产业跨界融合

在企业理论中，企业作为产业组织的基本单位，是一个封闭型组织。企业边界决定了企业的经营范围，一定程度上也制约了生产要素在市场上的流通。与其他生产要素相比，数据具有更深度、更广度的融合能力，为企业的跨界发展奠定了基础。利用数字技术实现跨界融合，形成数字生态体系，增加生产要素获取，减少交易成本，是产业实现高质量发展的必要条件，见图3-2。数字技术对交易成本的降低主要体现在三方面：第一，数字技术激活了闲置资产，放松了资产专用性的约束。在传统的产业体系下，要素闲置是制约产业发展的影响因素之一。借助数字技术，企业之间实现对闲置要素的共享，间接地增加了要素供给，即通过促进存量调整，缓解增量供给的压力。第二，进一步降低企业之间的信息不对称。信息化增加了企业之间的信息连接，但是线下资产信息仍然属于网络盲区。物联网、移动互联网、AR/VR等数字技术的应用，将线下资产进行数字化处理后，实现线上的完整呈现。资产信息的变动也将以数据的形式，进行线上传递。第三，数字技术实现信息的实时获取，有助于降低产业发展所面临的不确定性，避免产能过剩。企业利用数字技术可以实时获得用户信息，及时了解用户需求的变化，并且通过线上促销等方式预测商品的价格区间。另外，企业也可以根据用户需求进行定制化批量生产，减少前期的无效投资以及库存积压，形成物流、信息流和价值流之间的协同。数字化生态能够满足用户的碎片化需求，凸显"长尾效应"，参与者之间合作所产生的网络协同可进一步提高用户黏性。用户借助数字技术可以摆脱单个企业供给产品的约束，在数字化生态提供的产品性能中进行自主选择，并且决定如何组合这些性能。

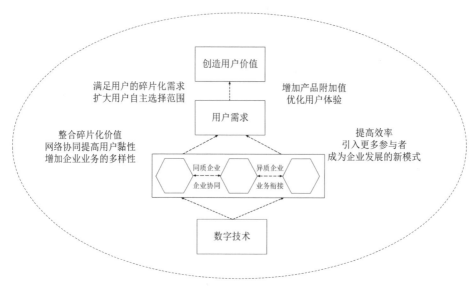

图 3-2　数字化生态体系示意图

三、数字化转型重构产业组织的竞争模式

数字化转型将重构产业组织的竞争模式，进而构建产业高质量发展的动力机制。产业数字化转型降低了信息不对称对要素流通的约束，大数据能够提供更多的质量信号。要素将在质量信号的引导下向能够高效创造用户价值的领域集中，数字化生态的战略导向转变为优化用户价值的供给质量和供给效率。在数字经济下，用户价值成为引导生产要素配置的核心指标，依托商业生态圈的竞争方式成为新潮流。信息技术显著降低了协作成本，培育或参与生态体系成为企业在产业组织中发展的现实选择，构建在用户价值供给方面的比较优势成为产业组织竞争的主要维度。传统产业边界被打破进一步加快了要素流通的速度，竞争机制将促进产业组织内部要素配置的优化，实现整个生态的效率升级。数字化生态之间的竞争关系将发生在产业组织内部的生态之间、生态内部的参与者之间以及产业组织内部的生态与产业组织外部的生态之间，见图 3-3。

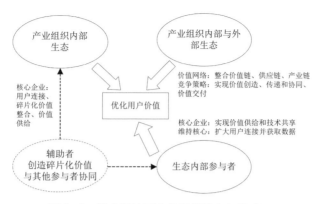

图 3-3　数字经济下产业组织的竞争模式

　　针对同一用户价值，产业组织内部将出现多个数字化生态，这些生态之间形成直接的竞争关系。作为数字化生态的枢纽，核心企业扮演着关键角色。从本质上讲，生态之间的竞争也是核心企业之间的竞争，核心企业在用户连接、碎片化价值整合、价值供给上的综合能力决定了生态的竞争优势。第一，在用户连接上更有优势的核心企业能够采集丰富的用户数据，在数据的规模以及维度上获得有力保障，为用户行为的归纳、分析、预测提供良好的基础。第二，核心企业不仅要尝试连接更多用户，而且要吸引更多的参与者加入生态中，增加生态的规模和多样性，增加碎片化价值创造的能力和范围。第三，能够按照用户需求对辅助者创造的碎片化价值进行高效整合的核心企业，将为用户创造个性化的价值。第四，能够实现用户价值快捷供给的核心企业，为用户带来创造时间和空间的价值。在生态之间的竞争中，辅助者的作用表现为碎片化价值创造的效率以及与其他参与者之间的协同。

　　数字化连接打破了传统的产业边界，也降低了产业进入壁垒，产业组织内部的参与者将面临更多来自外部的竞争压力。随着用户价值成为生态运行的核心维度，规模经济、技术优势、沉没成本等进入壁垒的作用被削弱，尝试通过横向和纵向的一体化降低协作成本的战略逐渐被替代，跨界合作成为产业组织发展的常态。在数字经济下，用户响应是企业实现生存和发展的重要价值观。通过整合价值链、供应链、产业链而建立高效的价值网络，实现价值创造、价值传递和协同、价值交付成为企业抵御潜在进入者的竞争策略。

四、数字化转型赋能产业组织升级

产业数字化转型促进产业跨界融合，加快了要素流通，促进了要素配置的优化，倒逼企业技术创新能力的提升，进而推动产业技术升级。另外，数字化转型重构了产业组织的竞争模式，增强了竞争机制，有助于提高资源利用效率、促进收益公平分配、推动产业组织持续优化。产业升级的本质在于企业生产力和市场竞争力的提升，数字化转型赋能产业组织升级体现在实现以用户价值为导向、提高全要素生产率、增加产品的附加价值以及促进现代产业体系的培育等方面，见图3-4。

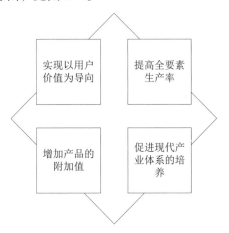

图3-4　数字化转型赋能产业组织升级

第一，数字化转型实现以用户价值为导向。数字化转型对企业经营产生了实质性影响，而且从根本上改变了商业模式，发现需求—快速供给—扩大规模—产品升级……发现需求的价值循环成为新的商业理念。随着企业经营的重心从供给侧转向需求端，传统的大规模生产模式逐渐被个性化定制的批量生产模式所替代。用户端的价值流通过数字化连接实时影响企业物质流的调度以及生产活动，降低了运营成本，也提高了库存管理的效率。其中，人工智能的应用加快了信息流的传递，在提高生产效率的同时，通过需求端倒逼供给侧的品质提升，促进了产业结构的升级，这与我国当前供给侧结构性改革的主要思路不谋而合。另外，企业之间基于数字化连接实现对闲置资产的共享，为过剩产能的化解提供了解决方案。

第二，数字化转型提高全要素生产率。数据的体量、多源、多维是充分发挥数据价值的前提。为了满足以上三个前提，数字化生态内部需要加强数据的流通和开源。为了保障生态内部数据处理能力的均衡，技术协议和算法也要实现共享，促进参与者之间的技术协同。所有参与者都需要拥有对技术和算法进行升级的权限和意识，共同促进整个生态的技术能力不断提高。作为核心生产要素，数据在驱动产业效率提升的同时，优化了传统生产要素的配置，提高了全要素生产率。基于数据建立的人工智能替代了程序性业务中的劳动力，促使劳动力向非程序性业务领域配置，有利于更好地发挥主观意识的优势。

第三，数字化转型增加产品的附加价值。数字化转型增强了用户与企业之间的连接，促进了共创体验。共创体验是用户与企业之间以多种渠道、选择、交易和价格－体验关系为基础共创价值的过程，克服了传统商业模式下用户在交换活动中的被动性。用户参与度的提升，不仅使企业从繁琐的规章中摆脱出来，而且为企业的创新活动提供了指引，促进了共创体验的个性化。数字化连接实现了用户与企业之间在任何时间、任何地点进行一对一的互动，帮助用户获得个性化体验。互动频率的提高也有利于企业更加精确地把握用户的需求走势，而在互动中所产生的数据则能促进企业不断升级产品和服务，提高产品的附加价值。数字化转型推动了制造业服务化以及现代制造服务业的发展，对于产业结构的调整和增强制造业自主创新能力都具有重要意义。

第四，数字化转型促进现代产业体系的培育。长期以来，我国产业体系在全球价值链中的分工一直处于中低端，缺乏竞争力。当前，以云计算、物联网、区块链、人工智能、大数据等为代表的信息技术正在重构全球价值链。以用户价值为起点，在竞争机制的作用下，基于数字技术而形成的产业价值链将对产业组织进行系统性重构，在动态演化的进程中实现产业技术不断升级，为我国产业向价值链高端攀升奠定基础。数字化转型有助于推动产业对外开放，促进我国企业参与国际竞争，加强创新能力开放合作。面对发达国家在核心技术、人才资源等方面的封锁，我国企业应该把握新一轮科技革命带来的机遇，利用数字化连接整合全球资源，发展数字化业务以及重大技术，加快数字技术在现实场景中的商业化应用，推动产业合作网络、产业链与价值链的创新组合，建立新的比较优势，实现产业发展的乘数效应。

第三节　数字经济赋能制造业质量变革的重点方向

根据对我国制造业当前发展现状、质量格局的基本特征及数字化转型趋势的科学认知，本书研究认为当前及今后较长时期内，数字经济应着力赋能六个方面的重点变革。[①]

一、赋能全球价值链变革

重点在于促进制造业与服务业的深度融合。制造业与服务业融合是制造业发展的必然性趋势，特别是随着信息化、数字化、智能化、网络化的发展，制造业加速向服务化制造迈进，也就是价值链将由以制造为中心向以服务为中心转变，这不仅极大改善制造业品质，同时构成其核心竞争力的重要源泉。目前，主要发达国家制造业中服务增加值，美国占 70% 以上，德国占 65% 以上，日本占 60% 以上。与此形成明显对比的是，我国制造业中服务增加值仅占 40% 左右。这实际上也是我国制造业与发达国家制造业差距的一个重要表现。

二、赋能全要素生产率变革

重点在于促进要素市场化流动和配置效率。根据现代经济增长理论，全

---

① 王永龙，余娜，姚鸟儿：《数字经济赋能制造业质量变革机理与效应——基于二元边际的理论与实证》，中国流通经济，2020 年 12 月第 12 期。

要素生产率的关键性影响因素包括资源禀赋、资源配置、专业化与分工、生产组织形式、人力资源管理、制度变迁等。从增长源泉可解析为包括制度效应、配置效应、分工效应、技术效应、组织效应、生产效应、管理效应等在内的复杂性结构。在传统意义上，提升全要素生产率的主要路径在于如何用资本替代劳动、技术替代劳动以及技术替代资本等。由于边际生产率递减规律的作用，这种替代路径必然受限。数字经济在充分激发要素替代作用的同时，更加强化要素互补性作用所创造的超边际生产率。通过数字经济赋能在打破传统生产制造活动的技术可达性和经济可行性制约的同时，能够极大促进要素流动和供应链协同效率提升。

三、赋能供应链协同创新变革

重点在于促进数字经济与供应链管理的全面融合，即在现有供应链模式基础上实现数字化协同创新。供应链协同变革应多元路径有序推进。对内，进行效率革命，通过系统性数字化工程建设，分步有序推进单个链点数字化（包括采购、决策、管理、物流、制造、金融等），实现从"被动"到"主动"，从"孤立"到"汇通"，从"个体"到"团队整体"的升级，完成数字化转型，建设灯塔工厂等，提升企业内部能力；对外，搭建垂直行业供应链协同平台，有序整合推进整体链环数字化，通过多链融合形成协同效应，助力上下游供需匹配和能力共享，实现各种生产和服务资源在更大范围、更高效率、更加精准的优化配置，降低整条价值链的成本。提高产业链供应链弹性和效率。

四、赋能管理变革

重点在于实施从决策机制到管理执行的全面创新。管理是一种生产力，也是质量和效率的根本保证，这表明管理在现代经济中的重要性。数字经济是新经济，贯穿了前所未有的新知识、新思想、新理论，因此，数字经济管理不能完全适用于过去的手段和方法。数字技术不仅仅是管理工具，也是重要的管理方法论体系。譬如，利用大数据分析不确定性，找出关键性影响因素，将管理决策由过去主要依赖于经验转型到主要依赖于知识，是提高决策科学性的根本途径；利用大数据分析市场、分析顾客，有利于供求匹配实施精准营销。

五、赋能企业学习变革

重点在于持续促进学习创新。企业面向数字化转型本质上需要学习变革，这是因为，一方面数字经济中数字成为"关键或核心生产要素"，数字与劳动、资本、资源等生产要素不断融合，反映了最具时代特征的生产要素的重要变化；另一方面学习能力成为企业数字化核心竞争力的重要源泉。学习理论认为，影响企业学习的关键性影响因素包括经验、技能、结构、战略、文化、教育、心理、认知、策略性执行、社会资本等，因此，企业学习过程本质上是一个复杂知识创新过程。

六、赋能生产或制造方式变革

重点在于促进制造业与金融的深度融合，改善并促进制造业的资本深化。首先，充分发挥平台引流、集聚和配置资源功能，将上下游企业、产业链不同环节、生产者与消费者连接形成工业互联网。其次，通过将大数据分析与管理技术、云计算技术、人工智能技术等应用于制造业，推动企业实现需求精准响应，推动传统生产方式数字化转型。最后，通过促进制造业与金融的融合，极大提升制造业的资本密度和金融深度，改善并促进制造业的资本深化。

第四章
制造业数字化转型理论

第一节　业务模式

制造业数字化转型，从业务模式看，可以概括为由"产品为中心"转向"客户为中"，在业务模式变革中提高满足客户的参与度和多元化需求。业务模式的变革是企业开展数字化转型的出发点和落脚点，是转型价值的直接体现。

一、链条化转变

在传统封闭的工业技术体系下，制造业商业价值的创造以产品为中心，关注的是产品质量和制造效率的提升。随着商业模式向平台化、共享型转变，产品和服务的内在逻辑也发生变化，"产品即服务、服务即产品"的模式更加凸显。传统业务模式中，往往只有最终的销售环节面向客户。市场对于产品多样化、个性化需求的提升，要求企业实时洞察、满足客户需求，为客户提供积极的体验，并以客户的视角来看待并优化整个业务，加速从"以产品为中心"转向"以客户为中心"，从规模化转向个性化。这将倒逼企业从产品"运营商"转变为客户"运营商"，从交付产品模式，向运营产品模式转变，为客户参与产品的设计、生产、制造、服务等整个生命周期打造良好的体验环境，提高客户忠诚度，进而提高企业利润，见图4-1。

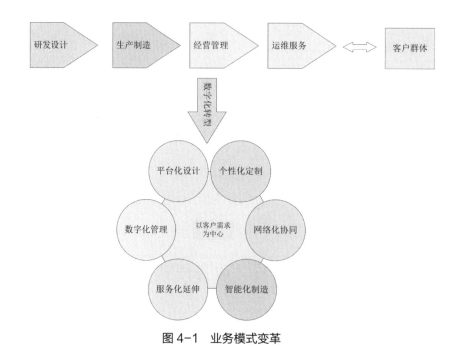

图 4-1　业务模式变革

二、数字化管理

如何通过数字化手段创新业务管理模式，提升产品和服务的质量、打造极致的客户体验，是每个数字化时代企业都需要解决的问题。企业基于对生产运营中产生的数据进行挖掘和利用，将自身业务通过数字化手段呈现、优化和管理，为企业的战略决策、运营管理、市场服务等业务活动提供指导，提升企业精准服务的能力和行业竞争力，成为企业培育新模式、新业态的强大引擎。

三、平台化设计

平台化是一种实现连接和共享的架构方式，是提升研发设计效率和质量的有效手段。通过运用云计算、数字孪生等技术，将产品在物理空间内的信息进行数字化、可视化表达，模拟分析产品在不同工况下的状态，得到对应的参数数据，并通过平台企业整合供需双方和设计资源，开展集成化、轻量化、协同、敏捷设计，实现无实物样机生产，大幅降低企业试错成本，推进新技术产业化和新产品落地。

四、个性化定制

面对更加多样化、个性化及快速变化的客户需求，通过客户交互定制平台和资源平台为客户提供个性化定制体验，推进敏捷开发、柔性制造、精准交付等模式，增强客户全流程参与度，提升客户体验满意度。利用互联网精准对接客户个性化需求这一特点，实现企业研发、生产、服务和商业模式之间的数据贯通，促进供给与需求的精准匹配，实现制造企业和客户价值的共同创造。

五、网络化协同

伴随着产品分工日益细化，产品复杂程度日趋提升，业务集成的广度和深度大幅拓展，依靠单个企业、单个部门难以也无法覆盖企业的业务创新和生产活动。通过网络化平台整合分散的生产、供应链和销售资源，实现跨部门、跨层级的业务互联与分工合作，推动生产方式由线性链式向网络协同转变，促进企业资源共享、业务优化和效率提升。

六、服务化延伸

企业依托平台实现对产品售后使用环节的数据打通，深度挖掘工业数据及其背后价值，探索基于产品使用行为大数据分析、产品增值服务、产品远程运维等新型业务模式，实现从"产品"到"产品＋服务"的转变，同时依靠用户数据驱动产品的持续优化变革，实现企业沿价值链向高附加值环节延伸。

第二节　技术范式

一、数字化制造

技术范式的变革，主要是从"人智驱动"向"数智驱动"变革。数字化技术加速了人与物、物与物、人与人之间的连接，突破了传统物理层面连接方式和数量的限制，泛在连接和跨域协作形成了海量的数据资产。数据作为新的生产要素将为企业的生产、组织和运营带来新的价值创造。基于对海量工业数据的采集、分析、治理及共享，并综合大数据、云计算、数字孪生等技术积累的专家经验、建立的知识库、沉淀的工艺机理模型，推动生产决策从"人智"不断发展为机器"辅智、混智"，并向"数智"演进，提升资源优化配置效率。

二、工业互联网

工业互联网是新一代数字技术、现代工业技术与工业系统全方位深度融合的产物，是制造业朝着数字化、网络化、智能化方向转型的重要载体，也是满足工业数字化发展需求，具有低时延、高可靠、广覆盖等特点的关键数字基础设施。基于数字技术构建的工业互联网能够推动产业链和供应链的解构、链接、整合、协同和集聚发展，成为推动产业链群生态体系演化的重要力量。工业互联网通过将大量工业技术原理、行业知识、基础工艺、模型工具等进行规则化、软件化、模块化处理，并封装为可重复使用的服务组件，第三方应用软件开发者可以面向特定工业场景开发不同的工业应用软件，进而构建成基于工业互联网平台的产业生态。工业互联网通过互联网技术，将设备信息、产品信息、管理信息、流程信息与人有机结合起来，并收集大量数据，通过大数据和人工智能等技术，支撑有效决策，从而提升与改变企业的成本、效率和产品品质，最终提升企业自身与整个产业生态的竞争力。工业互联网具有全局协同、泛在感知、敏捷响应、动态优化和智能决策等核心能力，能够连接用户、产品、供应商、设备、开发者，为产业数字化转型和产业链群生态体系演化赋能赋智。

三、智能制造

智能制造在实践中的运用和渗透将帮助企业实现在产品、生产、管理和服务四大方面的智能化升级，具体体现在以下"四化"，见图4-2。

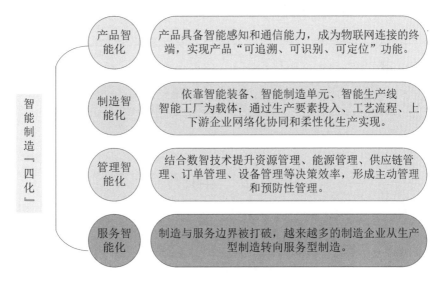

图4-2　智能制造的"四化"范式

产品智能化：即是将传感器、处理器、存储器、通信模块、传输系统嵌入产品，使得产品具备动态存储、感知和通信能力，成为物联网连接的终端，从而实现产品"可追溯、可识别、可定位"功能。根据Transforma Insights研究显示，到2030年这些物联网终端数量将增长到241亿个，复合年增长率为11%。

制造智能化：包括制造载体智能化和制造过程智能化两个层面，制造载体智能化，包括单机智能化，以及单机设备的互联而形成的智能制造单元、智能产线、智能车间、智能工厂等；制造过程智能化，则是通过数智技术和先进制造技术的融合应用，使得制造过程中所涉及的各个流程、生产要素以及上下游企业，以用户价值为中心，实现网络化协同和柔性化生产。

管理智能化：随着技术融合不断深入，制造企业获取数据的实时性、完整性、准确性不断提高，结合智能化分析技术可以帮助企业提升资源管理、能源管理、供应链管理、订单管理、设备管理等方面的决策效率，变被动管理为主动管理和预防性管理，使得管理更准确、更高效、更智能。

服务智能化：在产品智能化的基础上，企业与终端用户交互更为直接，为用户提供更好的服务体验将成为智能制造的重要组成和价值增量，越来越多的制造企业将从生产型制造向服务型制造转型，制造与服务的边界逐渐消弭。服务智能化是一个趋势，是制造业企业提升服务质量和效率的必由之路。服务智能化可以提高服务的质量和效率，降低成本，提高客户满意度，增强制造业企业的竞争力。

第三节 组织方式

随着新一代信息技术的催化，智能制造的产业组织形态向网络化、小型化、专业化方向发展。

（1）生产组织的网络化。例如，ARJ21支线飞机全机结构零部件31000多个，中国商用飞机制造公司组建了项目广域协同平台，实现了全球10多个国家、104家供应商之间的协同研发和制造，不同企业形成了相互协作、相互依存的利益共同体。未来，这种利用网络完成生产和研发的协作将是企业一种常态化行为。

（2）生产组织的小型化。组织的小型化并不是产值或市场的缩小，而是人员和组织机构的缩小。小型化公司的灵活性和创新较高，其利用网络实现技术升级与市场扩展的能力更强，可以通过使用较少的成本来建立全球的销售系统，在开放的市场中平等与其他的企业进行竞争。例如，海尔集团借助互联网加快组织结构调整，将7万多名员工重新组织为2000多个自主经营体，形成了基于互联网的"小团队＋大平台"企业组织架构，让大量的小团队直接面对市场、面对用户，快速满足客户的个性化需求。

（3）生产组织的专业化。互联网技术推动下，企业的生产组织将进一步向专业化演进。不同于传统大规模生产分工模式下，企业围绕某一产品或领域专门的专业化，在互联网的帮助下，企业柔性生产、定制化制造能力大幅增强，是一种升级版的生产专业化。同时，除了生产环节的专业化，未来生产组织的专业化还包括专业化的管理和专业化经营。未来产业发展格局日新月异，企业将进一步加大在专业化的管理和经营方面的投入，以适应变化加速的市场与分工环境。

第四节　文化意识

核心层的精神文化，称为"企业软文化"，包括各种行为规范、价值观念、企业的群体意识、职工素质和优良传统等，是企业文化的核心，被称为企业精神。企业通过从上至下的推行数字化理念，最终的目标是培养企业全员从数字化角度思考问题，用数字化工具解决问题的逻辑，形成企业的数字化文化。数字化文化的形成，就是从"执行文化"向"人本文化"转变。

拥抱数字化变革。在数字化转型过程中，最难的不是具体技术的应用，而是对现有组织、流程、习惯、利益进行变革时存在的困难。数字化转型是企业提升自身竞争力、实现更好发展的必由之路，企业全员一定要从企业大局出发，从企业长远发展出发，培养拥抱变革的文化。

强化数字素养。在推进数字化转型过程中，除了重视数据以外，还要提升全员数字素养，在数字优先和数据驱动决策的理念下，充分利用数字化手段和方法，有效地发现、获取、利用数据，优化与提升制造与服务效率与质量。如通过数字孪生技术，在虚拟环境中进行设计、优化产品与管理，减少物理世界因反复试验而造成的物质与时间浪费。

重视人本精神。摒弃"机器换人"的负面思维，激发"人"的价值主体。人是企业数字化转型的设计者和执行者，是企业文化的核心，也是事关企业数字化转型成功与否的决定性因素。树立人为核心、机器服务于人的意识，合理利用自动化、数字化、网络化、智能化等技术手段，解放人的体力与脑力，赋能与拓展人的能力，发挥协同优势，促进人与企业的创新。

保持开放合作。在企业内部，要形成真诚、开放、合作的企业文化，通过齐心合力和共同努力，创造更有竞争力的产品和服务，提升企业竞争力。在企业外部，也要发扬开放合作精神，与客户和上下游合作伙伴紧密合作，共建和谐共生的生态圈，构建富有竞争力和可持续性发展的商业模式，为社会的繁荣、进步，为数字经济的蓬勃发展，作出应有的贡献。

第五章

智能制造理论

第一节　智能制造的内涵和典型特征

一、智能制造的内涵

智能制造源于人工智能的研究和应用，其概念最早由美国赖特·伯恩在著作《Smart Manufacturing》中提出，将"智能制造"定义为"通过集成知识工程、制造软件系统、机器人视觉和机器人控制来对制造技工们与专家知识进行建模，以使智能机器能够在没有人工干预的情况下进行小批量生产"。20 世纪 90 年代，随着主要发达国家投入重视和研究，"智能制造"概念得到进一步发展，由原先的单体智能化转向智能机器与智能生产活动的有机融合。

21 世纪以来，随着人工智能、大数据、云计算、物联网等新一代信息技术的快速发展及应用，"智能制造"概念进一步深化。根据我国工业和信息化部 2016 年出台的《智能制造发展规划（2016—2020 年）》中定义，"智能制造是基于新一代信息技术与先进制造技术深度融合，贯穿于设计、生产、管理、服务等制造活动各个环节，具有自感知、自决策、自执行、自适应、自学习等特征，旨在提高制造业质量、效益和核心竞争力的先进生产方式"。2014 年，美国能源部将"智能制造"定义为"智能制造是先进传感、仪器、监测、控制和过程优化的技术和实践的组合，它们将信息和通信技术与制造环境融合在一起，实现工厂和企业中能量、生产率、成本的实时管理"。无论从哪个视角出发，今天各国对"智能制造"的理解都不再局限于生产过程或单体智能，而是扩展到产业价值链的各个环节、包含企业活动的方方面面，也不再单方面强调数智技术本身的应用价值，而是更加重视数智技术与先进制造等跨领域技术的深度融合和实践创新。

概而言之，智能制造是自动化、工业互联网等新技术、信息化等产品的组合拳，通过自动化＋信息化＋工业互联网等新技术的结合，实现提质、增效、降本的目的。智能制造最底层主要是自动化产品，狭义的自动化主要指的就是 PLC、DCS 等产品，广义的自动化指的是 PLC&DCS 控制系统（即 PLC、DCS＋周边各种设备产品）；工业互联网平台主要位于中间层，主要起到承上启下，统一调度的作用，自动化产品的云化通常指的就是将自动化产品构建在工业互联网平台之上进行远程操作与调控，自动化产品的云化也是大势所趋；信息化位于最上层，主要指的是以 MES、ERP、BI、PLM 等为代表的工业软件。通常来说，自动化产品偏标准化、产品化，而信息化产品偏定制化、项目制，见图 5-1。

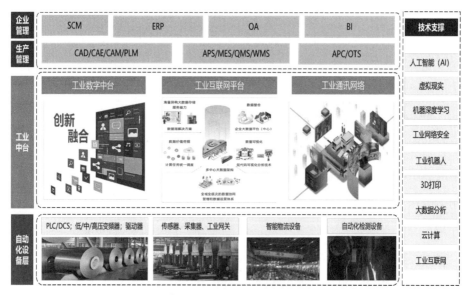

图 5-1　智能制造的整体框架

细化来看，工业 4.0 时代，智能制造自下而上主要分为五层，分别是执行设备层、现场控制层、工业中台层、生产管理层和企业资源层。

（1）执行设备层：在智能制造整体框架中，执行设备层主要负责边缘数据采集和边缘执行两个核心功能。其中，各类传感器、仪表设备负责监测、收集海量的现场数据并向上传递，构成工业数字化的基础；边缘执行功能则根据现场的具体情况，由大量的工业机器人、执行设备、仪器仪表和电机等现场执行设备组成，伴随着智能制造系统的高算力与快速决策的特点，传统执行设备的精度需求将会进一步提升；

（2）现场控制层：现场控制层作为基础的控制层，主要通过 PLC、DCS 及伺服系统等工控系统，对下层执行设备进行控制，智能制造趋势下工业的精度与复杂程度大幅提升，工控层的控制节点数量与控制精度有望随着大幅提升，提振工控设备价值量与需求量的增长；

（3）工业中台层：工业中台作为工业 4.0 时代的新产物，核心功能是通过构建一个工业互联网数据平台，打通原本各个孤立的生产环节之间的壁垒，通过人工智能、数据挖掘等新技术手段，充分挖掘数据的价值量，并提升决策效率与决策的有效性，从而起到大幅提质增效的效果，为企业创造更大的利润；另一方面，更高效的工业通信网络也是工业中台层的重要工具之一，企业通过构建工业以太网等通信网络，增强边缘通信的能力，增强不同生产环节间的协同性，提升整体生产效率；

（4）生产管理层：生产管理层主要由生产管理类工业软件组成，是工业 4.0 时代生产的"大脑"。现场数据的采集、数据中台的建立与人工智能的进步，为生产类工业软件创造了应用基础，MES、OTS、仿真模拟类工业软件依托其自身强大的数据处理能力，有望伴随人工智能技术的进步大放异彩，在工业 4.0 时代持续维持高景气度；

（5）企业管理层：包括 ERP、OA、BI 等工业软件，主要负责企业整体运营及商业活动等。先进工业软件的应用，帮助制造企业获取数据的实时性、完整性、准确性不断提高，从而不断提升资源管理、能源管理、供应链管理、订单管理、设备管理等方面的决策效率。

二、智能制造的典型特征

对于制造业而言，数字化转型是利用数智技术进行全方位、全周期、全链条的改造过程。以智能制造为主攻方向，通过深化数智技术在产品、生产、管理和服务等诸多环节的应用，与制造技术双向融合加快企业以及产业层面的数字化、网络化、智能化步伐，不断释放数智技术的应用价值，是现代制造业实现高质、高效、绿色发展的重要途径。数智技术驱动下的智能制造主要表现为两大核心特征：一是虚实融合，二是网络化协同。

特征一：虚实融合。即物理空间在信息空间的完全映射，信息在两个空间中交互和融合，由统一"软件"平台协调和安排资源、能源、时间的最优分配，并在反馈中不断升级。回溯工业革命发展历程，在机械化生产时期，信息技术尚未出现，所有生产要素都集中在物理空间中发生；到了电气化生产时期，机器大规模生产拓展了实体要素发生的物理空间，从小作坊变成了大工厂。伴随信息技术发展以及在制造领域的深入应用，相对于物理空间中的实体要素外，信息／数据作为新生产要素，在企业活动中扮演越来越重要的角色。在自动化生产时期，传感器、控制器（PLC）和执行器形成紧耦合的控制信息环，系统性地部署在各个机械零部件之上，从而形成依附于设备的"封闭式"信息空间，通过对信息要素的采集、计算，进而操控物理空间中相连机器部件的自动化运作。进入智能制造时期，数智技术应用将不同物理空间的实体要素在同一信息空间进行"全要素"映射和重建，形成具有感知、分析、决策、执行能力的数字孪生体，从而实现物理空间和信息空间在更广范围、更深层次的交互融合，创造出一个虚实合一的制造系统，并通过统一"软件"平台进行要素资源的动态配置。这里需要强调的是，由于人工智能技术的应用，机器算法将替代人的决策过程，形成对资源、能源、时间等生产要素的动态配置，并在数据反馈中不断优化算法精度，提升决策水平，即智能制造系统相对传统制造具备自感知、自学习、自决策、自执行和自适应能力。

特征二：网络化协同。即通过建立统一"对话"标准，打通分散于不同层级、环节、组织的"数据孤岛"，让数据在不同系统间自由流动，从而实现企业制造各层级（纵向），及产业链上各环节（横向）的互联互通和协同化生产，见图5-2。具体来说，一是通过打通企业层、执行层、设备层的纵向数据链，实现研发数据、制造数据向生产现场、制造设备的实时传递和处理，企业内部不同系统层级间无缝连接，推动企业的精细化运营和柔性化生产；二是横向打通企业内部以及产业链上下游不同企业间的业务数据共享，使得包括研发设计、物料采购、生产制造、营销销售、物流仓储、产品服务等环节中每个企业组织，都可以根据全产业链的共享信息进行资源调配、方案优化，灵活组织生产去迎合市场变化，缩短产品制造和创新周期。通过纵向和横向数据打通，最终实现设备、车间、工厂、流程、物料、人员乃至产业链价值链各个节点的全面互联，使得价值传递过程从传统制造单向链式转向并发式协同，通过实时数据感知、传送、分析和处理，围绕用户需求和产品全生命周期，进行资源动态配置和网络化协同，从而最大程度地实现个性化定制。

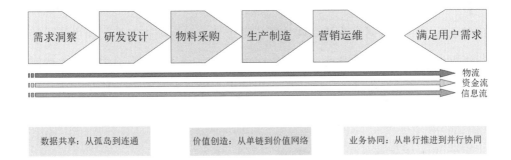

图 5-2　网络化协同示意图

第二节　智能制造驱动因素

一、主要经济体制造业智能化的战略中心

制造业升级是所有制造业大国面临的共同课题，主要目标都是在于通过数智技术创新和应用来提升国家制造业竞争实力，克服逐渐上涨的人力成本，将制造业留在本国的同时，保持自身制造业优势，但由于各国制造业基础和优势不同，在发展智能制造的核心诉求和战略重心上各有差异。美国自二战后面临制造业空心化问题比较严重，通过发展智能制造引领制造业复兴是美国的主要诉求，而美国制造业信息化全球领先，尤其在工业软件和互联网方面独占鳌头，因此其战略重点主要关注生产设计、服务等价值链环节，强调智能设备与软件的集成和大数据分析。德国工业自动化领域全球领先，精密制造能力强，高端装备可靠性水平高，国家战略着眼通过CPS（Cyber-Physical Systems，信息物理系统）推进智能制造，希望通过数字化创新与工业制造的融合发展来巩固、捍卫国家工业技术主权。日本制造业注重提高产品质量和技术创新，牢牢占据产业链高端位置。由于日本社会面临老龄化和少子化问题比较严重，发展智能制造主要以解决问题为导向，战略侧重引导产业智能化成果融入到社会生活的方方面面，以此来支撑日本社会的结构化转型，打造"超智慧社会"。

二、中国智能制造驱动因素

中国近年来从顶层规划到行动计划不断发布各种利好政策来推动智能制造发展，背后的驱动力主要源自供给侧问题和需求侧变化两大因素。

从供给侧看，中国制造虽体量大，但在长期竞争中却面临"大而不强"的现实局面，具体体现在以下四个方面：一是中国制造综合成本的相对优势

正逐渐变小。除用工成本外，能源使用成本、土地成本、融资成本都在不断上涨。波士顿咨询曾比较全球出口靠前的经济体的制造业成本指数显示，中国制造业综合成本已与美国基本相当，见图5-3。二是我国产能过剩问题较为严重。根据专家测算，我国产能利用效率低于79%~83%的正常值范围，反映出我国供需两侧适配度有待提升，整体生产效率较低的现状。三是我国制造业主要处于低利润率的加工制造环节，技术含量和附加值不高，亟待向产业链高端升级；同时，由于产业链上游的基础材料、关键元器件、先进基础工艺和产业技术基础较为缺失，产业缺乏自上而下自主化体系，在国际局势错综复杂、不确定因素增加的大环境下，产业链、供应链稳定正面临挑战。四是我国制造业发展对能源资源依赖度较高，过往粗放型生产对环境的破坏性较大。据世界银行2017年数据统计，我国单位GDP能耗约为世界平均水平的1.53倍，其中工业制造占全国碳排放总量的70%以上，面临主动控制碳排放和2030碳达峰的新形势，制造业未来发展将受能源环境要素的约束越来越紧。

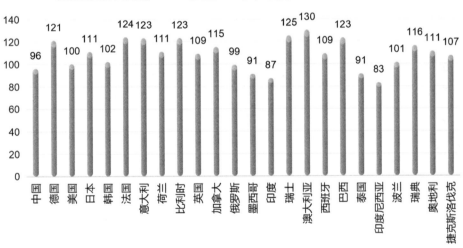

制造综合成本指数，2014（美国=100），包括劳动力、电力、天然气等

图5-3 全球出口靠前的经济体的制造业成本指数

从需求侧看，消费市场呈现不可逆的两大趋势：一是用户越来越重视消费体验和产品服务、强调个性化需求，驱动制造企业生产方式向定制化方向转变；二是用户求新求快的需求变化要求制造企业缩短产品创新和制造周期，

敏捷响应市场瞬息变化趋势。整体上看，在供给侧上所积累的各种问题，以及需求侧的变化趋势，都是驱动我国大力发展智能制造的主要动力，这和其他国家智能制造战略的核心诉求形成本质区别。

第三节　智能制造核心价值

从驱动因素出发，总结中国发展智能制造的五大核心价值，见图 5-4。

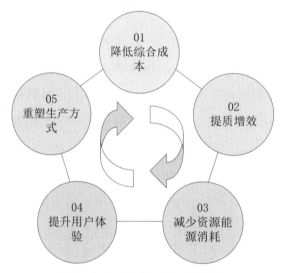

图 5-4　智能制造五大核心价值

一、降低制造企业的综合成本

通过机器代人或人机协同方式提高劳动生产效率，减少人工成本；利用视觉算法等手段提升检测一致性和稳定性，降低产品不良品率，减少因质量问题造成的经济损失；物联网、大数据、区块链等技术应用加速产融结合，精准刻画企业经营行为、评估企业资产状况，为供应链企业提供更低价格的信贷资金；依据市场数据反馈合理安排要素投入，减少物料浪费，或施行智能库存管理来降低仓储成本等。

二、提质增效

数据驱动代替经验判断，人工智能可通过全自动化、动态监控等方式，全面优化生产流程，改善制造工艺，提高生产效率；科学高效排产，提高设备利用率；集成数智技术提高生产执行精度，确保产品质量。

三、减少能源资源消耗

通过物联网连接设备可以实时在线监测和控制能源和资源使用情况，AI赋能制造业能通过提高良率、降低原材料损耗等方式来降低生产成本，减少碳排放，提高能源资源利用效率；利用智能化节能减排设备或解决方案替换落后产能和生产工艺，实现绿色生产。

四、提升用户体验

数智技术应用打通产业链上下游，实现需求端与设计端、制造端的直接对接，对复杂的市场动态进行数据分析和预测，准确把握市场机会，快速进行产品创新，实现敏捷制造和精益生产，响应市场变化和用户个性化需求；通过在价值链各个环节增加与用户交互节点，鼓励用户全程参与产品生产过程，为用户的最佳体验不断迭代产品，提升产品附加价值；基于产品智能化，通过与环境、用户交互，产品可自动回传运行和环境数据，通过数据监控和分析，为用户提供远程的预防性运维服务。

五、重塑生产方式

数智技术和先进制造技术的融合应用将会带来生产模式的创新和变革，推动传统制造企业从大规模生产向定制化生产转变，企业从单纯的制造商向服务端衍生，而价值创造过程也将从传统单向链式过程转向网络化协同共创模式。

第四节　智能制造的生产组织模式

智能制造具有很强的下游行业属性，一般会按照下游行业将智能制造划分为流程型智能制造和离散型智能制造。流程行业主要包括冶金、石化、化工等行业，具备工艺流程长、工艺环节多、工艺间关系复杂与涉及的硬件设备种类繁多等特点，要求实际工业生产重视满产、安全和不停车；相较于流程型智能制造，离散型智能制造呈现"小而散"的特点，下游需求多呈点状分布，更需要灵活的解决方案来解决实际业务中的痛点。在工业发展的大趋势下，结合行业特点来看，流程型行业偏向追求超级自动化，离散行业偏向追求制造的极致柔性。

一、流程型智能制造生产组织

总体来看，流程型智能制造对工艺的稳定性和工艺间协同性的要求性高，整体工艺的容错率很低，单一工程的价值量较高，流程行业客户对智能制造提供商的资质/技术/售后等多方面综合实力要求严苛。流程行业主要包括冶金、石化、化工等行业，具备工艺流程长、工艺环节多、工艺间关系复杂与涉及的硬件设备种类繁多等典型特点，见图 5-5。一般来讲，流程型行业的设备层除罐体、执行设备、电机、阀门等各类元器件之外，还需配大量仪器仪表用于参数的采集与工艺过程的监测；控制层主要体现为 PLC、DCS 等多种控制类设备，在生产过程中扮演"中枢神经"的角色，向下负责控制具体工艺环节的执行，向上对接监控层，对整体工艺流程的安全性和稳定性进行监控；此外，生产管理层的 MES、PLM、OTS 等工业软件负责对多工艺环节进行把控，调控整条产线的能耗/生产等多方面指标，并最终通过可视化的手段反馈至企业资源层，通过 ERP/BI/CRM 等信息类工业软件掌握物料、产业链等多方面的商业环节。

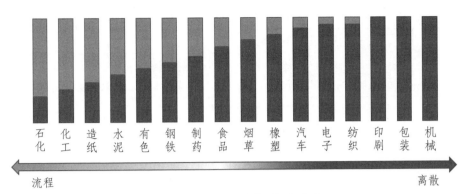

图 5-5 流程型和离散型行业分类

总之，流程型智能制造方面，节能减排、安全可控和互联互通是重点发展方向，在双碳时代，流程行业"有必要＋有能力"深度布局智能制造。流程型行业作为典型的碳排放行业，在我国稳步推进"碳达峰""碳中和"的战略背景下，是优先需要进行节能减排改造的领域，智能制造在帮助流程型行业降本增效方面成效显著，流程型行业智能制造布局迫在眉睫，持续利好自动化、信息化、工业互联网平台发展。

二、离散型智能制造生产组织

相较于流程型智能制造，离散型智能制造呈现"小而散"的特点，下游需求多呈点状分布，更需要灵活的智能制造解决方案来解决实际业务中的痛点。离散行业主要包括电子、机械、家电、汽车和军工等多个行业，设备层涵盖了机器人、小车、车床等多类不同的硬件设备，一般来讲，由于离散行业的工艺过程相较于流程行业而言较短，所以大型 PLC/DCS 的应用场景不多，主要以中小型 PLC 进行控制，其次通过感知、执行、运营和决策多个环节，构成离散行业的整体智能制造解决方案。离散行业生产的产品具有小规模、多批次的特点，柔性生产扮演着越来越重要的地位，成为离散行业的智能制造的必经之路。因此，相较于流程型智能制造，离散型智能制造更注重对下游工艺的理解与对客户需求的挖掘，拥有丰富产品／技术中台的智能制造提供商有望更受到下游客户的青睐，见表 5-1。

表5-1 流程型行业和离散型行业智能制造比较

比较内容	流程型行业智能制造	离散型行业智能制造
适用行业	包括冶金、化工、石化、电力、制药、食品加工和化肥等行业	包括机械制造、半导体电子、PCB、电器、汽车、家电和包装印刷等行业
工艺特点	具备工艺流程长、工艺环节多、工艺间关系复杂与涉及的硬件设备种类繁多等特点	相较于流程型行业具备"小规模、多批次"的特点，工艺相对灵活
技术特点	工艺的稳定性和工艺间协同性的要求性高，整体工艺的容错率很低，价值量较高，追求超级自动化	追求极致柔性，下游需求多呈点状分布，更需要灵活的智能制造解决方案来解决实际业务中的痛点

离散型智能制造方面，数字化转型解决方案、工业互联网平台等相关赛道有望持续受益。目前国内离散行业智能制造尚处发展早期，伴随着自动化和智能化技术的成熟，智能制造在流程行业中提质增效的作用逐步显现，离散型智能制造转型需求逐步旺盛，利好离散智能制造解决方案提供商。同时工业互联网也有助于传统制造业打通数据壁垒、充分发挥数据价值，未来工业互联网平台的需求将持续提升。

三、数字技术驱动的产业组织演化

产业生态体系演化的过程就是产业组织创新的过程。产业链群生态体系是数字技术驱动、产业平台承载、多链融合发展、要素相对集聚的产业生态系统，是采用数字思维、融合思维和生态思维构建而成的一种社会—经济—环境复合组织形态。在数字技术驱动下，产业链群生态体系内部的物质流、能量流、资金流、人才流和信息流通过链群结构进行整合和调节，实现自我再生、自我复制、自我选择、自我优化，从而向更高的有序状态演化。产业链群生态体系演化不是单一主体的个别进化，而是整个生态系统的协同演化，企业通过相互竞争与协同，互相驱使对方提高自身的性能和复杂性，求得在一定时空条件下相互之间的生存平衡和持续发展，从而实现协同演化。数字技术变革、企业生态位变化、产业组织创新、与产业直接关联的各种要素及其相互作用关系的变化、产业生态链和产业生态圈的变革等都会推动产业链群生态体系的演化。产业链群生态体系内部的研发创新系统、投入产出系统、生产制造系统、应用服务系统等链群生态子系统的变化，链群生态体系外部的要素配套供给、软硬基础设施、社会文化环境、国际市场环境、公共政策体系等环境因素的变化，都会推动产业链群生态体系的演化与创新。

1. 数据驱动、数字技术创新与产业链群生态体系演化

数据驱动是产业数字化转型的核心动力，也是新兴工业体系区别于传统工业生产体系的本质特征。数字经济时代，数据作为基础性战略资源的地位日益凸显，数据确权、数据质量、数据安全、隐私保护、流通管控、共享开放等都会影响产业发展的方向。产业链群生态体系内部产生的数据具有可复制性强、流量规模大、迭代速度快、复用价值高、无限增长和瞬时供给等禀赋特征，数据规模越大、维度越多、更新越快，数据边际价值越会成倍增加，从而能够打破传统要素有限供给的束缚，为产业链群生态体系演化提供充分的要素支持和驱动力量。通过链群创新系统和辐射网络，数据会对经济、社会、环境、资源等系统资源要素产生强大的聚集力和配置力，有效增加人才、技术、信息、设施等核心资源存量，实现资源共享，提高使用效率，提升资源供给能力，消除资源结构性短缺。在流程数字化所实现的数据积累基础上，从数据战略、数据治理、数据整合、数据建模、数据架构、数据标准、数据质量、数据安全、数据应用、数据生存周期等方面提升产业链群生态体系的数据治理能力，能够盘活数据资产，打通从数据、信息、知识到智慧的整个价值链，从而提升产业链和供应链现代化水平和自主可控能力，推动企业从数字化、网络化走向智能化，驱动技术进步、业务变革和管理创新。通过数据治理控制信息流，调节产业生态链上物质流和能量流的流速、流向和流动方式，实现资源流动的优化循环，并通过对其他系统的信息集中和控制，为产业数字化转型提供信息平台，产生数字创新的倍增效应，驱动产业链群生态体系演化发展。

工业大数据推动数字技术创新，数字技术创新又能反过来提升数据价值。信息物理系统的推广、智能装备和智能终端的普及以及各种各样传感器的广

泛使用，带来了无所不在的感知和无所不在的连接，所有的生产装备、感知设备、传递设备、联网终端，包括生产者和消费者都在源源不断地产生工业大数据，这些数据将会渗透到企业运营、价值链乃至产品的整个生命周期，成为推动数字技术创新的基石。近年来，数字技术创新步伐不断加快，正步入泛在、智能、集成、融合的新阶段，从数据产生、计算、传输到处理，从接触、感知、传感到智能，泛在连接和普适计算已经无所不在，云计算、大数据、人工智能、机器学习等数字技术正驱动人类智能迈向更高境界，虚拟化技术、3D打印、工业互联网、大数据等新兴数字技术正在重构制造业技术体系。数字技术创新能够改变原有产业秩序，提升企业生态位，推动产业链群生态体系内部结构的生态化重构；同时，数字技术和数字创新能够开拓新的资源领域和使用方式，实现资源更大范围、更高层次的循环利用，形成产业链群生态体系演化的不竭动力。随着数据量能和用户数量的迭代增加，工业大数据成为驱动数字技术创新和产业数字化转型的引擎，推动产业链群生态体系内部实现资源共享和优势互补，进一步强化生态系统的盈利模式和可持续发展。发展工业大数据，推动大数据在工业研发设计、生产制造、经营管理、市场营销、售后服务等产品全生命周期、产业链全流程等各环节应用，促进大数据、物联网、云计算、智能制造等数字技术在制造业全产业链集成运用，推动制造模式变革和工业转型升级，是推动产业数字化转型和产业链群生态体系演化的重要途径。

2. 工业互联网与产业链群生态体系演化

工业互联网为智能制造提供了关键数字技术的基础设施，涉及人、物品、机器、车间等全要素，通过跨设备、跨系统、跨厂区、跨地区的全面互联互通，实现全要素与全产业链和全价值链的全面连接，涵盖设计、研发、生产、管理等各个环节，通过数字技术驱动工业数据充分流动，以数据流带动技术流、资金流、人才流、物资流，实现工业全系统、全产业链、全价值链的泛在深度互联，从而构建起数据驱动的网络化工业生产制造体系和服务体系，有效提升产业发展质量与效益，推动产业链群生态体系演化发展。

集现代信息技术、物联网、云计算、大数据、人工智能、数字孪生等数字技术的工业互联网发展正是推动产业链群生态体系演化的中坚力量。工业互联网作为各种要素流动的枢纽，能够以大数据、数字创新和数字化转型构建数字生态，以数字生态驱动创新生态，以创新生态支撑链群生态，以链群生态优化产业生态，从而重新塑造产业链群生态体系的结构、终端、平台和应用。工业互联网加快了数据价值化过程，为产业链群生态体系的演化注入新型要素。数据价值化包括数据采集、数据标准、数据确权、数据标注、数据定价、数据交易、数据流转、数据保护等系列活动。工业互联网为数据采集、数据标注、数据要素供应、时序数据库管理、商业智能处理、数据挖掘与分析、数据存储、数据安全、数据交换等环节提供了操作平台，也为加快数据确权、数据定价、数据交易等数据要素市场化进程提供了基础设施。工业互联网能够将数据汇集在一起，不仅连接数据，而且能充分发挥数据驱动功能，实现资源优化配置与智能分析，从而有效引导和协调产业链群生态体系内部多方群体之间的互动和协同。工业互联网改变了传统的信息不对称和物理区域屏障，通过整合产业链群生态资源，改变了产业发展模式和业态，使知识资源、数据要素、技术能力、制度创新、战略协同发展和产业链合作等宏观要素在产业链群生态体系演化发展中的作用越来越大。

第五节　智能制造主体内容

一、智能工厂

智能工厂重点研究智能化生产系统和过程，以及网络化分布式生产设施的实现。智能工厂是工业 4.0 中的一个关键主体，其主要内容可从多个角度来描述，本书仅从工厂模式演进的角度予以阐述。

（1）数字工厂——是工业化与信息化融合的应用体现，它借助于信息化和数字化技术，通过集成、仿真、分析、控制等手段，为制造工厂的生产全过程提供全面管控的整体解决方案，它不限于虚拟工厂，更重要的是实际工厂的集成，包括产品工程、工厂设计与优化、车间装备建设及生产运作控制等。

（2）数字互联工厂——是指将物联网（Internetofthings, IoT）技术全面应用于工厂运作的各个环节，实现工厂内部人、机、料、法、环、测的泛在感知和万物互联，互联的范围甚至可以延伸到供应链和客户环节。通过工厂互联化，一方面可以缩短时空距离，为制造过程中"人—人""人—机""机—机"之间的信息共享和协同工作奠定基础，另一方面还可以获得制造过程更为全面的状态数据，使得数据驱动的决策支持与优化成为可能。

（3）智能工厂——从范式维度看，智能工厂是制造工厂层面的信息化与工业化的深度融合，是数字化工厂、网络化互联工厂和自动化工厂的延伸和发展，通过将人工智能技术应用于产品设计、工艺、生产等过程，使得制造工厂在其关键环节或过程中能够体现出一定的智能化特征，即自主性的感知、学习、分析、预测、决策、通信与协调控制能力，能动态地适应制造环境的变化，从而实现提质增效、节能降本的目标。

二、智能生产

智能生产是工业4.0中的另一个关键主题。在未来的智能生产中，生产资源（生产设备、机器人、传送装置、仓储系统和生产设施等）将通过集成形成一个闭环网络，具有自主、自适应、自重构等特性，从而可以快速响应、动态调整和配置制造资源网络和生产步骤。智能生产的研究内容主要包括：

（1）MOM生产网络——基于制造运营管理（manufacturing operating management, MOM）系统的生产网络，生产价值链中的供应商通过生产网络可以获得和交换生产信息，供应商提供的全部零部件可以通过智能物流系统，在正确的时间以正确的顺序到达生产线。

（2）基于数字孪生的生产过程设计、仿真和优化——通过数字孪生将虚拟空间中的生产建模仿真与现实世界的实际生产过程完美融合，从而为真实世界里的物件（包括物料、产品、设备、生产过程、工厂等）建立一个高度真实仿真的"数字孪生"，生产过程的每一个步骤都将可在虚拟环境（即赛博系统）中进行设计、仿真和优化。

（3）基于现场动态数据的决策与执行——利用数字孪生模型，为真实的物理世界中物料、产品、工厂等建立一个高度真实仿真的"孪生体"，以现场动态数据驱动，在虚拟空间里对定制信息、生产过程或生产流程进行仿真优化，给实际生产系统和设备发出优化的生产工序指令，指挥和控制设备、生产线或生产流程进行自主式自组织的生产执行，满足用户的个性化定制需求。

三、智能物流和智能服务

智能物流和智能服务也分别是智能制造的主体之一，在一些场合下，这两者也常被认为是构成智能工厂和进行智能生产的重要内容。智能物流主要通过互联网、物联网和物流网等，整合物流资源，充分发挥现有物流资源供应方的效率，使需求方能够快速获得服务匹配和物流支持。

智能服务是指能够自动辨识用户的显性和隐性需求，并且主动、高效、安全、绿色地满足其需求的服务。在智能制造中，智能服务需要在集成现有多方面的信息技术及其应用的基础上，以用户需求为中心，进行服务模式和商业模式的创新，因此，智能服务的实现需要涉及跨平台、多元化的技术支撑。在智能工厂中，基于 CPS 平台，通过物联网（物品的互联网）和务联网（服务的互联网），将智能电网、智能移动、智能物流、智能建筑、智能产品等与智能工厂（智能车间和智能制造过程等）互相连接和集成，实现对供应链、制造资源、生产设施、生产系统及过程、营销及售后等的管控。

第三篇　政策篇

第六章

国家智能制造政策梳理

第一节　中国制造 2025

一、中国制造 2025 提出和演进

2015 年《政府工作报告》中首次提出实施"中国制造 2025"，坚持创新驱动、智能转型、强化基础、绿色发展，加快从制造大国转向制造强国。此后，"中国制造 2025"一直是贯穿国务院工作部署的关键词之一。2015 年 5 月，国务院关于印发《中国制造 2025》的通知（国发〔2015〕28 号），是我国实施制造强国战略第一个十年的行动纲要，提出立足国情，立足现实，力争通过"三步走"实现制造强国的战略目标。第一步：力争用十年时间，迈入制造强国行列。到 2020 年，基本实现工业化，制造业大国地位进一步巩固，制造业信息化水平大幅提升，掌握一批重点领域关键核心技术，优势领域竞争力进一步增强，产品质量有较大提高。制造业数字化、网络化、智能化取得明显进展，重点行业单位工业增加值能耗、物耗及污染物排放明显下降。第二步：到 2035 年，我国制造业整体达到世界制造强国阵营中等水平。创新能力大幅提升，重点领域发展取得重大突破，整体竞争力明显增强，优势行业形成全球创新引领能力，全面实现工业化。第三步：新中国成立一百年时，制造业大国地位更加巩固，综合实力进入世界制造强国前列。制造业主要领

域具有创新引领能力和明显竞争优势，建成全球领先的技术体系和产业体系。联合国两位高级官员撰文称赞，《中国制造2025》路线图正在引导中国的工业现代化进程。《福布斯》杂志认为，实施"中国制造2025"将助力中国制造业保持国际竞争力。世界经济论坛主席施瓦布称，得益于智能制造业的迅速发展，"中国将成为第四次工业革命的领军者"。

2016年，国务院办公厅发布《关于开展消费品工业"三品"专项行动营造良好市场环境的若干意见》，促进消费品工业迈向中高端。

2016年5月，国务院印发《关于深化制造业与互联网融合发展的指导意见》（国发〔2016〕28号），要求以激发制造企业创新活力、发展潜力和转型动力为主线，以建设制造业与互联网融合"双创"平台为抓手，围绕制造业与互联网融合关键环节，积极培育新模式新业态，强化信息技术产业支撑，完善信息安全保障，夯实融合发展基础，营造融合发展新生态，充分释放"互联网+"的力量，改造提升传统动能，培育新的经济增长点，发展新经济，加快推动"中国制造"提质增效升级，实现从工业大国向工业强国迈进。到2025年，制造业与互联网融合发展迈上新台阶，融合"双创"体系基本完备，融合发展新模式广泛普及，新型制造体系基本形成，制造业综合竞争实力大幅提升。

2017年7月，国务院常务会议部署创建"中国制造2025"国家级示范区，加快制造业转型升级。

2017年11月，国务院办公厅印发《关于创建"中国制造2025"国家级示范区的通知》（国办发〔2017〕90号），对"中国制造2025"国家级示范区创建工作进行全面部署。指出，通过创建示范区，鼓励和支持地方探索实体经济尤其是制造业转型升级的新路径、新模式，对于加快实施《中国制造2025》，推动制造业转型升级，提高实体经济发展质量，加强制造强国建设具有重要意义。《通知》强调，创建示范区要主动对接国家重大战略，认真落实《中国制造2025分省市指南》，充分发挥地区产业优势，科学确定制造业发展方向，坚持一区一案、差异化发展。紧密结合"互联网+"和大众创业万众创新，大胆探索军民融合新模式，大力改造提升传统产业，加快培育平台型大企业和"专精特新"中小企业，做强一批具有核心竞争力的新型制造企业，推动大中小企业融通发展，形成若干有较强影响力的协同创新高地和优势突出的先进制造业集群。着力激发创新活力，建立以市场为导向、以企业为主体、产学研深度融合的技术创新体系，加大科技开发投入力度，加强核心、关键、共性技术攻关，力争突破制约制造业发展的瓶颈。推进产融合作，提升金融支持制造业发展的能力和效率。深化对外开放合作，塑造中国制造的国际竞争新优势。

二、制造强国的政策体系

国家制造强国建设领导小组共同研究编制了《中国制造 2025》"1+X"规划体系，11 个配套实施指南全部发布实施。《中国制造 2025》"1+X"规划体系旨在细化落实《中国制造 2025》，着力突破制造业发展的瓶颈和短板，抢占未来竞争制高点。在《中国制造 2025》"1+X"规划体系中，"1"是指《中国制造 2025》，"X"是指 11 个配套的实施指南、行动指南或发展规划指南，包括制造业创新中心、工业强基、绿色制造、智能制造和高端装备创新等 5 个工程实施指南，制造业人才、信息产业、新材料产业、医药工业等 4 个发展规划指南，发展服务型制造、促进装备制造业质量品牌提升等 2 个行动指南。11 个 X 不是指令性而是引导性的，旨在充分发挥市场在资源配置中的决定性作用，在具体实施中还需要各级政府、企业、科研院所、大专院校、金融机构等有关方面广泛参与，共同努力。

5 个工程实施指南。具体来说，5 个工程实施指南的制定是对《中国制造 2025》五大工程的具体落实，明确了工程实施的目标、任务和手段。其中制造业创新中心建设工程以突破重点领域前沿技术和关键共性技术为方向，建立从技术开发到转移扩散、到首次商业化应用的创新链条；工业强基工程主要解决核心基础零部件、关键基础材料、先进基础工艺的工程化和产业化瓶颈问题，构建产业技术基础服务。这两个工程主要解决基础能力问题。绿色制造工程通过推动制造业各行业、各环节的绿色改造升级，加快构建绿色制造体系；智能制造工程以数字化制造普及、智能化制造示范为抓手，推动制造业智能转型，推进产业迈向中高端；高端装备创新工程以突破一批重大装备的产业化应用为重点，为各行业升级提供先进的生产工具。

4个发展规划指南。4个发展规划指南中，新材料产业发展指南是以满足传统产业转型升级、战略性新兴产业发展和重大技术装备急需为主攻方向，构建以企业为主体、以高校和科研机构为支撑，军民深度融合、产学研用协同促进的新材料产业体系，突破一批新材料品种、关键工艺技术和专用装备；信息产业发展指南是以加快建立具有全球竞争优势、安全可控的信息产业生态体系为主线，强化科技创新能力、产业基础能力和安全保障能力，突破关键瓶颈，优化产业结构，提升产品质量，完善基础设施，深化普遍服务，促进深度融合应用，拓展网络经济空间；医药工业发展规划指南旨在加快技术创新，深化开放合作，保障质量安全，增加有效供给，增品种、提品质和创品牌，实现医药工业中高速发展和向中高端迈进；制造业人才发展规划指南是从制造业人才培养和队伍建设全局角度出发，完善人才培养体制机制，夯实人才队伍建设基础，加快培育紧缺人才，完善人才使用、流动、评价、激励等机制，为实现制造强国战略目标提供坚实人才支撑。

2个专项行动指南。2个专项行动指南中，促进装备制造业质量品牌提升行动重在夯实质量基础，打造以质量安全为基础、高质量产品为核心、国际化品牌为标志的制造业竞争新优势；发展服务型制造行动旨在通过加快制造业企业服务模式创新、技术创新和管理创新，培育融合发展新生态。

三、制造强国的实施阶段

《中国制造2025》对构成制造强国评价指标体系的各项具体指标进行逐项的发展目标预测，将建设制造强国的进程大致分为三个阶段。

第一阶段，到2025年，综合指数接近德国、日本实现工业化时的制造强国水平，基本实现工业化，中国制造业迈入制造强国行列，进入世界制造业强国第二方阵。在创新能力、全员劳动生产率、两化融合、绿色发展等方面迈上新台阶，形成一批具有较强国际竞争力的跨国公司和产业集群，在全球产业分工和价值链中的地位明显提升。

第二阶段，到 2035 年，综合指数达到世界制造业强国第二方阵前列国家的水平，成为名副其实的制造强国。在创新驱动方面取得明显进展，优势行业形成全球创新引领能力，制造业整体竞争力显著增强。

第三阶段，到 2045 年，乃至建国一百周年时，综合指数率略高于第二方阵国家的水平，进入世界制造业强国第一方阵，成为具有全球引领影响力的制造强国。制造业主要领域具有创新引领能力和明显竞争优势，建成全球领先的技术体系和产业体系。

第二节　制造业在建设现代化产业体系中的重要地位

2022 年 12 月 15—16 日，中央经济工作会议在北京举行。本次会议强调，要围绕制造业重点产业链，找准关键核心技术和零部件薄弱环节，集中优质资源合力攻关，保证产业体系自主可控和安全可靠，确保国民经济循环畅通。加强重要能源、矿产资源国内勘探开发和增储上产，加快规划建设新型能源体系，提升国家战略物资储备保障能力。实施新一轮千亿斤粮食产能提升行动。提升传统产业在全球产业分工中的地位和竞争力，加快新能源、人工智能、生物制造、绿色低碳、量子计算等前沿技术研发和应用推广。要大力发展数字经济，提升常态化监管水平，支持平台企业在引领发展、创造就业、国际竞争中大显身手。抓住全球产业结构和布局调整过程中孕育的新机遇，勇于开辟新领域、制胜新赛道。党的二十大提出要建设现代化产业体系，坚持把发展经济的着力点放在实体经济上，推进新型工业化，加快建设制造强国、质量强国、航天强国、交通强国、网络强国、数字中国。

通过表 6-1 的比较，可以看出本次会议延续了"需求收缩、供给冲击、预期转弱"三重压力表述：（1）内需依旧疲软，外需支撑作用明显减弱。内需疲软成为主要矛盾，消费在疫情反复、居民消费能力及意愿不足的扰动下低位波动，地产则成为本轮经济下行的主要拖累项。从公布的 2022 年 11 月经济数据来看，疫情冲击下消费和地产表现进一步下探，内需疲软的问题仍然突出；另一方面，2022 年三季度起我国出口正式确立下行拐点，四季度下行斜率加快，外需对经济的支撑作用持续转弱。（2）供给端面临长短期双重因素冲击。短期因素来看，疫情措施优化下全国各地或相继迎来感染高峰，对物流再度造成冲击。长期因素来看，大国博弈的时代背景下，我国产业链部分关键零部件如芯片、专用设备等，或受到风险偏好事件的冲击。（3）预期转弱的担忧持续存在，2023 年提振市场信心是经济工作切入点。主要体现为疫情对中小微企业的影响、全球安全发展问题等扰动。高层多次出现"大力提振市场信心"也正是对应着市场预期偏弱的现实。2023 年大力提振市场信心，具体部署包括持续优化疫情防控措施、坚定不移深化改革开放、坚持两个毫不动摇，财政货币政策双加力、扩大内需、地产政策再发力等。（4）除了传统的三重压力之外，经济仍然面临着部分直接风险，如地方财政问题、地方投融资平台债务问题、地产企业风险问题等。

表 6-1　2022 年和 2021 年中央经济工作会议政策部分结构对比

	2022 年 12 月中央经济工作会议	2021 年 12 月中央经济工作会议
财政政策	积极的财政政策要加力提效。保持必要的财政支出强度，优化组合赤字、专项债、贴息等工具，在有效支持高质量发展中保障财政可持续和地方政府债务风险可控。要加大中央对地方的转移支付力度，推动财力下沉，做好基层"三保"工作	宏观政策要稳健有效。要继续实施积极的财政政策和稳健的货币政策。积极的财政政策要提升效能，更加注重精准、可持续。要保证财政支出强度，加快支出进度。实施新的减税降费政策，强化对中小微企业、个体工商户、制造业、风险化解等的支持力度，适度超前开展基础设施投资。党政机关要坚持过紧日子。严肃财经纪律。坚决遏制新增地方政府隐性债务。稳健的货币政策要灵活适度，保持流动性合理充裕。引导金融机构加大对实体经济特别是小微企业、科技创新、绿色发展的支持。财政政策和货币政策要协调联动，跨周期和逆周期宏观调控政策要有机结合。实施好扩大内需战略，增强发展内生动力
货币政策	稳健的货币政策要精准有力。要保持流动性合理充裕，引导金融机构加大对小微企业、科技创新、绿色发展等领域支持力度。保持人民币汇率在合理均衡水平上的基本稳定，强化金融稳定保障体系	

续表

	2022 年 12 月中央经济工作会议	2021 年 12 月中央经济工作会议
微观政策	—	微观政策要持续激发市场主体活力。加强反垄断和反不正当竞争，以公正监管保障公平竞争。强化知识产权保护，营造各类所有制企业竞相发展的良好环境。强化契约精神，有效治理恶意拖欠账款和逃废债行为
结构政策	产业政策要发展和安全并举。优化产业政策实施方式，狠抓传统产业改造升级和战略性新兴产业培育壮大，着力补强产业链薄弱环节，在落实碳达峰、碳中和目标任务过程中锻造新的产业竞争优势。推动"科技—产业—金融"良性循环	结构政策要着力畅通国民经济循环。要深化供给侧结构性改革，重在畅通国内大循环，激发涌现一大批"专精特新"企业。加快形成内外联通、安全高效的物流网络。加快数字化改造，促进传统产业升级
科技政策	科技政策要聚焦自立自强。要有力统筹教育、科技、人才工作。布局实施一批国家重大科技项目，完善新型举国体制，发挥好政府在关键核心技术攻关中的组织作用，突出企业科技创新主体地位。提高人才自主培养质量和能力，加快引进高端人才	科技政策要扎实落地。要实施科技体制改革三年行动方案，制定实施基础研究十年规划。强化国家战略科技力量，发挥好国家实验室作用，重组全国重点实验室，推进科研院所改革

此外，产业政策延续党的二十大确定的基调，统筹安全和发展，重点关注"数、绿、智、安"四个方向。本次会议强调"围绕制造业重点产业链，找准关键核心技术和零部件薄弱环节，集中优质资源合力攻关，保证产业体系自主可控和安全可靠，确保国民经济循环畅通"，一是表明制造业整体将成为明年政策发力的重点领域，制造业投资成为支撑经济修复的重要一环；二是产业政策重点在于寻找安全与发展的交集，新能源、人工智能、生物制造、量子计算等领域有望得到政策更大力度的支持。

第三节　深入实施制造强国战略

一、国家"十四五"规划纲要

2021 年 3 月，国家印发《中华人民共和国国民经济和社会发展第十四个五年规划和 2035 年远景目标纲要》，第三篇"加快发展现代产业体系，巩固壮大实体经济根基"，提出了"深入实施制造强国战略""发展壮大战略性新兴产业"，强调坚持自主可控、安全高效，推进产业基础高级化、产业链现代化，保持制造业比重基本稳定，增强制造业竞争优势，推动制造业高质量发展。

推动制造业优化升级。深入实施智能制造和绿色制造工程，发展服务型制造新模式，推动制造业高端化智能化绿色化。培育先进制造业集群，推动集成电路、航空航天、船舶与海洋工程装备、机器人、先进轨道交通装备、先进电力装备、工程机械、高端数控机床、医药及医疗设备等产业创新发展。改造提升传统产业，推动石化、钢铁、有色、建材等原材料产业布局优化和结构调整，扩大轻工、纺织等优质产品供给，加快化工、造纸等重点行业企业改造升级，完善绿色制造体系。深入实施增强制造业核心竞争力和技术改造专项，鼓励企业应用先进适用技术、加强设备更新和新产品规模化应用。建设智能制造示范工厂，完善智能制造标准体系。深入实施质量提升行动，推动制造业产品"增品种、提品质、创品牌"。

由工业和信息化部、科学技术部和自然资源部联合印发的《"十四五"原材料工业发展规划》，提出了"加快产业转型数字化"，其中，加快制造过程智能化，要求原材料工业推进数字化基础设施建设、提高生产智能化水平和加快企业管理体系变革。推动工业互联网赋能，加快原材料工业互联网标识解析二级节点建设，推动标识解析在供应链协同、产品追踪溯源、库存管理等方面的探索应用，同时夯实数字化支撑基础。

二、智能制造专项规划

为贯彻落实《中华人民共和国国民经济和社会发展第十四个五年规划和2035年远景目标纲要》，加快推动智能制造发展，2021年12月28日，工业和信息化部等八部门联合印发了《"十四五"智能制造发展规划》（以下简称《规划》），《规划》提出："十四五"及未来相当长一段时期，推进智能制造，要立足制造本质，紧扣智能特征，以工艺、装备为核心，以数据为基础，依托制造单元、车间、工厂、供应链等载体，构建虚实融合、知识驱动、动态优化、安全高效、绿色低碳的智能制造系统，推动制造业实现数字化转型、网络化协同、智能化变革。要坚持创新驱动、市场主导、融合发展、安全可控和系统推进的基本原则，到2025年，规模以上制造业企业大部分实现数字化网络化，重点行业骨干企业初步应用智能化；到2035年，规模以上制造业企业全面普及数字化网络化，重点行业骨干企业基本实现智能化。其中，到2025年的具体目标为：一是转型升级成效显著，70%的规模以上制造业企业基本实现数字化网络化，建成500个以上引领行业发展的智能制造示范工厂；二是供给能力明显增强，智能制造装备和工业软件市场满足率分别超过70%和50%，培育150家以上专业水平高、服务能力强的系统解决方案供应商；三是基础支撑更加坚实，完成200项以上国家、行业标准的制修订，建成120个以上具有行业和区域影响力的工业互联网平台。

《规划》还部署了智能制造技术攻关行动、智能制造示范工厂建设行动、行业智能化改造升级行动、智能制造装备创新发展行动、工业软件突破提升行动、智能制造标准领航行动6个专项行动。

2023年12月，工业和信息化部《工业和信息化部等八部门关于加快传统制造业转型升级的指导意见》提出，实施制造业技术改造升级工程，加快设备更新、工艺升级、数字赋能、管理创新，推动传统制造业向高端化、智能化、绿色化、融合化方向转型，提升发展质量和效益，加快实现高质量发展。到 2027 年，传统制造业高端化、智能化、绿色化、融合化发展水平明显提升，有效支撑制造业比重保持基本稳定，在全球产业分工中的地位和竞争力进一步巩固增强。工业企业数字化研发设计工具普及率、关键工序数控化率分别超过 90%、70%，工业能耗强度和二氧化碳排放强度持续下降，万元工业增加值用水量较 2023 年下降 13% 左右，大宗工业固体废物综合利用率超过 57%。

三、壮大集成电路等战略性新兴产业

2022 年 12 月 14 日，中共中央、国务院印发《扩大内需战略规划纲要（2022—2035 年）》，其中要求"加快发展新产业新产品"，"积极促进传统产业改造提升"，提出"推动人工智能、先进通信、集成电路、新型显示、先进计算等技术创新和应用"等内容。《规划纲要》提出，实现科技高水平自立自强。以国家战略性需求为导向推进创新体系优化组合，强化以国家实验室为引领的战略科技力量。在人工智能、量子信息、集成电路等前沿领域实施一批前瞻性、战略性国家重大科技项目。

壮大战略性新兴产业。全面提升信息技术产业核心竞争力，推动人工智能、先进通信、集成电路、新型显示、先进计算等技术创新和应用。围绕新一代信息技术、新材料、高端装备、新能源汽车等关键领域，5G、集成电路、人工智能等产业链核心环节，推进国家战略性新兴产业集群发展工程，实施先进制造业集群发展专项行动，培育一批集群标杆，探索在集群中试点建设一批创新和公共服务综合体。

加快推动数字产业化和产业数字化。加强数字社会、数字政府建设，发展普惠性"上云用数赋智"，不断提升数字化治理水平。建立完善跨部门跨区域的数据资源流通应用机制，强化数据安全保障能力，优化数据要素流通环境。加快数据资源开发利用及其制度规范建设，打造具有国际竞争力的数字产业集群，加大中小企业特别是制造业中小企业数字化赋能力度。积极参与数字领域国际规则和标准制定。

推进制造业高端化、智能化、绿色化。深入实施工业互联网创新发展战略。促进数据、人才、技术等生产要素在传统产业汇聚，推动企业加快数字化改造。发展智能制造、绿色制造，推动生产方式向柔性、智能、精细化转变。构建多层次资源高效循环利用体系，推进大宗固废综合利用，规范发展再制造产业。

为推进制造强国建设，2022年12月，国家出台《"十四五"扩大内需战略实施方案》，提出"加强新型基础设施建设"。加快构建全国一体化大数据中心体系，布局建设国家枢纽节点和数据中心集群。加快5G网络规模化部署。加快千兆光网建设，扩容骨干网互联节点，新设一批国际通信出入口，全面推进互联网协议第六版（IPv6）商用部署。加快运用5G、人工智能、大数据等技术对交通、水利、能源、市政等传统基础设施的数字化改造。实施中西部地区中小城市基础网络完善工程。推动物联网全面发展，打造支持固移融合、宽窄结合的物联接入能力。实施智能网联汽车示范应用工程，创建车联网先导区。支持有条件的地方建设区域性创新高地，优化提升产业创新基础设施。建设一批具有重要研究价值、特定学科领域的重大科技基础设施。

四、支持建材行业智能化改造升级

2020年9月16日，工业和信息化部办公厅为促进建材工业与新一代信息技术在更广范围、更深程度、更高水平上实现融合发展，促进建材工业转方式、调结构、增动力，加快迈向高质量发展，发布《建材工业智能制造数字转型行动计划（2021—2023年）》（工信厅原〔2020〕39号）。强调坚持需求牵引、创新驱动、市场主导和政府引导的原则，并提出了到2023年，建材工业信息化基础支撑能力显著增强，智能制造关键共性技术取得明显突破，重点领域示范引领和推广应用取得较好成效，全行业数字化、网络化、智能化水平大幅提升，经营成本、生产效率、服务水平持续改进，推动建材工业全产业链高级化、现代化、安全化，加快迈入先进制造业的主要目标。在重点任务方面，以实施"三大行动"为主体，包括实施建材工业信息化生态体系构建行动、建材工业智能制造技术创新行动、建材工业智能制造推广应用行动。

具体而言，建材工业信息化生态体系构建行动的主要任务：一是完善建材两化融合贯标体系。继续推动建材企业依据两化融合管理体系国家标准开展贯标工作，鼓励有条件的企业申请评定。引导贯标咨询服务机构深入企业，对标国家标准开展基础建设、单项应用、综合集成、协同创新等工作。建立建材企业贯标、年度测评推广和跟踪反馈机制，推动建材工业两化融合不断向更高阶段跃升。二是建立建材智能制造标准体系。加强建材行业智能制造标准化协调机制建设，建立健全行业智能制造标准体系。组织开展智能工厂、数字矿山等标准和规程研究制定及宣贯落实。搭建智能制造标准试验验证平台，结合企业实际验证标准的有效性和可行性。三是培育信息化公共服务体系。推动装备、软件、自动化、仪器仪表、系统集成商、安全防护等不同领域企业紧密合作，加快培育一批针对建材工业的系统解决方案供应商。面向建材行业信息化发展需要，发挥科研院所转制企业优势，推动产业链分工协作、共同发展。四是构建网络安全分级防护体系。面向应用工业互联网的建材工业企业，制定网络安全分类分级防护指南、网络安全分级防护规范，推动企业实施分类分级安全防护。开展防护能力贯标，引导企业加强网络安全防护能力建设。强化网络安全产品和解决方案定制化供给，促进建材工业企业网络安全保障能力提升。

建材工业智能制造技术创新行动的主要任务：一是突破一批关键核心技术。依托行业骨干企业创建开放共享的建材智能制造创新平台，推动关键共性技术研究以及智能部件、装备、系统研发。引导各类企业加大研发投入，开展适用于建材工业的智能传感器、神经网络芯片等基础元器件以及工业机器人、智能交互系统等智能产品的研发、制造与应用，突破智能控制和优化、数据采集与分析、故障诊断与维护、密码防护等一批核心技术，夯实建材工业智能制造硬件和软件基础。二是形成一批系统解决方案。针对建材细分行业特点，以矿山开采、原料制备、破碎粉磨、窑炉控制、物流仓储、在线检测等关键环节为重点，提炼形成若干套具有智能感知、自动执行、深度学习、智能决策、密码防护等功能的智能化、数字化、集成化系统解决方案，促进水泥、玻璃、陶瓷等行业生产方式的自动化、智能化、无人化变革。三是创新一批工业互联网场景。构建网络、平台、安全三大功能体系，鼓励企业积极探索"5G+工业互联网"，促进工业互联网与建材工业深度融合。推动建材行业工业互联网标识解析二级节点建设，深化标识解析应用。大力发展建材行业工业互联网创新应用平台，加快开发建材工业 APP，推动建材企业和设备上云上平台，实现制造资源和制造能力互联互通。构建工业互联网密码支撑体系，加快商用密码在建材行业深度应用。

建材工业智能制造推广应用行动的主要任务：一是大力培育智能工厂和数字矿山。发挥智能制造标杆企业的示范引领作用，通过持续完善、迭代和提升，在行业内大规模复制推广。按照智能工厂建设规程和标准，培育一批集智能生产、智能运维和智能管理为一体的建材行业智能工厂，切实提高产品质量、运营效率、设备管理和安全环保水平。运用三维仿真、智能采选、自动配矿、无人驾驶、灾害监控等手段，实施机械化换人和自动化减人，打造一批安全、高效、绿色的数字矿山。二是着力推进关键环节典型应用。聚焦建材工业生产和经营关键环节，加快推广窑炉优化控制、智能仓储物流、设备巡检维护、在线监测检测、批量个性定制、网络集成外包、产品质量追溯、数字设计运营等先进技术方案，培育一批单项应用典型项目。在搬运码垛、投料装车、抛光施釉、喷漆打磨、高温窑炉等繁重危险岗位，以及图像识别、切割分拣、压力成型、取样检测等高精度岗位加快实施"机器换人"。推广窑炉协同处置工业固废、生活垃圾、危险废弃物等技术，促进建材行业绿色发展。三是加快提高中小建材企业信息化水平。支持大型企业建设工业互联网平台，通过网络协同、平台集成、线上对接等方式，实施产业链协同和大中小企业资源融通，带动中小企业转型发展。结合数字化赋能中小企业专项行动，培育针对中小建材企业的信息技术供应商及产品方案，建设第三方工业互联网公共服务平台，在线提供工业软件、研发设计、市场营销、物流仓储等服务，促进中小企业上云上平台，支撑数字化转型进程。

为此，采取的主要保障措施是加强组织领导，设立建材行业智能制造专家委员会，提供战略、技术、政策等咨询建议。加大政策支持，加大金融支持，鼓励产业和金融资本设立建材智能制造数字转型投资基金，重点投向人工智能、大数据、工业软件、5G 通信、工业互联网等在建材领域的创新应用。强化人才保障，培养一批面向工业化和信息化深度融合的复合型人才，形成一批建材工业智能化数字化发展领军队伍。创新人才引进政策与方式，加强国外高端信息技术人才的引进和交流。营造良好环境，开展建材企业信息化水平评估，组织开展诊断咨询服务，收集整理相关案例，加强交流宣传。深化技术、管理、标准等方面国际交流合作。

第四节　持续完善制造业标准化系列政策

2017 年 12 月，国家标准委、工业和信息化部印发《国家高端装备制造业标准化试点管理暂行规定》，推进实施《装备制造业标准化和质量提升规划》，规范发展国家高端装备制造业标准化试点工作，鼓励地方政府积极参与，以建立和完善高端装备制造业标准体系、推动科技创新成果的标准转化和标准实施，促进我国高端装备制造业发展和提升。在坚持问题导向原则、协同推进原则和创新驱动原则下，开展国家高端装备制造业标准化试点的申报、受理、实施、管理和考核评估等。试点工作的主要任务是：（1）推动科技创新成果的标准转化。建立标准化与科技创新、产业提升协同发展的工作机制，聚焦优势特色产业和技术发展需求，提高标准的科技创新成果含量，促进区域内科技成果的推广与应用。（2）建立健全标准体系。搜集并采用现行的相关国家标准、行业标准和地方标准，积极制定团体标准和企业标准，建立符合产业发展需求，体现区域经济特色的先进标准体系。（3）推进标准研制。分析标准需求，制定工作计划，开展标准综合体研制和标准制修订工作，推进区域内优势特色产品和技术标准研制。组织企业实质性参与国家、行业及地方标准制修订工作，推动企业将先进技术及时转化为严于国家标准和行业标准的团体标准和企业标准。（4）推进标准实施。确保节能、环保、安全等强制性标准的有效实施。采用先进适用的推荐性标准，推荐性标准实施率达到 90% 以上。建立标准实施信息反馈机制，开展标准实施效果评价工作。（5）加强国际标准化工作。实质性参与国际标准化活动，申报高端装备制造领域国际标准项目，开展标准外文版翻译工作，探索开展标准服务高端装备"走出去"海外示范项目建设。（6）强化标准服务。建立标准化信息服务平台，建立标准化专家库，开展标准化咨询和培训，提高企业标准化工作能力。

2017 年 12 月，国家标准化管理委员会、国家发展和改革委员会、科学技术部、工业和信息化部联合印发《国家机器人标准体系建设指南》，全面贯彻《中国制造 2025》将机器人作为重点发展领域的总体部署，落实《深化标准化工作改革方案》建立协同发展、协调配套的新型标准体系要求，发挥标准的规范和引领作用，指导机器人标准化工作开展。坚持科学规划、统筹推进，创新驱动、跨界融合，需求导向、急用先行和立足国情、开放合作的基本原则，以完善机器人标准体系结构、机器人标准体系框架、基础标准、检测评定方法标准、零部件标准、整机标准和系统集成标准七个方面的标准体系，加快机器人标准的研制和实施，提升标准的国际化水平，推动中国标准走出去，建立动态完善的机制，努力构建满足市场需求、规范行业有序发展、与相关领域标准体系协调配套的国家机器人标准体系。

2020 年 7 月，国家标准化管理委员会、中央网信办、国家发展改革委、科技部、工业和信息化部等五部门联合印发《国家新一代人工智能标准体系建设指南》，提出到 2021 年，明确人工智能标准化顶层设计，研究标准体系建设和标准研制的总体规则，明确标准之间的关系，指导人工智能标准化工作的有序开展，完成关键通用技术、关键领域技术、伦理等 20 项以上重点标准的预研工作。到 2023 年，初步建立人工智能标准体系，重点研制数据、算法、系统、服务等重点急需标准，并率先在制造、交通、金融、安防、家居、养老、环保、教育、医疗健康、司法等重点行业和领域进行推进。建设人工智能标准试验验证平台，提供公共服务能力。建设思路包括人工智能标准体系结构和人工智能标准体系框架两个部分。建设内容涵盖基础共性标准、支撑技术与产品标准、基础软硬件平台标准、关键通用技术标准、关键领域技术标准、产品与服务标准、行业应用标准和安全／伦理标准等内容。

2021年11月，《国家智能制造标准体系建设指南（2021版）》，提出了坚持加强统筹、分类施策，夯实基础、强化协同，立足国情、开放合作的基本原则，到2023年，制修订100项以上国家标准、行业标准，不断完善先进适用的智能制造标准体系。加快制定人机协作系统、工艺装备、检验检测装备等智能装备标准，智能工厂设计、集成优化等智能工厂标准，供应链协同、供应链评估等智慧供应链标准，网络协同制造等智能服务标准，数字孪生、人工智能应用等智能赋能技术标准，工业网络融合等工业网络标准，支撑智能制造发展迈上新台阶。到2025年，在数字孪生、数据字典、人机协作、智慧供应链、系统可靠性、网络安全与功能安全等方面形成较为完善的标准簇，逐步构建起适应技术创新趋势、满足产业发展需求、对标国际先进水平的智能制造标准体系。建设思路智能制造标准体系结构和智能制造标准体系框架。建设内容包括基础共性标准（通用标准、安全标准、可靠性标准、检测标准、评价标准和人员能力标准）、关键技术标准（智能装备标准、智能工厂标准、智慧供应链标准、智能服务标准、智能赋能技术标准、工业网络标准）、行业应用标准。其中行业应用标准涉及船舶与海洋工程装备、建材、石化、纺织、钢铁、轨道交通、航空航天、汽车、有色金属、电子信息、电力装备和其他轻工行业等。

2021年11月，国家标准委、中央网信办、科技部等10部门联合印发《"十四五"推动高质量发展的国家标准体系建设规划》，提出要坚持创新引领、需求导向、体系衔接、开放融合和质量效益的基本原则，到2025年，推动高质量发展的国家标准体系基本建成，国家标准供给和保障能力明显提升，国家标准体系的系统性、协调性、开放性和适用性显著增强，标准化质量效益不断显现。重点推进农业农村领域、食品消费品领域、制造业高端化领域、新一代信息技术产业和生物技术领域、城镇建设领域、服务业领域、优化营商环境领域、应对突发公共安全事件领域、生态文明建设领域等领域的标准化工作。同时加快优化国家标准供给体系（优化强制性国家标准、提升推荐性国家标准供给效率、健全科技成果转化为国家标准工作机制、丰富国家标准供给形式、瞄准国际先进标准提高国家标准供给水平和强化国家标准样品供给），进一步健全国家标准保障体系，包括完善国家专业标准化技术组织、健全标准化人才培养体系、提升信息化支撑能力、拓展标准化国际合作等。

2021 年 12 月，《"十四五"原材料工业发展规划》，提出了分行业推进智能制造标准体系建设。搭建智能制造标准试验验证平台，在重点行业与领域加快开展标准试点与推广。完善标准体系，围绕智能工厂参考架构、数据交换技术规范、数据采集规范等，制定一批智能制造相关标准。

2021 年 12 月，工业和信息化部办公厅印发《建材行业智能制造标准体系建设指南（2021 版）》，提出坚持统筹规划、动态更新，坚持共性先立、急用先行的基本原则，促进建材工业与新一代信息技术在更广范围、更深程度、更高水平上实现融合发展，推动建材工业转方式、调结构、增动力，加快实现高质量发展，充分发挥标准在智能制造发展过程中的支撑和引领作用。到 2023 年，初步建立建材行业智能制造标准体系，制定不少于 20 项相关标准；对于智能化水平较高的细分领域，实现智能装备、智能矿山、智能工厂标准基本覆盖，重要的智能服务、智能赋能技术、集成互联标准有所覆盖；其他细分领域优先制定智能工厂标准；实现重要关键技术标准在行业示范应用。到 2025 年，建立较为完善的建材行业智能制造标准体系，制定不少于 40 项相关标准；智能化水平较高的细分领域智能制造标准较完善；其他细分领域智能工厂标准全面覆盖，重点智能服务、智能赋能技术、集成互联标准有所覆盖；实现智能制造标准在行业广泛应用。建设内容包括建材行业智能制造标准体系结构、建材行业智能制造标准体系框架、基础共性标准、关键技术标准（智能装备、智能矿山、智能工厂、智能服务、智能赋能技术、集成互联六部分）。

2023 年 3 月，工业和信息化部印发《有色金属行业智能制造标准化体系建设指南（2023 版）》，提出以推动有色金属行业智能化升级为主线，围绕有色金属行业采选的本质安全与资源集约、冶炼的清洁环保与节能降耗、加工的质量稳定与柔性生产等实际需求，加快建立涵盖基础综合、装备与系统、智能工厂及评价等方面的智能制造标准体系，不断推进有色金属行业智能化发展。通过持续完善有色金属行业智能制造标准体系结构和有色金属行业智能制造标准体系框架，到 2025 年，基本形成有色金属行业智能制造标准体系，累计研制 40 项以上有色金属行业智能制造领域标准，基本覆盖智能工厂全部细分领域，实现智能装备、数字化平台等关键技术标准在行业示范应用，满足有色金属企业数字化生产、数据交互和智能化建设的基本需求，促进有色金属行业数字化转型和智能化升级。

第七章

辽宁省智造强省政策规划

第一节　数字辽宁建设规划

一、《数字辽宁发展规划1.0版》

辽宁省把数字辽宁建设作为落实数字中国战略的重大举措，作为推动辽宁高质量发展的重要路径，在转变发展方式、优化经济结构、转换增长动力的关键时期，制定出台并组织实施数字辽宁发展规划，对于抢抓新一轮科技革命和产业变革机遇，加快经济、社会、政府治理等各领域数字化发展，加快建设智造强省，实现辽宁"数字蝶变"具有重大指导意义。

2020年12月，辽宁省人民政府印发了《数字辽宁发展规划（1.0版）》（以下简称《规划1.0》），这个规划的出台为此后五年乃至更长时间辽宁的数字经济发展建设指明了方向。此规划是由辽宁省发展和改革委员会会同各部门，根据《国家信息化发展战略纲要》《数字经济发展战略纲要》，中央、辽宁省委关于制定国民经济和社会发展第十四个五年规划和二〇三五年远景目标的建议，以及《加快数字经济发展的实施意见》等文件精神，编制形成的《规划1.0》。《规划1.0》由4个部分组成：

第一部分发展基础和面临形势。总结了辽宁省数字化发展的现状、基础条件以及存在的主要问题，分析了国际国内发展形势，指出了加快数字化发展的重要性、紧迫性。

第二部分总体要求。明确了数字辽宁建设的指导思想、发展原则和发展目标。《规划 1.0》立足辽宁省数字化发展具备的良好基础和巨大潜力，结合目前存在的主要问题，提出以"四新驱动、两化协同、双核引领、场景赋能、多域并进"为发展原则，加快数字化发展。一是坚持四新驱动，即以新要素、新技术、新模式、新机制为驱动，激发创新活力。二是坚持两化协同，即发展壮大数字化基础产业，推动产业数字化融合创新。三是坚持双核引领，即发挥沈阳、大连辐射带动和示范引领作用，推动重点产业聚集，打造特色智慧城市。四是坚持场景赋能，即大力拓展新一代信息技术应用场景。五是坚持多域并进，即全面推进新型基础设施、数字新兴产业、新型消费市场、数字政府建设和数字化治理等各领域协同发展。

《规划 1.0》在发展目标上明确，到 2025 年，大数据、云计算、互联网＋、人工智能成为创新驱动发展的重要支撑；数字技术与经济社会各领域融合的广度、深度显著增强；共享经济、平台经济等新模式、新业态蓬勃发展；数字化公共服务能力、数字化治理水平显著提升。力争全省数字经济增加值年均增速 10% 左右，占 GDP 比重 45%，数字辽宁建设体系基本形成。到 2035 年，统一公平、竞争有序的数字经济现代化市场体系成熟完善，社会治理和公共服务高度智能化，数字化发展水平居全国前列。

第三部分为主要任务。主要从建设新型基础设施、壮大数字经济新动能、打造政府数字治理新模式、培育数据要素市场、加强网络和数据安全保护等 5 大领域，明确 18 项工作任务，设置 18 项专项行动专栏。

二、《数字辽宁发展规划 2.0 版》

2021 年 11 月，辽宁省人民政府办公厅印发通知，发布《数字辽宁发展规划（2.0 版）》（以下简称《规划 2.0》）。《规划 2.0》提出，到 2025 年，要实现数字辽宁整体发展水平跨越式提升；全省数字经济核心产业增加值占 GDP 比重超过全国平均水平，数字经济增加值年均增速 10% 左右；到 2035 年，要高水平建成网络强省，跻身创新型省份前列，高质量建成数字辽宁、智造强省。《规划 2.0》提出，要充分发挥数据作为关键生产要素的放大、叠加、倍增效应，夯实数字基础设施，加快数字科技创新，聚焦数字产业化、产业数字化，大力发展数字经济，培育壮大新动能，形成多点支撑、多业并举、多元发展的产业发展新格局，以数字化倒逼改革，增强数字政府效能，优化数字社会环境，提升公共服务、社会治理的智能化水平，加快"数字蝶变"，为全面建设"数字辽宁智造强省"，实现辽宁全面振兴全方位振兴提供有力支撑。

数字辽宁建设 2.0 版，辽宁省将以产业数字化和数字产业化为主线，着力抓好四方面工作：

一是积极布局新型基础设施。围绕构建新型基础设施体系，将制定《辽宁省新型基础设施建设三年行动计划》。重点推动 5G 网络全面覆盖，建成沈阳、大连"双千兆"城市；搭建算力算法平台，部署智能计算中心；发展"数字 +""智能 +"等融合基础设施，建设大连港智慧港口、沈山高速智慧公路等重大工程；建设国家机器人创新中心、大连第四代先进光源大科学装置、国家工业互联网大数据中心辽宁分中心等科技基础设施。

二是加快发展数字经济产业。为加强工业软件等高端软件供给，将制定出台首版次软件支持政策，大力发展软件产业，推动沈阳、大连争创中国软件名城，建设软件名园。同时，巩固发展基础，做大做强集成电路装备、高端机床、光电子器件等产业，加快发展人工智能、新一代移动通信等产业，培育具有较强影响力的产业集群。

三是大力发展智能制造。围绕推动制造业智能化、高端化、绿色化、融合化发展，将编制实施《辽宁省制造业高质量发展规划》，出台《辽宁省数字化车间、智能工厂评定标准》，培育一批数字化车间、智能工厂，试点建设 20 家左右"5G+ 工业互联网"全连接工厂。新布局 10 个以上省级数字化转型促进中心、10 个以上工业互联网平台，利用新一代信息技术，为"老字号""原字号""新字号"产业赋能。

四是打造数字化发展生态。落实《关于项目化推动数字经济发展的指导意见》，推进100个重大工程项目，专项资金将给予重点支持，并在银企对接活动中加强推介。举办2022全球工业互联网大会、5G应用场景大赛及数字经济发展论坛、数字化转型撮合活动，深化与华为、电信运营商、奇安信等合作，全面推进经济社会数字化发展。

三、辽宁"十四五"时期数字辽宁建设

2020年12月，辽宁省人民政府印发《辽宁省国民经济和社会发展第十四个五年规划和二○三五年远景目标》，提出着力建设数字辽宁。加快数字基础设施建设，超前布局第五代移动通信、工业互联网、大数据中心等基础设施，构建泛在感知、高速连接、高效协同、智能融合、绿色安全的新型数字基础设施体系。大力发展数字经济，推进数字产业化和产业数字化，推动数字经济和实体经济深度融合，加快建设国家机器人创新中心、沈阳人工智能创新研究院等人工智能研发与应用平台，打造完整的大数据产业链，推进区块链技术发展应用，鼓励支持龙头企业建设跨行业、跨领域的工业互联网平台，扩大工业互联网标识解析应用规模，培育具有较强影响力的数字产业集群。推进数字社会、数字政府建设，建设省域数据统一共享开放平台，推进政务数据资源归集共享，有序开放基础公共数据资源，大力发展数据服务和资源交易，促进全社会数据资源流通，加快大数据、人工智能等政用、商用、民用发展。提升公共服务、社会治理等数字化智能化水平，推行智慧政务、智慧教育、智慧医疗、智慧物流、智慧交通、智慧金融等，提升智慧城市建设水平，加快辽宁"数字蝶变"。健全信息安全保障体系，加强公共数据和个人信息保护。

第二节　"十四五"时期智造强省重点任务

一、"十四五"时期智造强省要求

2020 年 12 月，辽宁省人民政府印发《辽宁省国民经济和社会发展第十四个五年规划和二〇三五年远景目标》，提出"着力建设数字辽宁、智造强省，构建支撑高质量发展的现代产业体系"。坚持把发展经济着力点放在实体经济上，加快工业振兴，推动制造业高质量发展，全力做好结构调整"三篇大文章"，推进产业基础高级化、产业链现代化，培育壮大先进制造业集群，加快辽宁制造向辽宁智造转变，提高经济质量效益和核心竞争力。

改造升级"老字号"。推动人工智能等新一代信息技术与制造业融合发展，加快推进优势产业数字赋能，促进制造业向智能、绿色、高端、服务方向转型升级，做强做大重大成套装备、汽车及零部件、高档数控机床等产业，打造具有国际影响力的先进装备制造业基地。推动装备制造业数字化、网络化、智能化改造，实施企业"上云用数赋智"行动，促进企业研发设计、生产加工、经营管理、销售服务等业务数字化转型。围绕成套装备、汽车制造、IC 装备、医疗设备、机器人等重点领域，率先布局一批智能工厂、智能车间、智能生产线，逐步建立面向生产全流程、管理全方位、产品全生命周期的智能制造模式，拓展新一代信息技术应用场景。充分发挥辽宁产业数字化的应用场景优势和数字产业化的数据资源优势，吸引资金流、人才流、技术流、物资流，形成产业链上下游和跨行业融合的高水平智能制造生态体系。加强工业基础能力建设，补齐装备制造业中基础零部件、核心功能部件、关键核心技术、共性技术短板。

深度开发"原字号"。实施一批强链延链、建链补链重点项目，拉长产业链条，深挖增值空间。优化石化产业布局，加快推进减油增化，推动炼化一体化，着力发展精细化工产业，实现石化产业高端化、绿色化和智能化，建设世界级石化产业基地。围绕提高石化产业丰厚度，深度开发工程塑料、电子化学品、功能性膜材料、高性能纤维等高端精细化学品和化工新材料，引育一批产业链上"专精特新"中小微企业，形成联系紧密、协同发展的企业集群。推进冶金产业精深加工，提高钢铁和有色金属产品智造水平，重点发展高品质特殊钢、新型轻合金材料、特种金属功能材料等高端金属新材料及先进无机非金属材料，推进菱镁产业结构调整和转型升级，加快产品技术、质量和品牌升级，促进冶金产业迈向价值链供应链中高端，打造世界级冶金新材料产业基地。

培育壮大"新字号"。加快构建一批战略性新兴产业增长引擎，实施引育壮大新动能专项行动计划，提升新兴产业对经济发展的支撑作用。推动高技术制造业等新兴产业发展。做强做大现代航空航天、高技术船舶与海工装备、先进轨道交通装备、新能源汽车等高端装备制造产业。壮大集成电路产业，推动设计、制造、封装、装备、材料等全产业链发展。推进生物医药健康产业发展，重点发展化学原料药及生物制药、现代中药、蒙药等生物医药产业，培育发展高端医学影像等先进医疗器械。加快发展节能环保和清洁能源等产业。积极发展前沿新材料产业。超前布局未来产业，面向增材制造、柔性电子、第三代半导体、量子科技、储能材料等领域加快布局，打造一批领军企业和标志产品，形成新的产业梯队。

二、辽宁智造强省规划体系

"十四五"时期，围绕智造强省战略，辽宁省制定并出台了"1+4"规划体系。"1"是辽宁省智造强省"十四五"规划，强调智能化改造和数字赋能，就是要以"智能制造"为主攻方向强省兴省。"4"是装备制造业、原材料工业、消费品工业、信息产业4个子规划。

在战略方向上，集中力量做好"三篇大文章"。在未来五年，通过改造升级"老字号"，重点推动航空装备、机器人及智能装备等装备制造业发展，建设具有国际竞争力的先进装备制造业基地。通过深度开发"原字号"，推进燃料型炼厂减"油"增"化"，向化工型企业转变，系列化、定制化发展用钢产业，发展镁建材、镁化工产业，建设世界级石化产业基地和冶金新材料产业基地。通过培育壮大"新字号"，建成国内领先的集成电路整机装备研制基地、全国工业互联网创新发展示范区等，打造一批领军企业和标志产品，形成辽宁振兴发展的关键增量。

第三节　重点产业发展政策

2022年12月，辽宁省人民政府办公厅印发《辽宁省培育壮大集成电路装备产业集群若干措施》（以下简称《措施》），对集成电路产业给予奖励，以进一步加快推进辽宁省集成电路装备产业发展，培育壮大集成电路装备整机和关键零部件产业。

其中，《措施》指出，要支持企业做大规模。对上年度营业收入首次突破1亿元、5亿元、10亿元、20亿元、30亿元、50亿元的企业，分别给予200万元、500万元、1000万元、2000万元、3000万元、5000万元的一次性奖励，每上一个台阶奖励一次。

鼓励重点企业以商招商。鼓励企业围绕产业链、供应链需求，引进省外具有独立法人资格的集成电路装备整机及关键零部件配套企业（项目）入驻辽宁省集成电路装备及零部件产业园，对投资额5000万元（含）以上的企业（项目），按照实际投资的5%，给予招商企业最高1000万元奖励。

支持企业新产品销售。对集成电路装备整机和关键零部件制造企业首次销售自主研制的集成电路装备整机或核心零部件产品，按照单台（套）或单批次合同额的30%给予奖励。同一企业年度奖励额度最高3000万元，每型产品只奖励一次。

支持产业链协同发展。对首次纳入集成电路装备产业链重点企业供应体系，且首次签订采购合同后，实际履约金额（不含税）在 300 万元（含）以上的，按照实际履约金额的 10% 给予采购企业奖励，同一企业年度奖励额度最高 1000 万元；按照实际履约金额的 10% 给予供应链配套企业奖励，同一企业年度奖励额度最高 500 万元。对进入国产集成电路产线和集成电路装备验证环节的企业，按照上年度实际发生的测试验证费用，给予整机企业 30% 的奖励，最高 500 万元；给予零部件企业 20% 的奖励，最高 200 万元。

支持企业投资项目建设。对投资新建（不含土地）、在建、增资扩产（含技术改造）的集成电路装备整机和关键零部件项目，按实际投入总额的 30% 给予补助，同一项目补助资金最高 1 亿元。

支持企业研发投入。对上一年度营业收入在 5 亿（含）元以下、研发投入比例不低于 10%，营业收入在 5 亿元（不含）至 10 亿元（含）之间、研发投入不低于 7%，营业收入在 10 亿元（不含）以上、研发投入不低于 5% 的集成电路装备整机企业和关键零部件制造企业，给予实际研发投入的 30%、最高 1000 万元的研发补助。

此外，《措施》还明确了关于支持人才引育措施、创新投融资措施、土地供给政策等方面的一系列保障政策，其中在支持实训基地建设方面，辽宁省将给予企业奖励最高 1000 元的补贴。本《措施》有效期为 2023 年至 2025 年。

第四节　智造强省建设财政专项资金支持政策

以 2022 年为例，辽宁省财政厅、辽宁省工业和信息化厅，联合印发《2022 年度数字辽宁智造强省专项资金（智造强省方向）项目申报指南》，提出了智造强省专项资金支持领域、方向及方式。

一、智造强省专项资金支持领域

（1）改造升级"老字号"。聚焦数字化、智能化、绿色化，以数字化转型、智能化改造为核心，提升装备制造业自主研发、设计、制造及系统集成的智能化水平。推动规模以上工业老企业实施数字化转型和智能化改造、设备更新改造等。

（2）深度开发"原字号"。聚焦规模化、精细化、高级化，实施重点产业的补链、延链、强链，支持加快迈向价值链供应链中高端。支持发展循环经济，支持高耗能企业实施节能技术改造，支持化工新材料和精细化工产业、冶金产业精深加工及菱镁产业转型升级等。

（3）培育壮大"新字号"。聚焦新产业、新业态、新模式，引育壮大战略性新兴产业，建设一批技术创新、应用创新、模式创新和制度创新项目。支持高端装备制造、电子信息、新能源汽车、生物医药与高性能医疗器械、先进农机装备、新材料、新能源、节能环保等新兴产业，支持软件和信息技术服务业等。

二、智造强省专项资金支持方向

（1）技术改造升级。重点支持企业实施高端化、智能化、绿色化、服务化改造，实现转型升级。支持环节投资额不低于 1 亿元。

（2）数字化转型。重点支持工业互联网体系建设、新一代信息技术与制造业融合应用等 2 个方向。支持环节投资额不低于 3000 万元。

（3）绿色低碳发展。重点支持绿色化改造、工业资源综合利用、先进节能环保和清洁生产装备产业化等 3 个方向。支持环节投资额不低于 2000 万元。

（4）企业创新发展。重点支持企业技术创新发展、高端装备协同研发应用、头部企业本地配套、精细化工产业、生物医药和医疗器械产业发展、电子信息制造业等 6 个方向。支持环节投资额不低于 1000 万元。

（5）服务化转型。重点支持数字化转型服务、绿色制造服务、技术创新服务、软件和信息技术服务等 4 个方向。

三、智造强省专项资金支持方式

专项资金采取直接补助、先建后补、以奖代补、贷款贴息等支持方式，在符合条件的情况下，优先支持贷款贴息项目。

（1）采取直接补助、先建后补方式的，补助额一般不超过支持环节（不含企业并购重组、征地、土建等支出）总投资额的30%，单个项目补助资金额度一般不超过3000万元。

（2）采取固定资产投资贷款贴息补助方式的，对企业新建项目（不含企业并购重组、征地、土建等支出）或实施技术改造实际获得金融机构贷款额进行贴息补助。贴息率不超过同期中国人民银行发布的一年期贷款市场报价利率（LPR），单个项目贴息资金额度一般不超过3000万元。

（3）采取以奖代补方式的，对争取到国家标识解析二级节点、"星火·链网"骨干节点等项目，创新类平台、国家级示范基地（园区）、省级首版次软件产品认定、生物医药与高性能医疗器械创新成果转化以及列入国家产业基础再造专项计划（或转化应用目录）的企业（项目），高端装备、重大成套装备及关键核心部件、关键基础零部件的协同研究应用、智能化装备、工业软件、工控系统应用，单项奖励金额不超过500万元。对获得国家级、省级认定的重点产业平台、试点示范、绿色制造、诊断服务、推广应用、揭榜优胜单位等符合条件的，单项奖励金额不超过100万元。

（4）对以奖代补及政府购买服务支持方式的，可不受企业类型和支持环节投资额条件限定。

第五节 支持制造业人才发展

2017年9月27日，辽宁省人力资源和社会保障厅、辽宁省工业和信息化委员会、辽宁省教育厅联合印发《辽宁省制造业人才发展规划》（辽人社发

〔2017〕11号），目的是深入贯彻实施制造强省战略，推进制造业人才供给侧结构性改革和国有企业改革发展，健全人才培养体系，创新人才发展体制机制，提高制造业人才队伍整体素质，加快实现辽宁振兴发展。其中，在人才发展的目标部分提到，依托智能制造、机器人等重点工程建成一批人才高地，人才培养成为重点工程项目评价的重要指标，技能人才社会地位和待遇不断提高。企业家、工程技术人才和技能人才培养、使用和评价机制初步形成。人才市场服务水平全面提高，吸引国内外高端人才来辽创新创业的成效明显增强，人才发展环境持续优化。

在主要任务方面，提出了以"高精尖缺"为导向，建设专业技术人才队伍。

一是大力培养高层次创新型领军人才。推进院士专家工作站建设，统筹高新区、工业产业集群中的公共研发平台和省级重点实验室、工程（技术）研究中心，为院士专家工作站提供技术支持，开展"辽宁省院士专家工作站示范站"评选工作。开展百千万人才工程国家级、省级人选推荐选拔工作，深入推进万名专家服务基层行动计划，加强高校、科研院所和企业联合培养博士生工作，依托政产学研用产业创新联盟，培养制造业领域基础研究、核心技术开发方面的领军人才。加强博士后青年创新人才培养，实施博士后创新人才支持计划，扩大制造业相关专业博士后研究人员招收数量，落实企业博士后资助政策，探索建立优秀青年人才稳定支持机制。

二是创新工程技术人才培养模式。支持制造业有关高校建立产业需求与人才培养的协调机制，形成与制造业发展相适应的专业结构。深化产教融合、校企合作，实现高校专业链与产业链、课程内容与职业标准、教学与生产过程深度对接。鼓励企业在院校建立制造业相关领域研究开发机构和实验中心，实现企业技术中心和院校精准对接。发布制造类专业毕业生就业质量报告。推进工程博士教育、深化硕士专业学位研究生培养模式改革，着力培养跨学科、创新型工程技术人才。

三是加强急需紧缺人才培养培训。面向机器人及智能制造装备、航空航天装备、海洋工程装备及高端船舶、先进轨道交通装备、新材料等重点发展领域，重点建设一批省级实训培训基地，开展制造业人才岗位培训和企业员工的技能提升培训。深入实施专业技术人才知识更新工程，举办一批国家级和省级高级研修项目，支持高校、科研院所和行业企业重点培养引进掌握核心技术、关键技术和共性技术的制造业各类工程技术人才，侧重选拔制造业相关科研人员到国外学习培训。

在重点人才计划和工程部分，提出了创新型高层次专业技术人才开发工程。围绕中国制造 2025 和制造强省战略，聚焦高精尖缺人才，重点选拔瞄准世界科技前沿、能引领和支撑国家、省重大科技、制造业相关领域的高层次中青年领军人才。

第四篇　现实篇

第八章
辽宁制造业发展现状

　　制造业是辽宁省第一支柱产业，占规上工业近 30%，重大技术装备基础雄厚，机器人及智能装备、数控机床等领域在全国具有重要地位。全省工业有 39 个大类、197 个中类、500 多个小类，是全国工业行业最全的省份之一。但近年来辽宁制造业存在着人才流失严重、技术创新意识薄弱、创新投入偏低等问题，为此，辽宁以智能制造、智能服务为主攻方向，围绕制造业高端化、智能化、特色化、绿色化，全力推进全省装备制造业转型升级。

第一节　传统优势制造业

　　2018 年以来，辽宁省委、省政府紧紧围绕做好结构调整"三篇大文章"，加快改造升级传统装备制造业等为代表的"老字号"产业，积极推进传统制造业向高端化、智能化、绿色化方向发展，全省"老字号"产业呈现质的提升和量的稳步增长的发展态势。

一、辽宁"老字号"产业发展态势良好

　　"老字号"产业逐渐发展成为辽宁经济社会发展的基石、转型的"本钱"，铸就了辽宁"共和国装备部"的金字招牌。辽宁"老字号"产业主要集中在

装备制造业，包含汽车制造、输配电及控制装备、石油和化工装备、航空相关装备、城市轨道交通装备、船舶与海洋工程装备等行业。2019 年，辽宁"老字号"产业装备制造业产值占工业总产值比重为 25.63%，其中汽车制造业占 11.33%。一方面，辽宁省"老字号"产业大多为装备制造业，从国民经济行业分类表来看，一共包含 20 个门类、96 个大类，而装备制造业仅仅包含第 34—40 7 个大类。另一方面，从装备制造业中的中小类来看，辽宁省"老字号"产业主要为石油和化工装备（3512、3513、3521）、汽车制造（361—367）、城市轨道交通装备（3720）、船舶与海洋工程装备（3731—3737）、航空相关装备（3744）、输配电及控制装备（3821—3825，3829）等行业，而装备制造业（34—40）中的诸多其他大中小类行业，都称不上是"老字号"产业。

因此，辽宁"老字号"产业的范畴还不能完全包括传统制造业领域，按照国民经济行业分类看，"老字号"产业主要是辽宁传统的优势制造业，截至 2022 年，全省规上工业增加值增速较上半年回升 1.5 个百分点，与全国差距较上半年缩小 1.3 个百分点；谋划推进 4023 个项目，总投资 1.3 万亿元；万亿级产业基地 236 个项目稳步实施；工业投资同比增长 6.1%；工业技改投资增长 18.3%，高于全国平均水平 9.2 个百分点。2022 年 12 月，工业和信息化部、中国工业经济联合会下发了《关于印发第七批制造业单项冠军及通过复核的第一批、第四批制造业单项冠军企业（产品）名单的通知》，名单中辽宁共有 8 个企业及产品入选。其中，中触媒新材料股份有限公司、大连石岛工业有限公司、大连百傲化学股份有限公司获评"单项冠军企业"；特变电工沈阳变压器集团有限公司生产的"±1100kV 换流变压器"、沈阳铁路信号有限责任公司生产的"铁路信号继电器"、大连保税区科利德化工科技开发有限公司生产的"高纯三氯化硼"、阜新市万达铸业有限公司生产的"输变电超特高压合金铸铝关键部件"、朝阳金达钛业股份有限公司生产的"小粒度海绵钛"获评"单项冠军产品"。第一批单项冠军企业——沈阳鼓风机集团股份有限公司、大连电瓷集团股份有限公司；第四批单项冠军产品——

沈阳三生制药有限责任公司生产的"重组人血小板生成素注射液"、正大能源材料（大连）有限公司生产的"甲醇制烯烃催化剂"、辽宁奥克化学股份有限公司生产的"高性能混凝土减水剂用聚醚"通过了复核。辽宁省国家级制造业单项冠军增加至 32 户，总量位列全国第 11 位。辽宁省工业正呈现有效投资持续扩大、结构调整步伐加快的良好态势。

二、政策扶持体系不断完善

为厚植装备制造业发展优势，推动装备制造业高质量发展，辽宁不断完善政策扶持体系，出台了《辽宁省制造业高质量发展"十四五"规划》《辽宁省先进装备制造业发展"十四五"规划》等规划文件，制定了《做好"三篇大文章"专项行动计划（2021—2023 年）》《辽宁省深入推进结构调整"三篇大文章"三年行动方案（2022—2024 年）》及 23 项配套文件，谋划项目1492 个、总投资 6768 亿元，形成了规划、项目、资金、督查系统推进模式。积极落实 20.8 亿元数字辽宁智造强省财政专项资金。在辽宁制定实施的 24 条产业链建设方案中，谋划的汽车、燃气轮机、压缩机、输变电、机器人、集成电路等装备制造业产业链数量占总数的 50% 以上。

三、传统制造业数字化应用场景潜力巨大

产业数字化蕴含潜藏巨大商业价值，盘活数据要素资源，吸引更多企业参与到产业数字化进程中，并形成更加显著市场效应，将是辽宁未来产业数字化转型成功与否的重要因素。从目前辽宁数字经济发展规模和产业数字化转型进度来看，与全国一些地区相比虽有一定差距，但是机遇大于挑战，后发优势明显。

一是数字化基础设施日趋完善，光缆线路长度 164.5 万公里，千兆光纤网络覆盖各市，光缆线路单位面积长度、固定互联网光纤接入端口数均居全国第 10 位。固定宽带接入用户 1331.2 万户，光纤接入宽带用户占比 95.94%，高于全国 2 个百分点。全省 5G 基站突破 5 万个，标识解析二级节点上线运营

16 个，数量跃居全国第 6 位。

二是数字化技术广泛应用。全省建成全球首个 5G 应用汽车生产基地；工业机器人产业处于全国领先水平，市场份额占 20% 以上。电子商务交易额突破 1 万亿元，电商企业近 10 万家，跨境电商实现出口额超过 15 亿元。传统产业数字化转型需求迫切，信息技术应用场景丰富，数字经济发展潜力巨大。数字经济增加值占地区生产总值比重位居全国第 11 位。

三是产业数字化发展潜力逐渐显现。全省累计上云企业 5 万家，其中工业企业约 1 万家。积极推进服务业领域数字技术创新应用，2020 年全省实现网上零售总额 1126.4 亿元；3 个市成为国家级电子商务示范城市、5 个市获批国家级跨境电子商务综合试验区，数量居全国前列；大连成为全国法定数字货币试点城市。

四、产业技术工人储备优势比较突出，研发平台规模较大

多年来，辽宁形成了一支庞大的产业工人大军，这是辽宁工业的一个不可忽视的重要优势。截至 2019 年，辽宁制造业从业人数 110.4 万人，位居全国第 11 位，占工业就业总人数的 22%，位居全国第 10 位。其中，装备制造业从业人数占制造业的 50.7%，高于全国平均水平。另外从装备制造业发展载体优势来看，全省拥有 8 个国家级高新技术产业开发区，数量位居全国第 5 位，在 218 个国家级经济开发区综合实力评价前 30 强中，辽宁占据 2 席，分别是沈阳和大连经济技术开发区，数量排全国第二，见表 8-1。近年来，辽宁相继涌现出一大批国家级、省级企业技术中心及制造业创新中心。新松公司发起建立了国家机器人创新中心，成为全省首个国家级制造业创新中心，东软医疗系统股份有限公司获得 2021 年国家级技术中心，由中国航发沈阳发动机研究所牵头成立省燃气轮机创新中心，大连冰山集团牵头成立省冷热技术创新中心，辽宁三三工业有限公司牵头成立省掘进装备创新中心，其研发能力领先全国。目前，辽宁科技平台建设稳步推进，建设国家重点实验室 14 家、国家工程技术研究中心 12 家，批建省级创新平台 1269 个。

表 8-1　全国各地区国家级高新区数量分布

地区	高新区数量（家）	地区	高新区数量（家）
江苏	17	广西	4
山东	13	内蒙古	3
广东	12	黑龙江	3
湖北	9	新疆	3
辽宁	8	上海	2
浙江	8	重庆	2
四川	8	贵州	2
河北	7	云南	2
福建	7	甘肃	2
江西	7	宁夏	2
河南	7	北京	1
湖南	7	天津	1
陕西	7	海南	1
吉林	5	青海	1
安徽	5	—	—

五、国家级经济技术开发区成为制造业转型重要载体

国家级经济技术开发区是由国务院批准成立的经济技术开发区，在我国现存经济技术开发区中居于最高地位，是各地招商引资和产业发展的重要载体。根据 2018 年中国开发区审核公告目录显示，辽宁省国家级经济技术开发区共有 9 家，即沈阳、沈阳辉山、旅顺、大连、大连长兴岛、锦州、营口、盘锦辽滨沿海、铁岭等经济技术开发区。

1. 铁岭经济技术开发区

铁岭经济技术开发区始建于 1992 年，1995 年经辽宁省人民政府批准为省级经济技术开发区，2013 年晋升为国家级经济技术开发区。位于铁岭凡河新区和沈北新区之间，产业根基已基本形成了以铁岭经济技术开发区为主体，参与了铁岭新城、开发区、昌图县、开原市、铁岭凡河新区和腰堡新城以及新台子新城和调兵山市的施工建设，在"突破辽西北"战略中的农业生态环境保护法律对策研究取得了很大成绩。是辽宁省唯一的农牧业高新技术开发

区，也是正在创建中的国家级生态示范区，建设了以专用车生产基地为代表的三个精品工业园区，形成了专用车、能源装备制造、橡塑等六大产业集群。

2. 沈阳经济技术开发区

沈阳经济技术开发区位于沈阳市西南部，创建于 1988 年 6 月，1993 年 4 月经中华人民共和国国务院批准为国家级经济技术开发区，规划面积 35 平方公里。2002 年 6 月 18 日，沈阳经济技术开发区与老工业基地铁西区合署办公成立铁西新区，总规划面积 125 平方公里，其中开发区规划面积 86 平方公里。2007 年，原沈阳细河经济区并入沈阳经济技术开发区，总规划面积达到 448 平方公里，是辽宁省和沈阳市的发展重点——沈西工业走廊的起点。2018 年 12 月，沈阳经济技术开发区荣获 2018 年国家级经济技术开发区综合发展水平考核评价排名第 26。

3. 盘锦辽滨沿海经济技术开发区

盘锦辽滨沿海经济技术开发区位于盘锦市最南部，辽东湾东北部，大辽河入海口右岸，南与东北第二大港口城市营口市隔河相望，是辽宁省"五点一线"沿海经济带中心区域，可控面积 545 平方公里。新区始建于 2005 年 12 月，2006 年 6 月纳入辽宁省沿海重点发展区域，2009 年 7 月随着辽宁沿海经济带开发建设上升为国家战略，2010 年 10 月被省政府确立为辽宁省综合改革试验区，2011 年 4 月升级为省级经济开发区，2013 年 1 月晋升为国家级经济技术开发区。目前，正在努力打造海峡两岸经贸合作示范基地。

4. 大连经济技术开发区

大连经济技术开发区位于中国辽东半岛南端，大连市东北部，地处环渤海和东北亚经济圈的前端，北依大黑山，南濒黄海，是中国东北地区走向世界的"海上门户"。大连经济技术开发区是 1984 年 9 月经国务院批准成立的我国第一个国家级经济技术开发区，简称"大连开发区"。2010 年大连市启动新市区管理体制，将大连市金州区全部行政区和普兰店市（现普兰店区）部分地区作为大连市新市区。将原金州区（不包括大连经济技术开发区代管的行政区域）和大连经济技术开发区合并成大连金州新区，至此，大连经济技术开发区为国家级大连金普新区功能区之一。

5. 旅顺经济技术开发区

旅顺经济技术开发区（以下简称旅顺开发区）于 1992 年成立，2002 年晋升为省级开发区，2008 年纳入辽宁"五点一线"重点支持区域，2009 年纳入辽宁沿海经济带发展规划。2010 年作为旅顺绿色经济区的重要组成部分纳入辽宁沿海经济带重点发展区域。2013 年 11 月，晋升为国家级经济技术开发区，定名为旅顺开发区，实行现行国家级经济技术开发区政策。目前，园区规划面积 88 平方公里，下辖 12 个行政村，两个社区，总人口 10 万人。2017 年，实现生产总值 110.1 亿元，增长 7.1%；固定资产投资 30 亿元，下降 38.3%；公共财政预算收入 12.1 亿元，增长 16.6%；省外内联引进资金 30 亿元；实际利用外资 1130 万美元；外贸出口 9 亿美元；社会消费品零售额 11.4 亿元，增长 10.5%；农民人均纯收入 32243 元，增长 7.6%。旅顺开发区是省内最具发展活力的产业园区。

6. 大连长兴岛经济技术开发区

长兴岛经济区位于辽东半岛西侧中部，渤海东岸，总面积 502 平方公里，由长兴岛、西中岛、凤鸣岛、交流岛、骆驼岛五个岛屿组成，其中长兴岛本岛面积 252.5 平方公里，是中国第五大岛，长江以北第一大岛。开发时全区户籍人口 5.7 万人。2005 年 11 月 26 日，大连长兴岛临港工业区管委会和党工委挂牌成立。2010 年 4 月 25 日国务院批准升级为国家级经济技术开发区。围绕辽宁省战略布局，大连长兴岛临港工业区发展思路和目标是：按照"超常规、快速度、高质量"的总体要求，充分利用区位和临港优势，承接国际国内特别是东北产业升级转移，重点发展船舶制造、石油化工、装备制造、高新技术、现代服务和港口物流产业，建成东北重要临港产业集聚区、大连东北亚国际航运中心重要组合港、大连拉近和辐射东北腹地的重要节点城市。2009 年，完成地区生产总值 34.4 亿元，全社会固定资产投资 132 亿元，地方财政一般预算收入 9 亿元，实际使用外资 10 亿美元，实际使用内资 50 亿元。

7. 沈阳辉山经济技术开发区

沈阳辉山经济开发区位于沈北新区东部，占地 89.8 平方公里，人口 5 万人，2002 年 1 月 28 日成立，起初成立时为辉山农业高新技术开发区，为省级开发区。规划为国家农产品加工区、科学城、农业高科技产业区、现代农业示范区、农业观光休闲旅游区等五大功能区。目前入区企业已经达到 390 家，构筑了乳品加工、粮油加工、畜禽加工、果蔬（饮料）加工、生物制品加工等五大主导产业，已经成为全国最大的农产品加工业示范基地。2013 年 1 月，国务院同意沈阳辉山经济开发区为国家级经济技术开发区，定名为"沈阳辉山经济技术开发区"，实行现行国家级经济技术开发区政策。

8. 营口经济技术开发区

营口开发区前身是原盖县鲅鱼圈乡。1984 年 5 月国家"六五"计划在这里建设营口鲅鱼圈新港，经国务院批准设立营口市鲅鱼圈区。1990 年 8 月，更名为营口新经济区；1992 年 10 月，国务院批准在鲅鱼圈区设立国家级经济技术开发区。立足"建设宜业、宜居、宜游的现代化、生态化港口城市"的目标，坚持"高起点规划、高质量建设、高水平管理"，在做精、做美环境的基础上，不断提升城市品位，打造城市品牌，着力发挥环境对项目引进和经济发展的牵动作用，使开发区环境的综合竞争力明显增强，吸引力日益显现。

9. 锦州经济技术开发区

锦州滨海新区是辽宁沿海经济带开发的重点区域，由原经济技术开发区、龙栖湾新区、建业经济区整合而成。新区总面积 419 平方公里，海岸线长 50 公里，辖 3 个街道、1 个镇，39 个村委会，8 个居委会，有户籍人口 7.9 万人，流动人口 1 万人。开发区成立于 1992 年 3 月，2010 年 4 月升级为国家级开发区。2014 年，实现地区生产总值 127.7 亿元，增长 7.6%。公共财政预算收入 15.9 亿元，增长 2.3%。全社会固定资产投资 123.4 亿元，增长 8.7%。规模以上工业增加值 63.7 亿元，增长 9.1%。社会消费品零售额 10.6 亿元，增长 12.5%。工业用电量 5.13 亿度，增长 23%。实际利用外资 2.88 亿美元，增长 29.6%。利用省外资金 45.8 亿元，增长 13.8%。外贸出口 5.4 亿美元，增长

37.9%。其中，固投、规模以上工业增加值、工业用电量、利用省外资金、外贸出口等 5 项指标增速排名全市第一，实际利用外资总量排名全市第一，地区生产总值、公共财政预算收入、社会消费品零售额等 3 项指标增速排名全市前三位。

第二节　高端装备制造业

一、装备制造业体系规模庞大，门类齐全

辽宁装备制造业具有起步早、门类全、规模大的特点。装备制造业是辽宁支柱产业，是发展起步最早的地区之一。在"一五"时期，辽宁已经建立起以装备制造业为代表的全国重工业基地，形成了技术设备先进，布局合理的工业体系。1957 年，辽宁工业总产值更是位列全国第一位，占全国工业总产值 13.41%，创造了装备制造业领域无数"新中国第一"。经过近 70 多年的发展，装备制造业已发展成为辽宁三大支柱产业之一，发展体系依然较为完整，发展底蕴犹在，科研攻关能力、技术工人储备优势显著，数字化应用场景优势和数据资源优势明显。数控机床、机器人及智能装备、汽车、航空航天装备、海洋工程装备及高技术船舶、先进轨道交通装备、集成电路装备等领域在全国仍占有重要地位。

分行业看，汽车产业领域已形成较为完整的汽车产业链条。整车制造企业 15 家、专用车制造企业 34 家，位于全国前列，全省整车销售量位居全国第 12 位。宝马公司正在加快推进亚洲技术研发中心、亚洲最大生产基地、亚洲最大出口基地"一中心两基地"建设；重大成套装备产业拥有一批行业领先的大型装备制造企业以及重点配套企业。以大连为例，作为东北三省乃至全国首屈一指的汽车工业城市，大连市汇聚了众多大型汽车制造分公司。如（1）大连比亚迪汽车有限公司，计划总投资 30 亿元，规划用地面积 66 万平

方米，是东北地区唯一的比亚迪电动大巴生产、出口基地，公司是国家级高新技术企业。公司生产的纯电动大巴主要应用于大连等东北地区城市公共交通，公司隶属于比亚迪股份有限公司，比亚迪总部位于广东省深圳市。公司创立于 1995 年，拥有全球 30 余个生产基地，员工总数达 24 万人，是香港和深圳上市公司，营业额和总市值均超千亿元，业务布局涵盖电子、汽车、新能源和轨道交通等领域。（2）东风日产大连基地位于大连保税区，是东风日产在中国北方的重要基地。大连基地于 2012 年 6 月 25 日奠基，2014 年 10 月 18 日正式投产。基地总面积为 132 万平方米，总投资额高达 50 亿元。一期年产能达到 15 万辆，二期建成后产能达到 30 万辆。大连基地初期将主导 SUV 车型生产，并具备全系车型的生产能力。大连工厂目前拥有冲压、焊装、涂装、树脂和总装五大工艺，技术和装备全面导入先进技术和设备。（3）一汽客车（大连）有限公司，公司位于辽宁省大连市经济技术开发区，创建于 1958 年，是国内最早从事客车生产的企业之一。1991 年加入中国汽车集团公司，2002 年 9 月更名为一汽客车大连客车厂，成为一汽客车有限公司的全资子公司，2009 年 6 月开始投资兴建节能与新能源客车基地。生产的汽车类型有城市公交车、公路客车、旅游客车、校车、新能源客车等，主要品牌有解放牌等，其中热门车型有长途客车、城市客车、纯电动城市客车。（4）大众一汽发动机（大连）有限公司，是由大众汽车（中国）投资有限公司和中国汽车股份有限公司共同投资组建的一家德中合资企业。总公司坐落于美丽的海滨城市大连的经济技术开发区，占地面积近 20 万平方米，于 2007 年建成投产，主要生产涡轮增压汽油直喷发动机，产品主要为一汽-大众和一汽奥迪配套。大连总公司拥有包括缸体、缸盖、曲轴、连杆和平衡轴在内的五大零部件生产线，大众一汽发动机（大连）有限公司还是大众汽车集团在国内的发动机再制造生产基地。（5）一汽解放汽车有限公司大连柴油机分公司始建于1951 年，是我国最早试制生产车用柴油机的企业之一，现为车用柴油机专业生产基地。大柴属国家大型工业企业，跻身"中国机械工业企业核心竞争力 100 强""辽宁省纳税 100 强"，大柴现有员工 2000 余人，资产总计 30 亿元，年生产能力 20 万台。大柴主导产品功率覆盖 85 ~ 340 马力，是各类中重型载货车、轻型车、客车、工程机械等理想动力。产品除满足一汽集团需求外，还为国内 50 余家汽车厂商配套，并随整车出口到 30 余个国家和地区。

冶金装备、矿山机械、石化装备、高压输变电、能源装备等成套装备和重大单机装备在国内具有重要地位，具备一定的国际竞争力；2020 年全省航空装备产业产值超过 400 亿元，民用航空产业规模在全国排名第 6 位左右；数控机床产业领域，辽宁是国家重要的数控机床研发和生产基地，在全国具有非常重要地位，2020 年，金属切削机床产量位居全国第 7。同时，装备制造业企业不断加强国际产能合作，加速全球布局，开放合作取得积极成效。大连华锐重工研制的大型 G 系列船用曲轴成功打入韩国市场。大连机车先后向阿根廷出口 20 台宽轨机车，是我国出口阿根廷的首个提速客运线铁路项目；完成出口南非交流传动内燃机车，是我国内燃机车出口海外最大的单笔订单（232 台）。北方重工集团有限公司与丹麦艾法史密斯（FLSmith）合资成立北方重工富勒（沈阳）矿业有限公司，实现矿山设备高端化发展；沈阳新松机器人完成对韩国新盛 FA 公司 80% 股权收购，并进军海外市场。特变电工沈变集团在世界八大区域设立 27 个海外机构，产品销往 30 余个国家和地区。2020 年，先进装备制造业出口额 58.2 亿美元，占全国 3.1%，居全国第九位，其中，成套装备出口 27.0 亿美元，占先进装备制造业出口值比重 46.4%。[①]

军工装备在国内占据重要地位。辽宁是军工大省，是国家重点扶持建设的重要的军事装备科研和生产基地，涵盖船舶、航空、航天、兵器、核电设备、电子信息等六大行业，具有国内先进水平的国防科技工业体系，其中船舶、航空和兵器工业在全国军工系统占有重要位置，担负着我国军舰、歼击机、导弹、炮弹、火工品等海、陆、空武器装备的生产和科研任务，军工经济总量在全国一直处于领先的位置，为我国国防安全作出了重大贡献。"辽宁舰"

---

① 数据来源：2022 年 1 月，《辽宁省工业和信息化厅关于印发辽宁省"十四五"先进装备制造业发展规划的通知》。

入列、首艘国产航母下水，舰载歼击机、水下机器人、自行设计数控机床、自主知识产权燃气轮机、全身扫描 CT 机、大功率交流传动内燃机、30 万吨油轮、68 吨自卸货车等众多大国重器和"国产第一"都是由辽宁制造。与此同时，辽宁军民融合产业发展潜力巨大，优势明显，全省目前共建设 7 个军民融合特色产业基地（园区），主要分布在沈阳、大连、葫芦岛、铁岭 4 市，见表 8-2。

表 8-2　辽宁省部分城市军民融合产业发展重点

地区	产业发展重点	依托军工及大型民营企业	产业基地
沈阳	民用航空、装备制造、机器人、高档数控机床、燃气轮机、新能源材料	沈阳黎明航空发动机，沈阳新光集团、沈阳飞机工业集团、沈阳兴华电器制造公司等	新松军民融合特种机器人生产基地，沈北航空零部件产业园、浑南航空产业园等
大连	船舶制造、核电装备、民用航空、海洋工程、军工装备新材料等	大连造船厂、大连重工起重、大连核设备制造厂	大连湾临海装备制造业聚集区、大连经济技术开发区、大连高新区、大连瓦房店市
铁岭	军用医疗方舱、军民两用装甲、防暴车辆、军民通用重型卡车、罐车、消防车等专用车及配套产业	中航工业集团、辽宁际华集团等	铁岭经济技术开发区等
葫芦岛	船舶及海洋工程、航空航天用品及材料、装备制造、涉核产品、两用爆破器材	渤海船舶重工、辽宁锦华机电公司、海通电气、孚迪斯石油化工	葫芦岛军民融合产业基地等

二、重点骨干企业的关键技术和核心产品全国领先

辽宁装备制造业领域头部企业较多，发展规模和企业技术创新能力在全国具有较强的竞争力和影响力，释放出前所未有的潜能。沈鼓集团离心压缩机国内市场占有率为 85%，输油管线泵占 80%，加氢、除焦泵占 80%，石化行业往复式压缩机占 80% 左右，企业先后为千万吨炼油、百万吨乙烯、百万千瓦核电等重大工程开发了一批具有国际先进水平的高端装备，填补了核心设备国产化空白。特变电工沈阳变压器集团有限公司是中国变压器行业历史最长、规模最大、技术实力最强的制造企业之一，掌握特高压交流 1000 千伏、直流 ±1100 千伏等行业最高技术水平产品研制的核心技术。瓦轴集团

在重大技术装备配套轴承、轨道交通轴承、汽车车辆轴承等方面生产的 18000 多种轴承产品全部拥有自主知识产权，占世界全部常规轴承品种的 26%。沈阳机床开发了世界首台基于网络的 i5 智能运动控制系统，实现了核心技术的完全自主。大连光洋科技集团研制的五轴精密数控机床，国产化率超过 95%，实现了替代进口。中科院沈阳自动化所研制的"海斗一号"全深海自主遥控潜水器，在马里亚纳海沟成功完成首次万米海试与试验性应用任务，最大下潜深度 10907 米，刷新我国潜水器最大下潜深度纪录，并填补了我国万米作业型无人潜水器的空白。新松机器人自动化股份有限公司是中国机器人产业前 10 名的核心牵头企业，也是全球机器人产品线最全的厂商之一，国内最大的机器人产业化基地。

2022 年北京冬奥会赛场内外频现"辽宁元素"。据统计，全省在本届冬奥会上贡献的产品和科技成果多达 13 项，既包括开幕式主火炬"大雪花"的动力机械装置、水下火炬接力机器人等高端智能制造产品，也包括制冰装备、竞技专用手套、建筑用耐候钢等"专""精"产品。

通过加强规上工业企业培育，实施"小升规"、新项目落地和招商引资等多措并举，2023 年前三季度，316 户企业实现升规入统。实施优质企业梯度培育，加强公共服务体系建设，2023 年以来培育创新型中小企业 3024 家；专精特新中小企业 560 家；专精特新"小巨人"企业 41 家。促进企业管理创新，认定 15 家企业为省民营企业建立现代企业制度示范企业，突出"精益管理＋数字化"，开展精益管理进千企等活动。

三、装备制造数字化改造和创新能力持续加大

围绕数控机床、汽车、船舶及海洋工程装备、航空航天等重点行业，全省加快数字化网络化改造，提升智能化制造等能力。建成沈阳海尔、沈鼓集团、大连冰山等一批智能工厂和数字化车间，生产效率平均提升 21.2%，实现网络化协同企业比例、工业云平台应用率等 10 项两化融合指标增速高于全国平均水平，工业互联网、数字化转型有了较好起步。对沈鼓、北方重工等装备制造业

企业开展数字化赋能专家诊断，组织服务商协同开发典型应用场景。围绕首批23户高端装备重点企业，拟招引省外298户重点配套企业。推动11个项目获得2021年国家首台（套）重大技术装备保险补偿支持，89个产品得到省级首台（套）支持。沈鼓数字化车间项目等6个案例获评工业和信息化部企业上云典型案例。规模以上企业数字化研发设计工具普及率和关键工序数控化率分别达到71.2%和54.2%。2020—2022年三年累计完成109个智能制造重点项目建设。

辽宁装备制造业技术创新能力显著提高。截至2021年，辽宁装备制造业共有国家级企业技术中心24户，省级企业技术中心411户，占全省省级企业技术中心总数的46.5%。创建了国家机器人创新中心、沈阳材料科学国家研究中心等国家级研发平台；成立了省燃气轮机创新中心、省冷热技术创新中心、省掘进装备创新中心、省高端医疗装备创新中心、省磁动力创新中心等省级创新载体。重点突破了一批"卡脖子"关键技术和核心产品，大船集团建造的全球首艘安装风帆装置的30.8万吨超大型原油船"凯力轮"、中车大连机车车辆有限公司的高原型交流传动内燃机车、东软医疗的双旋转中心七轴联动成像系统等产品填补了国内空白。

四、致力于打造具有国际竞争力的先进装备制造业基地

2019年1月，为贯彻落实《中共辽宁省委办公厅 辽宁省人民政府办公厅关于印发〈辽宁省建设具有国际竞争力的先进装备制造业基地工程框架实施方案〉的通知》（辽委办发〔2018〕8号）精神，加快推进辽宁具有国际竞争力的先进装备制造业基地工程建设，辽宁省人民政府印发了《辽宁省建设具有国际竞争力的先进装备制造业基地工程实施方案》（辽政办发〔2019〕1号），围绕做优做强航空装备、海工装备及高技术船舶、节能汽车与新能源汽车、重大成套装备，发展壮大高档数控机床、机器人及智能装备、先进轨道交通装备、集成电路装备，实施8项子工程，明确了产业发展的时间表、任务书、路线图，辽宁将做优做强节能汽车、新能源汽车、智能网联汽车与重大成套

装备等。提出到 2020 年，装备制造业主营业务收入突破 8000 亿元，年均增速达 9% 以上，先进装备制造业占比达到 60% 以上；产业智能化水平明显提高，数字化研发设计工具普及率达到 75%，关键工序数控化率达到 51%；自主创新能力进一步提升，力争突破 50 项关键核心技术，开发 30 项在全国具有影响力的重大首台（套）装备，争取创建 5 个以上国家级研发平台；形成以沈阳、大连高端装备为中心，其他地区"专精特新"装备为配套的先进装备制造业产业发展格局。到 2030 年，装备制造业自主创新能力达到国际先进水平，智能制造、服务型制造、绿色制造处于全国前列，先进装备制造业现代化产业体系进一步完善，国际化经营能力显著增强，在全球产业分工和价值链中的地位明显提升，建成具有国际竞争力的先进装备制造业基地。

2023 年实施先进制造业集群发展专项行动。辽宁省工信厅印发加快发展先进制造业集群的实施意见，研究制定 22 个集群发展的初步行动方案，集成电路装备、软件、工业互联网、生物医药和先进医疗装备等 7 个集群方案已印发。印发促进中小企业特色产业集群发展管理暂行办法，培育大连市普兰店区互感器产业集群等 5 家省级特色产业集群，推动沈阳市铁西区特高压电工装备产业集群入选 2023 年度国家中小企业特色产业集群。围绕新工厂新产线建设、老旧产线和设备更新改造等方面，滚动推进 60 个延链补链强链重点项目。围绕先进装备制造产业基地，推动沈阳机床等重点企业建设数控系统（工业软件）测试验证平台，推进沈鼓等 16 家企业开展"整零共同体"建设示范，截至 2023 年 10 月，沈鼓完成"混合云"基础设施平台建设，特变沈变智慧能源工程实验室开工建设。

第三节　战略性新兴产业

战略性新兴产业包括新一代信息技术、生物技术、新能源、新材料、高端装备、新能源汽车、绿色环保及航空航天、海洋装备等产业，囊括了先进制造业和现代服务业的绝大部分行业。"十三五"时期，战略性新兴产业增加值增速明显高于规模以上工业增加值增速，成为培育壮大新增长点、加快新旧动能转换、构建新发展格局的重要动力源。"十四五"时期，随着我国科技创新水平持续提高，战略性新兴产业将保持良好发展势头，推动辽宁产业转型升级和经济高质量发展。

一、辽宁战略性新兴产业规划体系日趋完善

"十三五"以来，辽宁省各级政府全面落实《中共中央 国务院关于深化体制机制改革加快实施创新驱动发展战略的若干意见》和《国务院关于大力推进大众创业万众创新若干政策措施的意见》等文件中的各项任务，陆续出台了《辽宁省产业（创业）投资引导基金管理办法（试行）》《关于深化产教融合的实施意见》《关于全面加强基础科学研究的实施意见》《辽宁省实施科技成果转移转化三年行动计划（2018—2020 年）》《辽宁省强化实施创新驱动发展战略进一步推进大众创业万众创新深入发展的政策措施》《辽宁省产业（创业）投资引导基金直接投资科技创新项目管理办法》《关于加强创业孵化基地等展示平台管理工作的通知》等纲领性文件，为全省战略性新兴产业创新发展提供良好的政策支撑。

据统计，辽宁省政府和相关部门先后出台 20 多个与战略性新兴产业细分领域密切相关的顶层政策文件，为战略性新兴产业重点行业的发展提供强有力的政策支持。具体来看，高端装备制造领域出台《中国制造 2025 辽宁行动纲要》《辽宁省建设具有国际竞争力的先进装备制造业基地工程实施方案》《关于促进通用航空和航空零部件制造产业快速发展的实施意见》《辽宁省推进机器人产业发展实施意见》等 5 个细分领域规划，新一代信息技术领域出台《辽宁省 5G 产业发展方案（2019—2020 年）》《辽宁省新一代人工智能发展规划》《辽宁省三网融合推广实施方案》《辽宁省积极推进"互联网+"行动实施方案》《关于加强全省信息通信网络基础设施建设》等 5 个专项规划和实施意见，生物领域出台《促进中医药发展实施方案（2016—2020 年）》《辽宁省促进

医药产业健康发展实施方案》等 2 个专项规划，新材料领域出台《辽宁省建设国家新型原材料基地工程实施方案》《辽宁省营造良好市场环境促进有色金属工业调结构促转型增效益实施方案》《促进建材工业稳增长调结构增效益的实施意见》等 3 个专项规划，新能源汽车领域出台《辽宁省加快发展新能源汽车实施方案》《关于加快新能源汽车推广应用的实施意见》等实施意见，数字经济领域出台《辽宁省推进电子商务与快递物流协同发展实施方案》《辽宁省深化制造业与互联网融合发展实施方案》等，以及其他产业发展实施意见，进一步明晰产业布局和发展重点，推动了我省战略性新兴产业健康发展。在支持战略性新兴产业发展的财税政策方面，重点支持战略性新兴产业企业发展，出台了《关于进一步支持企业上市发展的意见》《关于进一步提高金融服务实体经济质量的实施意见》《辽宁省人民政府关于发展产业金融的若干意见》等实施意见，通过财政资金引导带动科技型企业加大科技投入。同时，全面落实企业研发费用税前加计扣除、高新技术企业所得税优惠、进口设备减免税等国家促进战略性新兴产业发展的税收政策。在知识产权保护力度方面，辽宁不断加强战略性新兴产业企业的知识产权创造、运用、保护和管理能力，出台了《新形势下加快知识产权强省建设的实施意见》《中德（沈阳）高端装备制造产业园知识产权保护工作的若干意见》等实施意见，对新兴产业知识产权的申请和保护按现行政策规定给予财政扶持。另外，持续强化支持战略性新兴产业企业发展名牌产品和创品牌活动。

二、战略性新兴产业整体发展势头良好

从发展速度上看，"十三五"以来，战略性新兴产业增速持续快于总体经济增速水平。2018 年，全省新增高新技术企业超过 1000 家，高技术产业增加值同比增长 19%，增速高于同期规模以上工业增加值 9.2 个百分点；2019 年一季度，全省高新技术产品增加值同比增长 19.5%，高于规模以上工业增加值 10.5 个百分点。2019 第一季度，全省高新技术企业主营业务收入 1968.5 亿元，增长 13.8%，比 2017 年同期提高 4.3 个百分点；高新技术企业主营业

务收入增速在 10% 以上的有 1970 家，占高企总数 53.1%。

从规模上看，产业发展呈"U"形变化。"十三五"期间，辽宁省大力发展战略性新兴产业，在高端装备制造业、新一代信息技术产业、生物产业、节能环保产业、新能源产业及新材料产业等取得重大进步。以新兴产业为主的高技术产业增加值呈"U"形增长。2018 年高技术产品增加值较上一年增长了 32.68%，其中按企业规模划分，大型企业高技术产品增加值增长了 40.58%，中型企业高技术产品增加值增长 8.57%，小型企业高技术产品增加值增长了 16.92%，微型企业高技术产品增长了 3.97%。

从数量规模上来看，辽宁科技型企业近年来增长速度较快。全省国家高新技术企业数量两年翻了一番，截至 2019 年底，总数达到 3714 家，全国排名第 14 位；全省登记备案的科技型中小企业超过 4700 家，全国排名第 15 位；全省现有省级以上众创空间、孵化器 200 多个，在孵企业和团队数超过 1 万家；科技型中小企业注册数超过 5500 家。

从领域分布上来看，战略性新兴产业主要集中在高端装备制造、新材料、人工智能、生物医药等领域。从辽宁高新技术企业领域分布来看，分布在先进装备与自动化领域的高企为 1276 家，占全省高企总数的 34%；分布在电子信息技术领域的高企为 680 家，占比为 18%；分布在新材料技术领域的高企为 568 家，占比为 15%；分布在生物与新医药技术领域的高企为 311 家，占比为 8%。

从创新能力上来看，一批民营科技领军企业不断涌现。截至 2019 年底，全省 518 个依托企业建设的工程技术研究中心，民营企业占比超过八成；全省 59 家企业重点实验室，超过四分之一建在民营企业。近年来，在科技部等国家部委的大力支持下，辽宁民营企业创新能力不断提升，涌现出东软集团、新松机器人等一批科技领军企业以及拓荆科技、蓝卡健康等一批"瞪羚""独角兽"企业，大连达利凯普获得 2018 年度中国创新创业大赛行业总决赛一等奖。

从发展质量上来看，高技术产业已经成为辽宁经济高质量发展的关键引领。辽宁科技型企业近年来保持了旺盛发展态势，2019 年一季度，全省地区生产总值同比增长 6.1%，其中高新技术企业主营业务收入同比增长 13.8%，规模以上高技术制造业增加值增速达 28.9%，新能源汽车产量增长 59%，高新技术产品出口总额增长 58.1%。辽宁经济增速时隔 5 年重返合理区间，科技型企业做出了重要贡献。

三、战略性新兴产业区域布局不断优化

"十三五"以来，全省重点发展了一批具有自主知识产权的新产品，突破了一批制约产业发展的关键技术，培育壮大了一批新兴产业龙头企业，打造了一批新兴产业聚集区。2019 年一季度，新材料、先进装备和信息技术三个领域主营业务收入合计占全省高新技术产业比重为 75.7%，对我省经济发展起到重要拉动和支撑作用。

1. 以高新区为发展载体，产业集聚效应不断增强

战略性新兴产业作为辽宁省发展的重点产业，辽宁省加大力度集聚优势资源，推动沈阳智能制造、大连软件、抚顺石化、鞍山激光、本溪生物医药等特色产业集群发展，打造机器人产业、数控机床产业、汽车产业、集成电路产业、高端航空产业、大数据产业等特色产业，其中大连软件和集成电路、高技术船舶和海洋工程等十余个产业集群达到千亿级规模。整合辽宁省各类创新资源，发挥区域内产业布局优势，新布局建设 4 个省级高新区，以推动产业创新集群形成和发展。不断壮大双创主体和群体，建设沈阳、大连、抚顺、本溪、盘锦 5 个国家中小企业双创升级特色园区，支撑和推动区域创新创业生态环境。积极推动高新区和沈大国家自主创新示范区建设，在 2018 年国家高新区评价中（表 8-3），辽宁省 8 个国家高新区排名总体上升，其中大连高新区第 16 名，同比上升 2 名；沈阳高新区第 39 名，同比上升 5 名。据统计，2018 年辽宁省高新区和沈大国家自主创新示范区高新技术企业达到 1648 家，占全省 44%；高技术产业产值达到 2800 亿元，同比增长 20.5%；形成 30 个特色产业集群，成为区域经济发展的重要力量。

表 8-3　辽宁国家级高新区社会评价

国家高新区	社会评价
沈阳高新技术产业开发区	高新区先后被授予"沈大国家自主创新示范区""国家科技资源支撑型双创示范载体""国家级电子商务产业示范基地"称号
大连高新技术产业开发区	高新区先后被授予"沈大国家自主创新示范区""国家软件产业国际化示范城市""国家创新型特色园区"和"国家级文化和科技融合示范基地"等称号，双创工作受到国务院通报表彰
鞍山高新技术产业开发区	被授予"国家柔性输配电及冶金自动化装备特色产业基地""国家激光科技特色产业基地""国家双创示范基地"等称号
本溪高新技术产业开发区	高新区被授予"国家生物医药创新型产业集群""国家科技资源支撑型双创载体特色园区"等称号
锦州高新技术产业开发区	被授予"国家成果转化服务锦州示范基地""国家汽车零部件特色产业基地""国家产城融合示范区"等称号
营口高新技术产业开发区	营口高新区（自贸区）以制度创新持续优化营商环境的做法得到国务院办公厅通报表扬
阜新高新技术产业开发区	以农产品（食）品加工业、高新技术产业和三产服务业为主导，首批国家农业科技园区；以氢能源、液压装备制造等产业为特色
辽阳高新技术产业开发区	被授予"国家新型工业化产业示范基地""人力资本创新示范区""人才发展专项基金项目管理工作站""中国化工园区30强"等称号

资料来源：根据相关资料整理。

　　沈阳高新区加快产业布局，以打造中国智能制造产业创新中心为目标，突出发展机器人与智能制造、新一代信息技术两大核心产业，重点发展新能源汽车、大健康和新材料三大新兴产业，加快发展以生产性服务业为重点的现代服务业。"机器人未来城、东软健康医疗产业园、沈阳航空产业园、安拓智造产业园"等一批战略性园区正在建设。"眼产业精准医疗特色小镇、东北超算中心二期、中科三耐航空发动机和燃气轮机叶片生产基地、毅昌国际设计谷"等平台项目初具规模。2018 年，智能制造产业集群实现销售收入138 亿元；信息技术产业集群实现销售收入 104 亿元；电子商务交易额达 800 亿元，在商务部评比中位列全国第二；机器人、IC 装备、生物医药、健康医疗、民用航空等新兴产业集群保持 20% 以上增长。

大连高新区以软件和信息技术服务外包为主导，发展以智能科技、生命科学、洁净能源、海洋科技等为特色的新兴产业。大连高新区规划建设有大连软件园、七贤岭现代服务业核心功能区、河口国际软件园、黄泥川·天地软件园和华信软件园等多个专业软件园，已经拥有 2000 余家软件和信息服务企业，建设了大连理工大学软件学院和民办东软信息学院，吸引 IBM 在大连高新区设立了其在中国最大的创新中心，集聚软件人才达 16 万人，产业发展不断向大数据、云计算、工业互联网等领域广泛延伸。2018 年，软件和信息服务产业营业收入超过千亿元；智能科技产业集群销售收入 298.3 亿元，同比增长 15%；洁净能源产业集群实现销售收入 4.7 亿元，同比增长 14.9%；智能科技、洁净能源等新兴产业集群形成规模。

鞍山高新区按照工业自动化及系统控制和光电子及新一代信息技术为产业发展方向，围绕激光、电子信息、智能制造、新能源四大领域，聚焦智能终端、移动互联两大主题，重点打造光电子、智能制造、新能源等高新技术产业集群。2011 年以来，省政府决定在鞍山高新区建设辽宁激光科技产业园，大力发展激光等光电产业，目前，激光产业园 4.2 平方公里起步区内已经建成 125 栋楼宇式标准厂房，形成了智能终端器件中心、光通讯工业园等 12 个独立的园中园。引进了一批如飞鑫光电、新光台电子、创鑫激光等行业优势企业，激光产业园入驻企业超 300 家。2018 年，工业自动化及系统控制产业集群实现销售收入 85 亿元，同比增长 3.7%；光电子及新一代信息技术产业集群实现销售收入 35 亿元，同比增长 9.4%。

本溪高新区重点打造大健康产业，包括生物制药及疫苗、高端仿制药及化药、现代中药、医疗器械、食品和保健品、医药相关配套和健康服务等领域。围绕产业集群发展，设立了生物医药产业、科技创新、服务业发展、企业技术改造、总部企业发展 5 个专项资金，出台政策支持企业引进各类高层次人才，引进和开发医药新品种。已集聚包括上海医药、上海绿谷、日本卫材、韩国大熊等多家国内外知名企业在内的 126 个医药产业项目，获批品种 695 个，药业销售收入十年增长了195倍。2018年，高新区生物医药产业集群实现销售收入63.8亿元，同比增长9.5%，占高新区所有企业总销售收入的79.2%。

锦州高新区发展生物医药、汽车零部件等主导产业。生物医药产业龙头企业有奥鸿药业、汉宝药业、凯为生物等企业，主要从事心脑血管及血液系统药物、中药、兽药等领域产品开发，2018年生物医药产业集群实现销售收入15.4亿元。汽车零部件产业龙头企业有锦恒汽车、汉拿电机等多家企业，主要从事汽车内饰、起动机、发电机等产品开发，汽车零部件产业集群实现销售收入12.9亿元。

营口高新区充分发挥与自贸区联动优势，重点发展新材料、装备制造等主导产业，建设旅游休闲产业集聚区、科技研发及新兴产业集聚区、制造业转型升级示范区、现代物流商贸产业集聚区、平台经济和总部经济集聚区。2018年，新材料产业集群实现销售收入10.5亿元，同比增长2.5%；装备制造产业集群实现销售收入14亿元，同比增长2.6%。

阜新高新区发展四大产业。发展液压主导产业，依托德尔、徐工（辽宁）机械、阜新中孚等龙头企业，重点发展液压泵与马达、液压缸与阀、铸造件与热处理器、整机制造与液压系统等主营产品，促进相关零部件、整机制造、特种设备等细分领域的发展，2018年，液压产业集群实现销售收入26.6亿元，同比增长8.6%。加快发展电子信息产业，依托阜新电子元器件产业园，加大对迪亚、新亚、嘉隆、亿金等代表性企业的扶持和培育力度，重点发展电容器、半导体器件、电线电缆和防爆通信器材、新能源电池和光伏电池组件等系列产品。发展壮大生物医药化工业，依托凯莱英、天士力等生物医药化工龙头企业，大力发展医药中间体、生物医药和化工新材料等产品。发展农产品精深加工业，重点依托双汇、鲁花、振隆、小东北等龙头企业，发展壮大油料、畜禽产业、乳制品、粮食深加工、果蔬深加工等产业，增强辐射带动能力。

辽阳高新区重点发展芳烃及精细化工、铝材深加工两大主导产业。发挥龙头企业带动作用，拓展工业铝合金型材深加工领域及高端铝加工产品市场，延伸和扩宽"铝加工、铝深加工、铝应用、再生铝"产业链条，扩大产业积聚效应。推进辽阳石化公司产业结构升级和百万吨大乙烯、百万吨对二甲苯、30 万吨聚丙烯等项目建设，延伸拓展芳烃产业的发展链条，已经发展成为国内最大的芳烃深加工生产研发基地、国内最大的环氧乙烷深加工生产研发基地。芳烃基地入驻企业已达 30 家，拥有 22 种 240 万吨原料优势，先后 4 次入选全国 600 个化工园区 20 强、30 强，是东北地区唯一一家获得此项荣誉的化工产业园区。2018 年，铝材深加工产业集群实现销售收入 520 亿元，同比增长 73.3%；芳烃及精细化工产业集群实现销售收入 500 亿元，同比增长 28.2%。

2. 高端装备制造业形成沈阳、大连两大聚集区

围绕国民经济各行业的需求，开发生产了一大批具有自主知识产权的高端装备，如高档数控机床、时速 160 公里快速客运电力机车、八轴重载货运电力机车、大型盾构机、AP1000 核主泵、百万吨级乙烯三机、百万吨 PTA 干燥机、特高压交直流输变电装备、半潜式钻井平台、航空母舰、舰载机等产品；培育了一批以智能机器人、集成电路装备等优势主导产业和配套零部件为代表的产业园区和产业集群，形成了沈阳铁西装备制造业和大连"两区一带"装备制造业两大高端装备制造业聚集区。

3. 新一代信息产业形成各具特色的多个产业集聚区

建立了大连软件基地、大连软件出口基地、大连信息产业基地等国家级高技术产业基地，建成了沈阳浑南新区信息产业园、沈阳通信电子产业基地、大连电子元器件产业园、大连视听产业园、锦州光伏产业基地、辽宁万家数字技术基地、辽宁（丹东）仪器仪表园、朝阳电子工业园、阜新电子工业园等各具特色的信息产业集聚区，形成了新一代通信系统设备、集成电路、广播电视设备及数字视听产品、半导体照明等基础元器件、高端软件和新兴信息技术服务等产业集群。

4. 新能源产业已成为我国重要的核电装备生产基地

风电产业方面，实现了兆瓦级风电机组的自主制造，拥有大连重工·起重集团、沈阳华创风能等一批风电装备研制重点企业，我省风电装备产业规模位居国内第一。核电产业方面，拥有沈鼓集团、大连重工·起重集团、特

变电工沈变集团等多家核电设备配套生产企业，已成为我国重要的核电装备生产基地。氢能及燃料电池方面，中国科学院大连化学物理研究所和新源动力股份有限公司拥有自主知识产权的质子交换膜燃料电池技术，走在全国乃至世界的前列。

5. 新材料产业建成一批国家工程（技术）研究中心

盘锦和运新材料有限公司 3 万吨 / 年卤化丁基橡胶国家高技术产业化项目建成投产，实现溴化丁基橡胶国产化，替代进口。在高性能均质合金、金属腐蚀控制、氮氢膜分离等领域有一批国家工程（技术）研究中心和新技术、新产品中试基地。稀土功能材料、取向硅钢、先进储能材料、新型轻合金材料、工程塑料、聚氨酯材料、先进陶瓷等一批新材料项目建成投产。我省正努力打造盘锦合成橡胶、辽阳芳烃等重要产业集群。

6. 生物及制药产业形成多产业联动格局

具备较强的科研实力和产业基础，拥有国家药物临床前安全评价中心、国家数字化医学影像设备工程技术研究中心、国家中成药工程技术研究中心、省级"天然药物工程技术研究中心""药物代谢研究重点实验室"等，已形成了生物医药、高端生物工程设备、现代医疗健康服务、现代中药联动发展的产业格局。

7. 沈阳、大连是产业的重要集聚区

从地区高企数量结构看，排名全省前三位的是沈阳（1230家）、大连（1220家）和鞍山（247家），三市合计2697家，占全省高企总数的72.6%。从主营业务收入份额结构看，2021年1—3月排名全省前三位的是大连（669.3亿元）、沈阳（497亿元）和盘锦（179.8亿元），三市高企主营收入合计1346.1亿元，占高企主营收入总额的68.4%。从户均高企主营业务收入看，2021年1—3月全省高企户均主营业务收入0.53亿元，地区高企户均主营业务收入排名前三位为盘锦、辽阳、抚顺，三市户均高企主营业务收入分别为1.66亿元、1.25亿元和0.88亿元，远超全省户均平均水平。

四、创新平台建设数量增多

沈阳：建设省级及以上工程技术研究中心 65 家、重点实验室 33 家、产业技术创新战略联盟 13 家、工程实验室 31 家。搭建省产业创新平台 36 家，其中，产业共性技术创新平台 2 家，产业专业技术创新平台 27 家，产业综合服务创新平台 7 家。重点布局了国家机器人创新中心、沈阳材料科学国家研究中心、国科大机器人与智能制造学院等重大科技基础设施。

大连：截至 2021 年末，自创区大连高新片区拥有国家重点实验室 5 个；省级重点实验室 68 个；省级技术创新中心 36 个；省级工程研究中心和工程实验室 3 个；博士后工作站 19 个。建设企业技术中心 73 家，其中，省级及以上企业技术中心 13 家，国家认定企业技术中心 1 家，即中国华录集团有限公司技术中心。此外，高新区还拥有外资研发机构 2 家，新型产业技术研发机构 1 家，其他国家级研发机构 4 家。重点布局建设了智能装备技术创新中心、新材料和清洁能源技术创新中心、集成电路设计和信息安全技术创新中心、生物医疗技术创新中心等重点科技基础设施。

鞍山：高新区建设了各级工程技术研究中心、研发中心及检测中心 126 家，其中国家级 9 家、省级 41 家。搭建了激光应用技术研发与测试平台等 9 个公共研发及检测平台、辽宁森远沥青路面再生等 7 个产业专业技术创新平台和鞍山科技大市场产业技术创新综合服务平台。组建了激光应用、柔性输配电、金融机具等 3 个省级产业创新联盟，宏成电力、思达思克等公司建立了 5 家院士工作站，梦网荣信、聚龙股份等公司建立了 4 家博士后工作站。

本溪：建设省级及以上工程技术研究中心 15 家，重点实验室 5 家，产业技术创新战略联盟 4 家。建设省级产业创新平台 19 家，其中，产业共性技术创新平台 1 家，产业专业技术创新平台 9 家，产业综合服务创新平台 9 家。重点布局建设了国家中成药工程技术研究中心、国家重大新药创制综合性大平台等一批重点科技基础设施。

锦州：建设省级工程技术研究中心 11 家，省级重点实验室 4 家，省级产业技术创新战略联盟 3 个，国家地方联合工程研究中心 1 个，省级产业专业技术创新平台 4 个。重点布局建设了华为辽宁大区（锦州）云计算中心、辽宁省精细化工产业润滑油添加剂专业技术创新平台等重点科技基础设施。

营口：建设省级及以上工程技术研究中心 11 家，重点实验室 2 家，产业技术创新战略联盟 4 家，工程实验室 30 家，产业专业技术创新平台 5 家。平台涵盖了先进装备制造、新能源、新材料等产业，均具有较好的基础设施条件，在产学研合作、科技成果转化能力等方面成效明显，完善了营口高新区技术创新体系。与三位院士合作建立专家工作站。

阜新：建设省级及以上工程技术研究中心 26 家，重点实验室 7 家，产业技术创新战略联盟 1 家，产业专业技术创新平台 2 个。在原有研发检测中心基础上，建设辽宁省液压产品质量监督检验中心。搭建专利服务平台，引导企业形成一系列具有自主知识产权的产品。扩大共享设备范围，进一步完善共享机制。

辽阳：建设国家级企业技术中心 2 家，省级工程技术研究中心 8 家，国家级博士后科研工作站 3 个，省级技术创新及服务平台 12 个，其中技术创新平台 7 个，技术服务平台 5 个。重点推进沈阳工业大学辽阳分校、辽阳石化设计院、辽阳石化研究院、芳烃技术研究院、芳（烯）烃精细化工产品质量检验中心和奥克国家级技术中心等发展。

第四节　智能制造产业

一、数字辽宁智造强省建设取得新成效

围绕辽宁优势主导产业，重点支持企业技术改造升级、数字化转型、绿色低碳发展、创新能力提升和服务型制造等项目，促进企业向数字化、智能化、绿色化、高端化转型。积极向数字化转型，截至 2023 年初，全省工业企业关

键工序数控化率 59.7%，数字化研发设计工具普及率 77.2%，超过全国平均水平；18 个场景获评国家智能制造优秀场景；培育制造业数字化转型标杆企业 30 家，建设省级数字化车间、智能工厂 152 家。培育国家服务型制造示范单位 13 个、省级 50 个，省级工业设计中心 19 个。沈阳市入选第四批国家服务型制造示范城市。同时，已经拥有 7 个国家级共享制造平台（项目），总数位居全国第二。其中，大连市金州腾达金属构件有限公司的"基于钣金行业的共享制造平台项目"、辽宁顺风新材料科技有限公司的"顺风新材料智能共享制造项目"、大连共兴达信息技术有限公司的"制造业数字化转型的共享制造项目"特点明显，在深度应用和创新发展方面具有行业引领作用。

2022 年，辽宁印发《深入推进结构调整"三篇大文章"三年行动方案》，谋划 562 个重点项目，争取国家专项资金支持。高端装备、精细化工、冶金新材料营收占比同比分别提高 2%、1.8%、1.5%。沈阳市获评建设信息基础设施和推进产业数字化成效明显市、工业稳增长和转型升级成效明显市。大连瓦房店市、沈阳市大东区、沈阳市铁西区入围中国工业百强县区榜单。辽宁稳扎稳打推进新一代信息技术与制造业融合发展走深向实。2022 年 3 月，"沈阳中德装备园、和平区、沈北新区"入选全国仅 8 个、东北唯一的工业互联网国家新型工业化产业示范基地。4 月，省级工业互联网安全态势感知平台验收通过，覆盖企业超过 1 万户。辽宁工业互联网网络、平台、数据、安全四大功能体系不断完善。6 月，沈阳市获评国家建设信息基础设施和推进产业数字化成效明显市（州）。11 月，2022 全球工业互联网大会上，辽宁再发布 10 个行业 1439 个数字化应用场景需求，获得西门子、东华软件、航天云网等 20 多家服务商和单位积极响应对接。也是在这次大会上，"星火·链网"沈阳超级节点宣布正式投入运营。超级节点可以把它比喻为在沈阳建设了一个数字化的更加智能的数字高铁，加强这种以数据为载体的信息的流通，这样才能盘活整个产业的数字化，这是非常关键的。截至 2022 年底，辽宁共上线工业互联网标识解析二级节点 32 个，数量居全国第二位，实现了全省 14 个地市全覆盖，接入企业 2263 家、标识注册量 2.47 亿。全省 20 家企业试点建设 5G 全连接工厂。省级工业互联网平台达到 65 个。全省上云企业超过 10 万户。围绕制造业重点产业链，找准关键核心技术和零部件薄弱环节，集中优质资源合力攻关。2022 年，辽宁新增省级企业技术中心 71 个、省级制造业创新中心 3 个。21 个生物医药新药和高端医疗器械获批上市，11 个产品获评十大类纺织创新产品，2 个轻工产品获评工业和信息化部升级和创新消费品。沈阳市机器人及智能制造集群入选国家先进制造业集群。辽宁智能制造的底座更为坚实，工业互联的产业发展生态也初步培育成形。

截至 2023 年 10 月，围绕智能化，累计开通 5G 基站 9 万个。新增工业互联网标识解析二级节点 4 个，累计 36 个，居全国第 3 位。培育 20 个 5G 全连接工厂、15 个 "5G+ 工业互联网" 融合应用先导区。省级工业互联网平台达到 87 个，服务工业企业 6 万户。举办钢铁、医药等行业数字化转型交流会等活动 16 次，年底累计建成省级智能工厂和数字化车间将超过 300 个。推动沈阳市、大连市入选国家首批中小企业数字化转型试点城市，鞍钢 "羽嘉"、航天新长征大道 "长征云" 成功入选国家级跨行业跨领域工业互联网平台，实现东北地区 "零" 的突破。

二、服务型制造的推进力度不断加大

强化顶层设计，出台《辽宁省进一步推进服务型制造发展工作方案》，将共享制造作为九大重点任务之一进行推进。开展六批省级服务型制造示范遴选，通过编写《案例集》等形式，做好示范单位创新模式案例总结和经验推广，在全社会营造关心、支持和创新发展共享制造的良好氛围。辽宁省还通过 "服务型制造万里行——走进东北" 和 "服务型制造万里行——走进鞍山" 等活动，邀请专家学者深入企业现场，为企业向共享制造转型把脉问诊、出谋划策。同时，辽宁省积极为企业争取相关财政支持，明确对获得国家级、省级服务型制造示范企业（项目、平台）认定称号的企业，给予不高于 100 万元的资金奖励。不断提升企业数字化水平，完善新型基础设施建设，强化共享平台的深度应用，建立健全"平台接单、按工序分解、多工厂协同"的共享制造模式，推动辽宁制造业高质量发展。截至 2023 年 10 月，全省 22 户企业、12 个平台获评 2023 年度省级服务型制造示范单位，全省累计认定服务型制造示范企业 160 户、示范平台 79 个。

三、"星火·链网"上线，"区块链"技术为数据"上链"提供有力支撑

近年来，辽宁加快推进 5G 基站等新型基础设施建设，数字化基础设施建设逐步完善。作为省内领先的信息服务科技创新企业，中国移动辽宁公司实施六大数字化赋能工程，启动"云 +5G"算网双引擎战略，加快推进新一代信息技术与辽宁优势产业的融合应用，为实现辽宁"数字蝶变"持续发力。已建成沈阳、大连两大国家级超大型数据中心，全省数据中心总量达 26 个，推动全省 6500 家工业企业上云，完成 25 个双千兆园区网络覆盖，打造了"OnePower·辽宁"5G+ 工业互联网平台，自 2022 年 8 月上线已为省内 100 余家企业用户提供服务，标识解析方面建设了锦州、阜新、铁岭 3 个自建节点在内的共计 14 个工业互联网标识解析二级节点，占全省二级节点建设的40%，全方位推动工业企业高质量发展。用"5G+ 工业互联网"赋能"硬产业"，不断放大着辽宁制造的场景资源优势和数据资源优势。辽宁在大连冶金轴承等 20 家企业试点建设 5G 全连接工厂，华晨宝马建成全球首个 5G 汽车生产基地。

工业互联网工作起步早、推进快。在产业数字化转型和数字经济发展的进程中，超级节点的区块链技术为数据"上链"后形成连接秩序提供了重要机制和手段，是在工业互联网中形成数字生产关系的关键。在工业和信息化部确定的国家工业互联网企业名录中，辽宁上榜数占总量的1/10，沈阳机床、东软医疗等 9 家企业承担的项目被评为国家智能制造试点示范项目，18 个项目列入国家智能制造综合标准化与新模式应用项目计划。2021 年底，全省规模以上企业数字化研发设计工具普及率和关键工序数控化率分别达到 75% 和

51.81%。辽宁工业上"云"企业 7000 多家，联网设备超万台，智能生产线、数字化车间和智能工厂等项目带动示范效应显著。在今后相当长一段时间内，企业生产能力的技术改造、智能升级是推进智能制造的"主战场"，这也为工业互联网领域的产学研用各界提供了机遇无限的"新天地"。

第九章
辽宁制造业数字化转型升级面临问题

第一节　智能制造基础薄弱

一、智能制造成熟度不高

中国电子技术标准化研究院 2022 年发布了《智能制造发展指数报告（2021）——基于〈智能制造能力成熟度模型〉国家标准的应用分析》报告，其中，《智能制造能力成熟度模型》（GB/T 39116–2020）是在工业和信息化部、国家市场监督管理总局的指导下于 2021 年 5 月正式发布实施的国家标准，目前在全国大部分区域开展标准应用推广工作，已在 31 个行业大类、31 个省市自治区中开展了智能制造能力成熟度自诊断工作，为制造企业提升智能制造能力、主管部门了解产业发展现状提供了重要参考。

根据该报告，截至 2021 年 12 月，全国 20000 多家企业通过平台开展智能制造能力成熟度自诊断，从区域参与度来看，江苏、山东、宁夏、北京、广东等地区积极落地，其中江苏有 4654 家参加自诊断、山东有 2753 家企业参与，宁夏有 1108 家企业参与，北京市、广东省、湖南省自诊断企业数量超过 500 家，安徽、福建、江西自诊断企业数量超过 300 家。辽宁参与程度在50—100 家区间。

从全国省级参与智能制造能力成熟度自评估且达到成熟度二级及以上

的企业数量排名看，辽宁省区域内达到二级及以上企业数量为56家，位居31个省级地区的第19位，见表9-1。全国城市级参与智能制造能力成熟度自评估且达到成熟度二级及以上的企业数量排名中，辽宁只有大连市进入TOP50，且与南昌市并列第50名。

表9-1　全国省级参与智能制造能力成熟度自评估且达到
成熟度二级及以上的企业数量排名（2021年）

序号	省份	区域内达到二级及以上企业数量	序号	省份	区域内达到二级及以上企业数量
1	江苏省	1233	17	山西省	69
2	山东省	966	18	四川省	63
3	广东省	371	19	辽宁省	56
4	湖南省	313	20	内蒙古自治区	50
5	安徽省	222	21	黑龙江省	47
6	北京市	202	22	吉林省	38
7	江西省	180	23	甘肃省	33
8	浙江省	135	24	天津市	33
9	湖北省	134	25	广西壮族自治区	32
10	宁夏回族自治区	131	26	新疆维吾尔自治区	26
11	福建省	112	27	云南省	11
12	河北省	110	28	贵州省	10
13	上海市	84	29	青海省	3
14	河南省	79	30	海南省	2
15	重庆市	77	31	西藏自治区	1
16	陕西省	70	—	—	—

资料来源：《智能制造发展指数报告（2021）——基于〈智能制造能力成熟度模型〉国家标准的应用分析》。

二、工业互联网基础设施建设较为薄弱

工业互联网是支撑现代产业体系的重要基础设施。辽宁省存在着传统产业向现代产业转型升级的客观需要，工业互联网的建设规模与质量制约着辽

宁省传统产业转型升级的进程。当前，辽宁省传统制造业与智能制造的产业融合仍然处于起步阶段，信息化与工业化尚未实现真正的均衡发展，并且以往的互联网基础设施由于经济发展的需要而主要集中于商业领域，所以，工业互联网的发展水平不高，与世界上其他智能制造发达地区仍存在着较大差距。

此外，中小制造企业信息化基础薄弱，难以融入智能化浪潮。中小企业构成工业制造主体，由于信息化基础薄弱、自有资金不足、相关人才匮乏等多方面因素，数字化转型面临极大的试错成本和不可控风险，行业内大中小企业间存在较大的"数字鸿沟"。如果以德国工业 4.0 为参照系，当前省内制造业整体还处于工业 2.0 阶段，部分企业在向 3.0 阶段迈进。

三、系统集成能力相对不足

辽宁智能制造系统解决方案供给能力不足，业务形式多是从国外购买机器人整机，再根据不同需求，制订解决方案，缺少像西门子、GE 等大型工业软件企业一样的具有较强竞争力的系统集成商。当前，制约辽宁智能装备制造产业发展的诸多因素中，根本的是产业发展中对智能制造系统解决方案的核心技术掌握不足。

一方面，核心技术掌握不足影响研发投入增长空间。包括辽宁在内的国内智能装备企业以市场需求为目标导向，从开始作为国外企业代理商的全套设备引进，到后来的简单组装挂牌赚取低端环节利润，一直就未站到掌握关键核心技术的金字塔尖上。制造企业多数是做跨国技术的搬运工，拿来就用，不进行拆包分解，所以对成熟应用技术的了解只停留在实际操作中，缺乏对应用技术背后基础知识体系的学习和掌握，导致了后续再创新缺乏根基。美国学者 Mansfield 在基础研究对产业创新贡献的分析中发现，如果没有基础研究，约有 15% 的新产品和 11% 的新工艺是无法被开发出来的，而且后续自主创新也会因储备不足而终止。从理论逻辑看，缺乏核心技术掌握会导致后续自主创新能力缺乏；自主创新能力低就很难有高质量的研究成果；没有高质量研究成果又不能吸引高质量人才投入和高额资金投入；没有人才和资金的支撑，研究机构数目也不会增多；人才、资金、研究机构缺乏，高质量研究成果形成的概率也会降低。如此形成了恶性循环。总之，各类问题产生的根源是核心技术掌握不足。

另一方面，核心技术掌握不足影响国内企业设立研发机构。由于核心技术的掌握需要具备较强自主创新能力，需要对核心技术背后长时间的基础研究，再加上研发投入大、收益不确定，制造企业对核心技术的需求多采取直接从国外引进的方式，缺乏设立自己研发机构的动力。目前，我国技术对外依存度高达 50% 以上，智能装备领域 95% 的高档数控系统、80% 的芯片，几乎全部高档数控液压件、新产品、新设备均来自国外，较少国内研发机构参与智能装备核心零部件研发。

此外，核心技术掌握不足影响相关企业配套及集聚。企业集聚需要有龙头企业的带动，有关键核心技术的支撑。而国内多数智能装备企业受制于核心技术掌握，在技术需求上与国外企业的联系较为紧密，导致国内企业集聚的支撑力量不足，相关配套企业的产业链完善进程缓慢。如智能机器人的核心零部件、伺服电机、减速机等 96% 被国外企业占据，国内机器人企业多数处于产业链中下游，完整的机器人产业链很难形成。

四、智能装备制造标准化普及不够

标准是智能制造发展的重要技术基础。标准化是智能制造高水平发展的重要技术手段，标准是行业共识，标准固化最佳实践，促进制造业全生命周期和系统层级的互联互通和系统集成，实现系统互联、数据贯通、高效协作。世界各国均将标准作为推进智能制造发展的关键环节，加紧谋篇布局。ISO、IEC 等国际标准化组织相继成立顶层协调机构，发布《ISO 智能制造白皮书》，加强关键基础标准和融合标准研制；德国完善并发布了四版《工业 4.0 标准化路线图》，美国最新发布的《先进制造业国家战略》强调通过制定标准引领智能制造未来发展等。

装备制造业智能化过程中所需的各种信息集成软件、设备关键部件接口、信息网络端口等，都需要统一连接标准，以实现网络间信息的顺利对接。而辽宁乃至国内企业大多注重发展技术，忽略了设备和技术管理的标准化。由于厂商不同，国内大部分传统制造业的自动化系统技术参数缺乏统一标准，导致网络之间、设备之间存在严重的异质异构问题。尽管智能制造的发展带来了新的生产模式，企业对智能制造的生产组织方式和商业运营模式却没有统一的管理标准。2015 年，工业和信息化部、国家标准化管理委员会颁布了智能制造相关标准建设指南，从国内看制造业的发展不均衡，标准化普及做得并不好，依然会出现标准缺失、滞后以及交叉重复等问题。

第二节　自主创新能力弱

一、数智技术的创新研发能力弱

目前，辽宁制造业整体创新能力不强，装备制造业的产品和核心技术在国际上缺乏竞争力。在智能化过程中，需要大幅度依赖国外的先进制造设备、关键零部件和关键材料等。以工业软件为例，飞机、船舶、冶金、化工、生物医药、电子信息制造等重点领域长期依赖国外工业软件，其中 EDA 基本被美国 Cadence、Mentor 和 Synopsys 垄断，CAE/CAD 主要被美国 ANSYS、德国 SIMENS、法国 DS Simul 等把控。同时，在智能控制技术、在线分析技术、智能化嵌入式软件、高速精密轴承等先进技术方面自给率低，对外依赖度高。此外，国产智能装备的性能和稳定性难以满足装备制造业智能化发展的需求，"卡脖子"的高端成套装备仍处于研发劣势，这些核心技术及设备的缺失，增加了建设成本，加大了智能装备制造的推行难度。

二、数智技术研发人才结构性缺失

智能制造是信息技术、智能技术和先进制造技术的有机融合，智能制造业的发展既需要传统制造业的产业工人和高端制造业人才，也需要计算机、互联网、人工智能、工业信息化和工业互联网等领域的高端人才，以及针对制造业智能化转型升级的管理人才。当前，辽宁省具备雄厚的产业工人基础，但多数都集中在传统制造业，对智能制造的技术和管理了解不足。智能制造装备的应用，使制造业企业对低技能的一线工人的需求大幅减少，而对从事机器维护和研发等高层次人才的需求逐渐增加。辽宁省当前对于高层次人才的吸引力相对落后于北京市、长三角和珠三角地区，未能形成高科技人力资源的集聚效应，智能制造产业结构性缺工现象明显，智能制造专业人才培训服务体系发展滞后，相关先进制造服务业人才缺乏，无法满足智能制造技术性人才需求，这也成为制约辽宁智能制造产业发展的瓶颈。

第三节　工业大数据应用价值未充分挖掘

一、存在有工业大数据，但是不能直接用

辽宁制造业企业由生产到销售的链路长、环节多，虽有数据沉淀，但存在分散在不同系统、数据口径不一致、数据颗粒度粗、更新频率低等问题。制造业企业在过往发展的历程中，依据企业价值链各环节的需求，逐步建立起包括企业 ERP 系统、CRM 系统、供应链系统等内部系统；随着互联网经济的快速发展，又对接了包括第三方市场监测系统、电商平台数据系统等外部系统。企业中的数据分散在不同系统中，由于各系统建设目的、使用方式存在不同，导致不同系统间数据统计的口径不一致。业务人员在对数据进行分析时，需要耗费大量的时间对不同系统中的数据进行整合与清洗，甚至出现数据大量缺失的问题。除此之外，为了更好地洞察消费者需求、应对市场及竞争态势的快速变化，业务部门对于内部数据的更新频率要求越来越高，对于外部数据的颗粒度要求越来越精细，但是当前辽宁制造业企业的数据现状

难以对这些需求进行相应的匹配，见图9-1。较低的数据治理水平及数据质量造成大量数据冗余、系统冗余及手工作业问题，对员工人效提升形成阻碍。

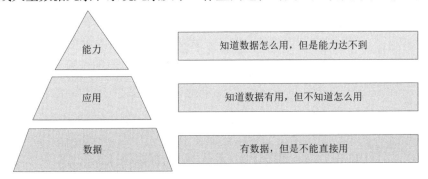

图9-1　制造企业数字化转型的典型难点

二、存在知道数据有用，但不知道怎么用

辽宁制造业企业数字化起步相对较晚，数据在实际业务中的应用少，业务价值尚未被充分验证。企业内对数据的应用多为简单的数据收集、统计、对比，对数据进行深挖与洞察方面仍存在大量不足，未能将数据分析方法与实际业务场景决策、流程相结合，缺乏数据应用实践案例。以研发及营销为例，研发信息获取仍以传统的问卷调研、入户访谈为主，营销端目前缺乏基于售后数据的分析与运用，数据仍更多地应用于销售达成统计，研发及营销尚未以数据驱动挖掘消费者关注点和使用痛点，构建业务策略的落地应用。数据价值论证的滞后性将降低员工主动推进业务数字化转型的积极性，延缓企业业务整体数字化转型步伐，使得企业难以构建在数字化时代的"先发优势"。

三、知道怎么用，但是能力达不到

辽宁制造业企业人员数字化能力差异大，企业希望通过牵引提升组织和人员的数字化能力来推动数字化转型，但在实施过程缺乏突破点。企业数字化转型最终需要落实到人员的能力提升与转型，而当前制造业企业在此方面虽努力尝试，但整体成效甚微。辽宁制造企业人员数字化能力提升大多停留在培训层面，主要通过开展数据分析课程对业务人员进行赋能，与业务人员的实际工作及业务场景结合度有限，难以让课程参与人员产生共鸣并切实带来业务价值。此外，承担企业数字化赋能的部门多为中后台部门，缺乏足够的话语权，数字化能力的提升尚未与员工的绩效、奖金及晋升相挂钩，导致业务数字化转型的牵引力不足，培训流于表面，业务团队基于数据的创新能力与精细化运营能力难以被充分激活。

第四节 企业的主体示范引领作用不突出

一、"低端锁定"导致企业认识不足

辽宁传统制造业企业尤其是众多中小企业仍以劳动密集型和粗放增长型为主要生产方式，很多制造企业技术装备总体仍很落后，甚至还处于工业 1.0 和工业 2.0 时代。长期的"低端锁定"导致企业对应用智能制造装备的意识不强烈，对智能工厂、云制造、物联网和 3D 打印等技术更是知之甚少。当前，辽宁传统制造业在技术、工艺和产品等多方面存在"低端锁定"现象，造成传统制造业长期陷入路径依赖，企业创新意识不强，缺乏技术创新的原动力。

二、企业智能化改造的动力和信心不足

传统制造业智能化改造中重要环节之一是装备信息化建设。产业技术装备升级需要较大规模的前期资金投入。当前，受到疫情和东北区域经济整体情况的影响，传统制造业领域的一些民营企业由于缺乏金融信贷支持和政策扶持，企业智能化改造的动力和信心不足，存在政府补贴就改造、政府不补就不改的问题，企业智能化转型升级的内生动力和主动性不足。

三、企业"两化"融合程度低

进入工业 4.0 时代，企业智能化、机械化程度不断提升，信息化、工业化

"两化"深度融合的步伐迫切需要加快推进。智能制造是我国实施"中国制造 2025"战略的主攻方向，但必须通过推进"两化"深度融合过程来实现辽宁制造业向智能转型，最终实现辽宁智能制造业的快速发展。当前，材料和制造是人类文明的物质基础。世界科技革命主要是由社会需求的不断升级和知识信息技术的不断创新而形成的，工业互联网技术是实现制造业智能化革命的动力引擎。德国工业 4.0 是以物联网为基础，引领第四次工业革命的全新生产体系，其主要特征就是综合利用"物理系统"和"信息系统"之间的融合，实现智能化生产。辽宁制造企业间的信息化水平差异较大，大型企业由于技术和资金的优势，在信息化建设方面进展明显，而中小制造企业在信息化应用水平方面普遍较低，均未实现信息化的全面集成应用。辽宁企业"两化"融合成效不显著，缺乏适应行业需求的信息系统和行业标准规范，企业效率和生产效益有待增强。

四、企业生产经营数字化信息化基础薄弱、设施落后

大数据作为数字化发展的重要一部分，其产业的快速发展，为装备制造业注入新的生产源动力。一方面，世界领先水平和国内先进制造业企业，都在不断探索"大数据+"等相关新兴技术在制造行业中的数字化转型解决方案；另一方面，这些装备制造业巨头也立足于深耕多年的产业链，拥抱新技术为生产运营带来的红利。辽宁装备制造业在数据管理和分析能力上一直存在短板。因运营资本较重、运营流程复杂、数据分析能力较弱等原因，重点制造业企业信息系统众多，系统管理相互独立，数据存储分散。因此，在运营的数字化发展上，装备制造业仍然沉浸在将数据作为管理辅助工具的阶段，缺乏对大数据收集后的深度整理计算。

按照业务环节的类型划分，企业数字化信息化改造包括营销数字化、管理数字化、生产数字化。2014—2019 年，在生产关键工序数控化率、管理和生产控制集成比率、产供销集成比率三个指标上，全国 500 强企业分别是 68.2%、58.3%、44.0%，大型企业分别是 57.1%、48.0%、37.0%；而辽宁省的

制造业部分已经实施生产数字化的龙头企业、规上企业在生产数字化方面也大多数是停留在自动化数控生产线项目层面，营销、管理、生产三个业务领域的数字化集成互连互通实施不足，基本尚未达到整体数字化、网络化、智能化综合解决的数字工厂层级。

第五节　行业数字化生态圈建设推进缓慢

一、行业工业互联网平台与龙头企业协同作用弱

辽宁工业互联网平台协同智能制造的龙头企业或隐形冠军企业带动作用发挥较弱。辽宁制造业实施智能制造建设主要依托沈飞集团、华晨宝马、沈阳新松、东软集团、中科院沈阳自动化研究所、大连华信、鞍钢股份等企业事业单位，实施主体还是以国有企业为主。但是，在 2020 中国智能制造企业百强榜上，辽宁仅有 2 家企业上榜；其中，沈阳新松 2020 年（第 41 名）比 2019 年（第 56 名）排名上升了 15 名，鞍钢股份为 2020 年新上榜（第 88 名）；辽宁智能制造上榜企业显著落后于广东（18 家）、北京（15 家）、上海（13 家）、江苏（9 家）、浙江（6 家）、湖北（6 家）、山东（5 家）等。

二、数字化、智能化生态圈转型缓慢

辽宁针对装备制造业等支撑产业的行业工业互联网平台等标准化智能制造生态圈建设速度慢。作为装备制造业基地、重大技术装备战略基地，省内的区域制造业数字化、智能化生态圈建设转型速度过于缓慢。从工业互联网平台服务看，辽宁在全国和区域内缺少有一定影响力的工业互联网平台企业，工业和信息化部公示"2020 年跨行业跨领域工业互联网平台"共 15 家平台企业和 2019—2020 年度中国工业互联网 50 佳榜单共 50 家平台企业都没有辽宁省企业；省内多数平台企业现有数据分析能力和工业知识积累还无法满足应

用要求，平台辐射和带动力不强。

三、工业软件开发和应用能力弱

智能制造的价值增值主要依靠智能研发、智能流程设计、智能监控技术、智能集成管理、智能大数据分析等各种工业场景 APP 软件的大数据采集和大数据分析应用。然而，辽宁大量制造业企业在生产、管理、营销等层面还没有实现数字信息化、网络化和智能化，相关的综合集成应用较少。因此，工业 APP 开发和应用能力低导致大数据应用价值未能得到有效发挥。

辽宁工业软件开发和应用能力弱，主要体现在以下四个方面：一是辽宁工业软件的开发基础薄弱。相较于我国其他省份，辽宁的工业软件研发投入较低，导致研发能力不足。此外，人才培养方面也存在问题，缺乏高素质的软件开发人才，使得软件开发和应用的水平难以提高。二是软件企业规模较小，产业集聚效应不明显。辽宁地区的软件企业多为中小型企业，难以承担大型项目和复杂技术的研发。同时，企业之间的合作较少，无法形成产业链上下游的协同发展，降低了整体竞争力。三是与国内外先进技术相比，辽宁工业软件存在明显差距。随着"一带一路"倡议和智能制造战略的推进，国内外市场对工业软件的需求越来越大。然而，辽宁的工业软件产品在功能、性能、稳定性等方面尚不具备竞争力，难以满足市场需求。四是政策支持力度不足。虽然我国政府高度重视软件产业的发展，但在辽宁地区，相关政策落地效果尚不明显。政策支持不足导致产业发展的环境不够优化，企业难以享受到政策红利，进而影响工业软件开发和应用能力的提升。

第五篇　案例篇

第十章

发达国家智能制造发展战略

第一节　美国再工业化与技术创新

一、美国再工业化

1. 再工业化成为国内共识

作为"去工业化"的先行者，美国既尝到了甜头，又吞食了苦果。自20世纪后期以来，美国一方面将发展重心转向服务业与知识技术密集型产业，拥抱全球化并成功在知识竞争时代夺得高科技全球领导地位；另一方面也饱受"产业空心化"的负面影响——国内制造业岗位外流严重，国内需求日益依赖国外进口，地区差距与收入不平等的加剧进一步助长了美国国内右翼民粹主义的兴起。在此背景下，国际产业转移的主要接受者中国，成为美国民怨的发泄对象。伴随着去工业化负面影响的不断显现，"中国搭美国便车""中国占美国便宜"等观点在美国国内越来越有市场，在特朗普发动对华贸易战之后几乎成为美国决策层的主导性思维。美国高层及民众"再工业化"的呼声越来越高。

2. 专职机构的倡议

为了成为更坚挺的出口国，美国需生产更多产品，将制造业产能释放到战后前所未有的水平。首先，成立一个需向总统报告的新"经济发展委员会"

（Economic Development Council），专注于投资本国制造业并与工业界建立伙伴关系。该委员会应有权从联邦政府、学术界和私营部门征集信息研究贸易逆差，并且能够同时召集包括商务部、国防部、能源部、内政部、国务院、财政部及美国贸易代表办公室在内的主要政府部门以及私营部门的代表，以此确保美国拥有再次成为世界制造业超级大国所必要的资本投资。例如，在制定振兴去工业化地区战略时，政府应该参考汉森（Gordon Hanson）正在汇编的有关落后地区经济社会状况的大量数据。总之，一个全面再工业化计划的执行，需要设立一个负责总体协调的机构，确保所有相关部门以同一步调开展工作。

经济发展委员会应该利用联邦资金和采购协议帮助美国企业获得重建本国制造业基础所需的资金。政府必须进行针对性的、有限度的外科手术式财政干涉，尤其需特别关注美国中西部和南部那些饱受去工业化进程负面影响的地区。政府不应无期限、无限制地动用公共资本支持本国企业，而应优先帮助那些业已吸引私营部门融资的项目。

国会也要发挥作用通过税收抵免说服企业将生产链带回美国，并对那些关闭国内工厂而将制造基地转移至海外的美国公司征收10%的离岸企业税。另外，国会还应该加强对"制造业拓展合作伙伴计划"（Manufacturing Extension Partnership，MEP）的资助力度，这是一个旨在为制造商提供各种技术援助的公私伙伴关系。2022年，拜登总统已决定向这一伙伴计划增加1.25亿美元预算投入，但为了发展美国本土中小型制造企业，即使增加10倍于此的资金也毫不为过。

3. 美国致力于重振关键行业的生产

1970年，美国钢铁产量占全球总产量的20%；如今，这一数字已降至4%。美国现在是世界第二十大钢铁出口国，但却是第二大钢铁进口国。相比之下，中国钢铁占全球市场的57%。自1990年以来，在美国钢铁厂工作的人数从约25.7万人降至约13.1万人。联邦政府可通过提供资金支持，或者要求联邦基础设施工程承包商采购由美国制造的钢铁，以此提高本国钢铁产量。美国的钢铁出口不需要发展到能够支配全球市场的程度，但美国可以寻求在钢铁技术创新方面发挥带头引领作用，比如关注新一代轻质高强度钢材的研发，这种钢材能够使电动汽车在单次充电后行驶的里程更长。美国新建的工厂已经开始朝着这个方向发展。例如，纽柯（Nucor）公司在肯塔基州新建的钢板制造厂将为风力涡轮机等需求旺盛的机器供应精密厚壁钢。

拜登政府通过的《通胀削减法案》和《芯片与科学法案》决定在关键技术领域投资数千亿美元，此举也将对工业产生振兴作用。英特尔在俄亥俄州投资 200 亿美元新建的半导体工厂将为该州创造 1 万多个就业岗位；美光科技（Micron）将在纽约州北部投资 1000 亿美元，创造 5 万个新就业岗位；升腾元素（Ascend Elements）将在肯塔基州投资 10 亿美元建设一座锂电池材料工厂。这些公司重返美国部分出于自动化使然，但它们仍将创造许多薪资待遇更高的岗位。2022 年，美国已经付诸行动从海外带回 35 万个工作岗位，美国制造业的复兴是能够如愿以偿的。

4."再工业化"的战略目标

美国"再工业化"计划框架从重振制造业到大力发展先进制造业，积极抢占世界高端制造业的战略跳板，推动智能制造产业发展的思路越来越明确。美国主要在以下几个关键领域不断贯彻落实制造业智能化的战略目标：一是信息技术与智能制造技术融合。美国向来重视信息技术，此轮实施再工业化战略进程中，信息技术被作为战略性基础设施来投资建设。智能制造是信息技术和智能技术在制造领域的深度应用与融合，大量诞生自美国高校实验室和企业研发中心的智能技术和产品为智能制造提供了坚实技术基础，如云计算、人工智能、控制论、物联网以及各种先进的传感器等，这些智能技术的研发和应用极大地推动了制造业智能化的发展进程。二是高端制造与智能制造产业化。为了重塑美国制造业的全球竞争优势，奥巴马政府将高端制造业作为再工业化战略产业政策的突破口。作为先进制造业的重要组成，以先进传感器、工业机器人、先进制造测试设备等为代表的智能制造，得到了美国政府、企业各层面的高度重视，创新机制得以不断完善，相关技术产业展现出了良好发展势头。三是科技创新与智能制造产业支撑。美国"再工业化"战略的主导方向是以科技创新引领的更高起点的工业化。从产业支撑要素来看，智能制造是高技术密集、高资本密集的新兴产业，更加适合在创新水平较高的区域发展。美国政府在再工业化进程中瞄准清洁能源、生物制药、生命科学、先进原材料等高新技术和战略性新兴产业，加大研发投入，鼓励科技创新，培训高技能员工，力推 3D 打印技术、工业机器人等应用，以取得技术优势，引领制造业向智能化发展，从而抢占制造业新一轮变革的制高点。四是中小企业与智能制造创新发展动力。美国将中小企业视为其再工业化的重要载体，为中小企业提供健全的政策、法律、财税、融资以及社会服务体系，加大对中小企业的扶持力度。在美国，企业是研发的执行主体，承担了 89% 的研发任务，联邦实验室和联邦资助研发中心（FFRDC）则承担了 9.1% 的研发任务。以企业为主体的研发体系使得美国研发成果转化率更加高效；美国制造业领域的小企业数量接近 30 万家，其中不乏像居于全球超高频 RFID 行业领先地位的 Alien 公司、加速器传感器方面表现卓越的 Dytran 公司等优秀企业，是未来智能制造创新发展的重要动力。

二、支持工业软件创新与研发

美国十分重视软件及工业软件的开发，美国是全球最早发展 CAE 的国家，且是从美国航空航天局 NASA 开始。在国家资金的支持下，NASA 开发了著名的有限元分析软件 Nastran。1971 年，MSC 公司改良了 Nastran 程序，因此，成为美国仿真软件的鼻祖。比如，美国国家航空航天局联合 GE、普惠等公司，20 年时间里研发的 NPSS 软件，内嵌大量发动机设计知识、方法和技术参数，一天之内就可以完成航空发动机的一轮方案设计。再比如，波音 787 的整个研制过程用了 8000 多种工业软件，其中只有不到 1000 种是商业化软件，其余的 7000 多种都是波音多年积累的私有软件，不对外销售，包含了波音公司核心的工程技术。

世界上基础软件比如 CAD 和 CAE 的顶尖软件大多掌握在欧美国家手

中。说到 CAD 很多人认为就是 Autodesk 公司的 AutoCAD，事实上除了美国的 Autodesk（欧特克）公司外，法国达索（Dassault）、德国西门子（SIEMENS）、美国参数技术公司（PTC）都是 CAD 的头部企业，并且这 4 家企业就占据了其国内 CAD 市场 90% 以上的份额。值得一提的是，Ansys（美国安斯科技）、Altair（美国澳汰尔软件）、MSC（美国诺世创）基本垄断了 CAE 领域。根据 2020 年的数据显示，世界工业软件市场规模达到 4358 亿美元。特别是 EDA 软件的三巨头 Cadence（美国楷登电子）、Synopsys（美国新思科技）、Mentor（德国西门子的子公司明导电子）占据了全球市场份额的 90%，在中国市场份额更是达到了 95%。可见，美国工业领域的软件研发与服务能力在国际市场具有很强的竞争力。

三、构建支持智能制造的再工业化体系

美国政府再工业化过程中，协调各部门进行总体规划，并通过立法来加以推进。为了推进"再工业化"战略，美国相继出台的法律政策有《重振美国制造业框架》《美国制造业促进法案》《先进制造伙伴计划》《先进制造业国家战略计划》《制造创新国家网络》计划等。另外，美国还围绕再工业化这一经济战略制定了一系列配套政策，形成全方位政策合力，真正推动制造业复苏，包括产业政策、税收政策、能源政策、教育政策和科技创新政策，见图 10-1。例如，在制造业的政策支持上，美国选定高端制造业和新兴产业作为其产业政策的主要突破口。在税收政策上，奥巴马政府主张把公司税由目前的 35% 降至 28%，以吸引美国制造业回流。能源行业是美国再工业化战略倚重的关键行业之一，奥巴马着重关注新能源的发展。鼓励研发和创新，突出美国新技术、新产业和新产品的领先地位，这也是美国推进"制造业复兴"的重要举措之一。美国在再工业化计划进程中整顿国内市场，大力发展先进制造业和新兴产业、扶持中小企业发展，加大教育和科研投资力度支持创新，实施智慧地球战略，为制造业智能化的实现提供了强大的技术支持、良好的产业环境和运行平台。

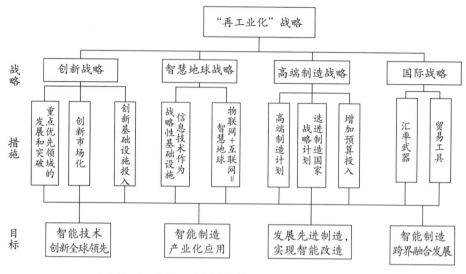

图 10-1　支持智能制造的美国再工业化体系框架图

第二节　德国工业 4.0 战略

一、工业 4.0 进化过程

工业革命 1.0：18 世纪末期始于英国的第一次工业革命，19 世纪中叶结束。这次工业革命的结果是机械生产代替了手工劳动，经济社会从以农业、手工业为基础转型到了以工业以及机械制造带动经济发展的模式。

工业革命 2.0：第二次工业领域大变革发生在 20 世纪初期，进入了生产线生产的阶段，通过零部件生产与产品装配的成功分离，开创了产品批量生产的新模式。20 世纪 70 年代以后，电子工程和信息技术的加入实现了生产的最优化和自动化。

工业革命 3.0：第三次工业革命始于第二次工业革命过程中发生的生产过程高度自动化。自此，机械能够逐步替代人类作业。

工业革命 4.0：未来 10 年，第四次工业革命将步入"分散化"生产的新时代。工业 4.0 通过决定生产制造过程等的网络技术，实现实时管理。

通过通信网络，将工厂内所有设备互联的"智能工厂"就是其中最好的一个体现。德国制造业中的所有行业正在实施该项目有关的研究，并计划为此投入 2 亿欧元。智能工厂或者"工业 4.0"，是从嵌入式系统向信息物理融合系统（CPS）发展的技术进化。作为未来第四次工业革命的代表，工业 4.0 不断向实现物体、数据以及服务等无缝连接的互联网（物联网、数据网和服务互联网）的方向发展。

工业 4.0 体现了生产模式从"集中型"到"分散型"的范式转变，正是因为有了让传统生产过程理论发生颠覆的技术进步，这一切才成为可能。同时，分散型智能利用，代表了生产制造过程的虚拟世界与现实世界之间的交互关系，在构建智能物体网络中发挥重要作用。未来，工业生产机械不再只是"加工"产品，取而代之的是，产品通过通信向机械传达如何采取正确操作的信息与指令。

CPS 连接了虚拟空间与物理现实世界，使智能物体通信以及相互作用，创造一个真正的网络世界，它体现了当前嵌入式系统的进一步进化。与互联网或者网上可搜集的数据、服务一起，嵌入式系统也是构成 CPS 的要素之一。

CPS 可提供构建物联网的基础部分，并且与"服务互联网"一体化，实现工业 4.0。这些技术被称为"实现技术"，培育更加广泛的、基于创新型应用或过程的新现实空间，淡化现实世界与虚拟空间的界限。实现技术就像互联网使得个人通信以及相互作用的关系发生变革一样，将给我们与物理现实世界之间的相互作用关系带来根本性变化。

基于高性能软件的嵌入式系统与融合在数字网络中的专业用户接口之间发生的相互作用，将诞生全新的系统功能性世界。举一个简单的例子，智能手机囊括许多应用和服务，已经远远超出设备本身通话功能。由于全新的划时代应用和服务的提供商将不断涌现，渐渐形成新的价值链，所以，CPS 也将对现有业务与市场模式带来范式转变。汽车工业、能源经济，还有包括诸如工业 4.0 的生产技术的各个工业部门，将同步因这些新价值链发生巨变。

二、重视工业软件开发与应用

德国软件业是欧洲软件业的领头羊，无论是客户群还是生产商，德国软件业的拥有量都位居欧盟国家之首。从世界范围看，德国也一直保持着世界最大的软件供应商和解决方案提供商之一的地位。软件业是德国信息与通信技术（ICT）产业的重要组成部分。德国专门从事软件开发和销售的基础软件业的企业约有 30000 多家，曾经占整个 ICT 产业的企业数量的 46% 左右。

德国主要软件企业的特点是"年轻"，其中 67% 的企业是 20 世纪 90 年代建立的，大多数是从大学、研究机构、大企业中脱颖而出的新公司。有关资料表明，德国主要软件企业的出口以欧盟国家为主，而辅助软件企业的出口重点则是北美和亚洲国家。从软件开发的方式来看，德国主要软件企业和辅助软件企业在开发软件方式上有着各自明显的特点。73% 的主要软件企业从事自主开发原始软件，而 87% 的辅助软件企业则采购基础软件并加以改进，为己所用。据统计，辅助软件企业使用的软件 2/3 为标准软件。

德国政府非常重视 IT 产业的鼓励政策，认为 IT 业的发展对国家经济、社会发展具有重要的战略意义。IT 业的发展状况决定着德国经济的对外竞争力，决定着德国经济能否可持续发展，决定着今后德国能否有充足的劳动就业岗位。为鼓励 IT 产业发展，德国政府出台了一系列不同层面的政策措施，包括：《信息通信技术 2020——为创新而科研》规划、《21 世纪信息社会中的创新和就业岗位》行动方案、《信息社会德国 2006》行动方案、《信息社会德国 2010》行动方案、《大家齐用因特网》十点计划、《IT 用于教育：不要断绝要上网》行动方案、《多媒体》计划、《中小企业信息通信科技创新攻势》鼓励措施等。

德国最大的工业软件企业是 SAP SE（思爱普）。尽管只是一家软件公司，但却是一家引领德国"工业 4.0"战略的公司。SAP 是全球最大的企业管理和协同化电子商务解决方案供应商、全球第三大独立软件供应商。SAP 也是世界上最大的商业应用、企业资源规划（ERP）解决方案和独立软件的供应商，尤其在全球企业应用软件的市场占有率高达三成以上。值得一提的是，世界500强中80%以上的公司都在使用SAP的管理解决方案。1988年起，SAP在多家证交所上市，包括法兰克福证券交易所和纽约证券交易所。

尽管SAP曾经在之前的世界500强中只排名400多位，但世界500强中80%的公司都曾经是它的客户。"工业4.0"是以CPS（赛博物理系统）为核心，以三项集成（纵向集成、端对端集成、横向集成）为手段，是一种高度自动化、高度数字化、高度网络化的智能制造模式，从而实现高效、敏捷、智能的生产，在效率、成本、质量、个性化方面都得到质的飞跃。此外，1994年的FAUSER公司，是全球顶尖的APS（高级排产系统）软件公司，其产品就定位在"工业4.0"中的智能计划排产。FAUSER公司的产品车架号被美国洛克希德·马丁、英国宇航系统，以及空中客车公司、宝马汽车、戴姆勒·克莱斯勒、蒂森·克虏伯、科勒卫浴等数以千计的企业广泛使用，成为这些企业"智能制造"的指挥系统。

三、完善的政策体系

为推进工业4.0计划，德国政府主要设定了一些关键性需求措施，主要包括：融合相关的国际标准来统一服务和商业模式，确保德国在世界范围内的竞争力；旧系统升级为实时系统，对生产进行系统化管理；制造业中新商业模式的发展程度应同互联网本身的发展程度相适应；雇员应参与到工作组织、CPD和技术发展的创造性社会—技术系统早期阶段；建立一套众多参与企业都可接受的商业模式，使整个ICT产业能够与机器和设备制造商及机电一体化系统（Mechatronic System）供应商工作联系更紧密。

为了将工业生产转变到工业4.0，德国采取双重战略，包括领先的供应商策略和主导市场策略。领先的供应商策略是从设备供应商企业的视角专注于工业4.0的，见图10-2。德国的装备供应商为制造企业提供世界领先的技术解决方案。德国的装备制造业不断地将信息和通信技术集成到传统的高技术战略来维持其全球市场领导地位，以便成为智能制造技术的主要供应商。主导市场策略指的是为 CPS 技术和产品建立和培育新的主导市场。

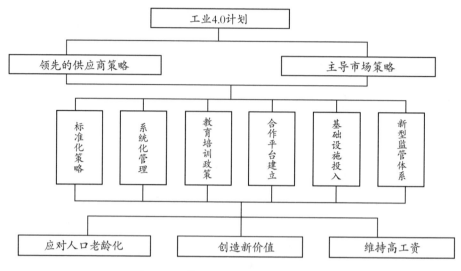

图 10-2　德国工业 4.0 政策体系框图

德国工业 4.0 开辟了创造价值的新途径和就业的新形式，尤其是对于中小企业和初创公司来说，有显著的机遇发展 B2B（企业对企业）服务。工业 4.0 的实施，将提供灵活多样的职业路径，让人们的工作生涯更长，保持生产能力，弥补熟练劳动力的短缺和缓解社会老龄化的压力。工业 4.0 的双重战略将使得德国保持供应商的领先地位，并且成为工业 4.0 解决方案的主导市场，这使得德国劳动力可以维持较高的工资水平和较强的竞争力。

四、未来智能制造业的方向

2009 年到 2012 年欧洲深陷债务危机，德国经济却一枝独秀，依然坚挺，它增长的动力来自其基础产业——制造业所维持的国际竞争力。对于德国而言，制造业是传统的经济增长动力，制造业的发展是德国工业经济增长的不可或缺因素。基于这一共识，德国政府倾力推动进一步的技术创新，其关键词是"工业 4.0"。

德国 2010 年公布的《高科技战略 2020》中，提出了一系列促进制造业发展的创新政策。为使该战略得到具体落实，2012 年德国政府公布题为《十大未来项目》的跨政府部门的联合行动计划，并决定在 2012—2015 年间向十大项目资助 84 亿欧元。被称为"工业 4.0"的未来项目，与能源供给结构改革、可持续发展等项目同步公布。"工业 4.0"未来项目，主要是通过深度应用 ICT（信息通信技术），总体掌控从消费需求到生产制造的所有过程，由此实现高效生产管理。

在未来的智能制造业中，CPS 对涵盖自动化、生产技术、汽车、机械工程、能源、运输以及远程医疗等众多工业部门、应用领域，具有非常重要的意义。因 CPS 而实现的许多应用，将产生新附加价值链和业务模式。CPS 不仅可以降低实际成本，提高能源、时间等的效率，还能降低 CO_2 排放水平，在保护环境上发挥重大作用。

因为 CPS 的存在，智能工厂的生产系统、产品、资源及处理过程都将具有非常高水平的实时性，同时在资源、成本节约中更具优势。智能工厂将按照重视可持续性的中心原则来设计，因此，服从性、灵活性、自适应性、学习能力、容错能力甚至风险管理都是其中不可或缺的要素。智能工厂设备的高级自动化，主要是由基于自动观察生产过程中 CPS 生产系统的灵活网络来实现的。通过可实时应对的灵活的生产系统，能够实现生产工程的彻底优化。同时，生产优势不仅仅是在特定生产条件下的一次性体现，还可以实现多家工厂、多个生产单元所形成的世界级网络的最优化。

相对于传统制造工业，以智能工厂为代表的未来智能制造业是一种理想的生产系统，能够智能编辑产品特性、成本、物流管理、安全、信赖性、时间以及可持续性等要素，从而为各个顾客进行最优化的产品制造。这样一种"自下而上"型的生产模式革命，不但能节约创新技术、成本与时间，还拥有培育新市场机会的网络容量。

第三节 日本智能制造战略

一、日本新机器人战略

尽管日本没有蓬勃全面的工业软件产业，但日本在某些软件领域颇有建树。作为全球第三大经济体的日本，在软件销售方面曾经仅次于美国，其嵌入式软件能力突出。甚至独立研究机构对日本软件质量与软件生产率做出的排名远在美国之上。然而，日本的软件产品与服务，仍然缺乏全球存在感，最主要原因就是在强大的软件开发过程能力与虚弱的产品创新能力之间的巨大鸿沟。Michael Cusumano 将这一矛盾称作"日本软件业的迷思"。

日本 IT 公司大多分布于软件密集度较低的行业。美国软件产业优于日本的原因在于美国的先发优势，这是由美国的研发政策以及大学层面计算机科学教育的领先发展所推动的，其优势延续至今。比如，美国五分之一的软件开发者接受过研究生教育，而日本只有十分之一。在博士学位方面的差距甚至更大。但值得一提的是，全球软件外包市场规模达到 1000 亿美元，而日本一家就占了十分之一。日本企业注重嵌入式软件的开发。比如，数控机床、智能机器人和汽车，是日本嵌入式软件的三大载体。事实上，日本几乎所有带有数字接口的设备，比如手表、微波炉、手机、数字电视、汽车等都使用了嵌入式系统，并且嵌入式软件涉及的领域非常广泛。所以，这些足以让日本在微小精尖的电子产品称霸全球几十年。但发展畸形的工业软件体系是无法长期为日本制造业保驾护航的，因此这也是近年来日本制造业呈现明显的下滑态势的原因。

二、日本"创新 25 战略"

在"创新 25 战略"提出之前，日本政府就已经致力于建设信息社会，以信息技术推动制造业的发展，增强产业竞争力，从而提出了"U-JAPAN战略"，目的在于建设泛在信息社会。其主要关注网络信息基础设施、ICT（Information and Communication Technology）在社会各行业的运用、信息技术安全和国际战略四大领域。一方面，在泛在网络（人与人、人与物、物与物的沟通）发展方面，形成有线、无线无缝连接的网络环境；建立全国性的宽带基础设施以推进数字广播；建立物联网，开发网络机器人、促进信息家电的网络化。另一方面，通过促进信息内容的创造、流通、使用和ICT人才的培养实现ICT的高级利用。因此，"U-JAPAN战略"计划在ICT基础设施、物联网等领域取得了一系列成就，为"创新25战略"的实施奠定了基础。

2006年10月，日本内阁特别顾问黑川清在首相安倍晋三的指导下，领导科学界和产业界的6位资深人士开始起草日本创新立国的政策路线图——《创新25战略》。2007年6月1日，日本内阁正式审议通过了《创新25战略》，并付诸实施。这项新战略首先设想今后20年，日本将面临三大挑战：人口急剧老龄化，婴儿出生率迅速下降；知识社会、信息化社会和全球化加速发展，知识和智力竞争将成为国际竞争主流；环境恶化、天气异常、能源短缺、传染病蔓延等威胁地球，可持续发展的课题增加。

为此，《创新25战略》认为，在全球大竞争时代不可或缺的是，通过科技和服务创造新价值，进步生产力，促进经济的持续增长；勇敢地应对环保、节能和人口老龄化等挑战，不仅能够为改善本国人民生活和推动经济发展提供支撑，还可以为世界做出贡献；建设能够充分发挥个人能力的社会，利用科技和新服务消除疾病、语言和信息等障碍。因此，日本现在需要进行创新。

该战略指出，日本政府希望通过创新，到2025年把日本建成终身健康的社会、安全放心的社会、人生丰富多彩的社会、为解决世界性困难做出贡献的社会和向世界开放的社会。

《创新25战略》为日本创新立国制定了具体的政策路线图。日本政府在实施这一战略时必须依靠：推进跨部分的政策；提供多样化政策分支的框架；立足于国内外居民的视点；实现地区独立并使其布满活力的框架；不是政府主导，而是最大限度地发挥民众活力的框架；重视国际市场和贡献的战略；构建培育企业家的社会体制；以公共利益为目标开展非营利组织活动，并培育和资助社会企业家；确立从物到人的活动；国民意识改革。政策路线图主要包括"社会体制改革战略"和"技术革新战略路线图"两部分。"社会体制改革战略"包括146个短期项目和28个中长期项目，旨在改善社会环境（包括社会制度和人才等），促进创新。

"技术革新战略路线图"主要包括四个方面的内容：

（1）大力实施技术创新项目，加快还原于社会。为了让国民能够亲身感受到创新，日本政府将灵活利用特区制度等措施，通过官民合作和跨部门合作，实施灾难信息通信系统、高速道路交通系统和家庭医疗看护等实证项目。

（2）推进不同领域的战略性研发。根据2006年3月综合科学技术会议颁布的《不同领域的推进战略》，有选择地、集中地实施研发。制定生命科学、纳米技术等重点领域的研发路线图，从战略上推进研发。

（3）推进富有挑战性的基础研究。

（4）强化进行创新的研发体制。进行制度改革，以增强独立行政法人研发机构的研发实力；促进民间研发活动的开展。

2007年6月1日，为了根据《创新25战略》这一战略指针长期推进各项创新政策，日本内阁决定在政府内部设立"创新推进本部"，由首相担任本部长。日本内阁特别顾问黑川清在接受美国《科学》杂志记者采访时曾指出，《创新25战略》是日本政府的一个战略声明，政府的所有部门都必须遵循这一创新政策路线图。黑川清认为，《创新25战略》中建议的举措，如将能源和环境技术发展作为经济发展的动力，大幅增加教育经费，改革日本的大学等是提升日本创新能力的关键。

三、技术创新战略

2008年，基于"创新25战略"和第三期《科学技术计划》的基本立场和基本目标，日本政府提出了《技术创新战略》，主要围绕提升产业竞争力等方面进行政策设计。

为强化制造业竞争力，2011 年，日本发布了第四期《科技发展基本计划（2011—2015 年）》。该计划主要部署多项智能制造领域的技术攻关项目，包括多功能电子设备、信息通信技术、精密加工、嵌入式系统、智能网络、高速数据传输、云计算等基础性技术领域。日本通过这一布局建设覆盖产业链全过程的智能制造系统，重视发展人工智能技术的企业，并给予优惠税制、优惠贷款、减税等多项政策支持。以日本汽车巨头本田公司为典型，该企业通过采取机器人、无人搬运机、无人工厂等智能制造技术，将生产线缩短了40%，建成了世界最短的高端车型生产线。日本企业制造技术的快速发展和政府制定的一系列战略计划为日本对接"工业 4.0"时代奠定了良好的基础。

第十一章
中国发达地区智能制造强省建设经验

第一节　广东省

2021 年 6 月 30 日，广东省人民政府印发《广东省制造业数字化转型实施方案（2021—2025 年）》和《广东省制造业数字化转型若干政策措施》，提出了聚焦制造业企业以及产业链、供应链，运用工业互联网、大数据、云计算、人工智能、区块链等数字技术，以数据为驱动，对研发设计、生产制造、仓储物流、销售服务等业务环节，进行软硬结合的数字化改造，推动制造业企业生产方式、企业形态、业务模式、就业方式的全方位变革，重构传统工业制造体系和服务体系，促进产业链、供应链高效协同和资源配置优化，催生新模式新业态。为实现制造业数字化转型升级，提出了建设"两大产业集群"、实施"四条转型路径"、夯实"五大基础支撑"和落实"六大保障措施"。

一、建设"两大产业集群"

战略性支柱产业集群：支撑广东经济稳定发展的十大战略性支柱产业集群，包括：新一代电子信息、绿色石化、智能家电、汽车产业、先进材料、现代轻工纺织、软件与信息服务、超高清视频显示、生物医药与健康、现代农业与食品等。

战略性新兴产业集群：引领带动广东经济发展的十大战略性新兴产业集

群，包括：半导体与集成电路、高端装备制造、智能机器人、区块链与量子信息、前沿新材料、新能源、激光与增材制造、数字创意、安全应急与环保、精密仪器设备等。

二、实施"四条转型路径"

第一，推动行业龙头骨干企业集成应用创新。实施标杆示范工程，加强工业互联网应用创新标杆示范、5G全连接工厂标杆示范和智能制造试点示范。通过"一企一策"推动行业龙头骨干企业开展集成应用创新，进一步加强数字化顶层设计，推动生产设备与信息系统的全面互联互通，促进研发设计、生产制造、经营管理等业务流程优化升级。鼓励行业龙头骨干企业牵头建设工业互联网平台，开放先进技术、应用场景，将数字化转型经验转化为标准化解决方案向行业企业辐射推广。实施国有企业数字化转型专项行动，进一步加强集团管控能力，提升运营效率，优化业务流程，打造行业数字化转型样板。

第二，推动中小型制造企业数字化普及应用。实施上云上平台工程，包括设备、研发、供应链和运营管理上云上平台。通过"一行一策"推动中小型制造企业加快数字化普及应用，加快"上云上平台"，融入产业链、供应链。分行业制定中小型制造企业"上云上平台"产品目录，推动企业应用低成本、快部署、易运维的工业互联网解决方案，加快工业设备和业务系统"上云上平台"。采取"平台让一点、政府补一点、企业出一点"的方式，进一步降低企业"上云上平台"门槛和成本。鼓励工业互联网平台联合数字化转型服务商，打造深度融合行业知识经验的系统集成解决方案。梳理一批典型应用场景，发掘一批优质应用产品和优秀应用案例予以全面推广。

第三，推动产业园和产业集聚区数字化转型。实施产业园和产业集聚区数字化工程，打造制造能力共享、创新能力共享、服务能力共享、管理能力共享。通过"一园一策"推动产业园和产业集聚区加快数字化转型，支持平台企业、基础电信运营企业、制造业数字化转型服务商等组建联合体，面向产业园、产业集聚区企业，实施内外网升级和数字化改造，打通数据链、创新链、产业链，推动园区产业链企业整体数字化升级。围绕资源共享、协同制造、场景共建等方面开发并推广先进适用的数字化解决方案。推动面向重点区域的特色型工业互联网平台在"块状经济"产业集聚区落地，发展中央工厂、协同制造、共享制造、众包众创、集采集销等新模式，提升区域制造资源和创新资源的共享和协作水平。

第四，推动产业链、供应链数字化升级。实施产业链、供应链协同创新工程，推动上下游协同、产供销协同、大中小协同。通过"一链一策"推动重点行业产业链、供应链加快数字化升级，支持"链主"企业、第三方机构等应用新一代信息技术打通产业链、供应链，加快推进商业模式创新，构建工业互联网平台生态，基于平台开展协同采购、协同制造、协同配送等应用，赋能产业链、供应链相关企业协同发展，提高产业链协作效率和供应链一体化协同水平。优化产业链结构与空间布局，支持产业链、供应链企业加快向价值链中高端攀升，构建高效协同、安全稳定、自主可控并富有弹性和韧性的新型产业链、供应链体系。

三、夯实"五大基础支撑"

第一，推动工业软件攻关及应用。支持行业龙头骨干企业牵头建设工业软件攻关基地，开展关键软件核心技术攻关，打造安全可控的行业系统解决方案。省财政对工业软件研发予以适当补助，对制造业企业应用安全可控的工业软件、行业系统解决方案等实施数字化改造予以适当支持。鼓励各地市加大对工业软件研发支持力度，并为工业软件攻关基地建设提供场地、人才、资金等支持。支持地市采取事后奖补方式支持工业软件"首版次"应用。鼓励高等院校、科研机构等使用安全可控的工业软件开展教学实验。

第二，发展智能硬件及装备。实施"广东强芯"工程，推动自主可控工业级芯片应用。针对感知、控制、决策、执行等环节短板，突破一批基础零部件和装置。推动先进工艺、信息技术与制造装备深度融合。加快智能车间、智能工厂建设，带动通用、专用智能制造装备迭代升级。发展智能网联装备，支持工业企业运用数字化、网络化技术改造生产设备，提升核心装备和关键工序的数字化水平，推动人工智能、数字孪生等新技术创新应用，研制推广新型智能制造装备。

第三，培育工业互联网平台。面向制造业数字化、网络化、智能化需求，构建基于海量数据采集、汇聚、分析的服务体系，支撑制造资源泛在连接、弹性供给、高效配置的工业云平台。其本质是在传统云平台的基础上叠加物联网、大数据、人工智能等新兴技术，通过构建精准、实时、高效的数据采集体系，建设包括存储、集成、访问、分析、管理功能的使能平台，实现工业技术、经验、知识的模型化、软件化、复用化。

第四，完善数字化基础设施。加快5G、物联网、千兆光网等新型网络规模化部署，支持企业开展内外网升级改造。鼓励电信运营商创新5G商业模式，制定面向工业应用的5G资费减免政策，降低工业企业内外网改造和使用成本。加大力度支持建设推广工业互联网标识解析二级节点。

第五，构建数字化安全体系。重视数字化安全保障，实施工业互联网企业网络安全分级分类管理制度，深入开展宣标贯标、达标示范。落实企业安全防护主体责任，引导企业建立完善技术防护体系和安全管理制度。完善覆盖省、市、企业的多级工控信息安全检测预警网络。加强网络安全产业供给，支持中小型制造企业"安全上云"。支持龙头骨干企业建设安全公共服务平台，为中小型制造企业提供网络安全技术服务。强化网络安全技术保障能力，加快工业互联网安全技术保障平台建设，支持重点企业建设安全态势感知和综合防护系统。

四、落实"六大保障措施"

第一，加强统筹协调。在省制造强省建设领导小组框架内，设立省制造业数字化转型工作组，依托战略性产业集群"五个一"工作体系（一张龙头骨干和隐形冠军企业清单、一份重点项目清单、一套创新体系、一个政策工具包、一家战略咨询支撑机构），统筹谋划和推进全省制造业数字化转型工作。充分发挥制造业数字化转型专家咨询委员会以及相关科研机构、智库作用，开展制造业数字化前瞻性、战略性重大问题研究。建立制造业数字化转型监督评价和定期报告机制，加强跟踪督导。

第二，加大政策支持。强化省、市、县（市、区）联动，鼓励各地"因地制宜"制定差异化的政策措施，形成政策合力，重点支持广州、深圳、佛山、东莞等地打造制造业数字化转型示范城市。统筹现有各类专项政策，并进一步加大政策支持力度，创新资金使用和项目管理方式，充分发挥财政政策引导和资金扶持作用。

第三，强化人才支撑。加快引进培育制造业数字化领域的高层次、复合型人才，健全人才评价机制。加强高校、职业院校、技工院校等制造业数字化领域相关学科和专业建设，推进产教融合、校企合作，培养制造业数字化专业人才。加强制造业人才政策宣传解读和社会舆论引导，营造引才聚才用才的良好氛围。

第四，加强金融服务。鼓励银行等金融机构深度参与制造业数字化转型，在业务范围内与工业互联网平台、制造业数字化转型服务商开展合作，创新产融合作模式。推动金融机构、核心企业、政府部门、第三方专业机构等各方加强信息共享，依托核心企业构建数字化的信用评估和风险管理体系。

第五，提升公共服务。强化数据要素支撑，探索推动工业数据的采集、传输、加工、存储和共享，推进工业大数据分级分类。支持制造业企业、行业协会等参与制定制造业数字化领域相关国家、行业标准和团体标准。加强两化融合管理体系贯标。依法保护工业互联网平台和工业软件知识产权和专利成果，加强知识产权储备和管理。

第六，营造良好环境。深化简政放权、放管结合、优化服务改革，放宽制造业数字化相关产品和服务的准入限制，扩大市场主体平等进入市场范围。进一步清理制约人才、资本、技术、数据等要素自由流动的制度障碍，营造有利于新一代信息技术与制造业融合发展的良好制度环境。鼓励优秀平台企业、制造业数字化转型服务商积极"走出去"。加强制造业数字化转型经验模式总结和宣传推广。

第二节　江苏省

一、"智改数转"行动方案

江苏省坚持把数字经济作为江苏转型发展的关键增量，加快推进数字产业化、产业数字化，深化实施先进制造业集群培育和产业强链行动计划，促进制造业高质量发展。为推动全省制造业智能化改造和数字化转型，从龙头骨干企业、中小企业、产业链入手，提出了"十大工程"和"六项保障"。

"十大工程"：一是龙头骨干企业引领工程。对标世界智能制造领先水平，支持行业龙头骨干企业开展集成应用创新。分行业分领域制定智能制造示范标准，每年认定一批省级智能制造示范工厂、示范车间和工业互联网标杆工厂、5G全连接工厂，加快形成"一行业一标杆"。二是中小企业"智改数转"推进工程。依托"e企云"等平台，加快建设江苏省中小企业"智改数转"云服务平台。制定"上云用平台"产品目录，每年重点培育1000家星级上云企业。通过政府采购，省、市、县对规上中小工业企业协同开展智能制造免费诊断服务，推行智能制造顾问制度，帮助企业提供解决方案。三是产业链"智改数转"升级工程。支持"链主"企业基于产业链协作平台开展协同采购、协同制造、协同销售和协同配送等应用，提高产业链协作效率。支持"链主"企业推行数字化交付，带动上下游企业数字化协作和精准对接，培育数字化产业生态。四是工业互联网创新工程。支持综合型、特色型和专业型工业互联网平台建设，推动平台汇聚工业大数据、工业APP和数字化转型解决方案等赋能资源。推动"5G＋工业互联网"场景应用。强化工业大数据产品及服务供给。五是领军服务商培育工程。分类制定标准，遴选建立全省"智改数转"

生态资源池。支持制造业龙头企业剥离"智改数转"业务部门成立独立法人。鼓励引进优秀服务商，支持符合条件的数字化转型服务商在境内外证券交易所上市。建立服务绩效考核评价机制，对考核优秀的服务商给予支持。六是自主可控工业软件应用工程。支持围绕企业"智改数转"需求开展工业软件技术攻关、产品研发和解决方案集成，支持工业软件开源生态建设。发布首版次工业软件应用推广指导目录，促进更多工业软件进入国家工业软件供给能力清单，鼓励制造业企业运用目录和清单内软件产品推进"智改数转"。七是智能硬件和装备攻坚工程。分行业梳理智能硬件和装备供给短板，支持企业研发智能制造设备。支持企业集成应用数字化技术对主要生产线进行智能化改造，提升核心装备和关键工序的数字化水平。八是工业互联网支撑工程。组织制造业企业与网络运营商对接合作，加快改造企业内网。推动企业外网建设，建成覆盖重点产业集群聚集区域的"双千兆"高速网络。优化全省数据中心布局，推动智能计算、边缘计算等新型算力供给。支持企业建设标识解析二级节点及数字运营中心。九是工业信息安全保障工程。完善工业信息安全风险评估、信息通报、应急处置等制度，保障数据安全和运行安全。完善工业信息安全态势感知网络，建设省级工业互联网安全信息共享与应急服务协同保障平台，培育工业信息安全防护星级企业。十是优秀解决方案推广工程。总结提炼"智改数转"经验做法，每年征集和遴选应用场景和实践案例。通过国家和省应用创新体验（推广）中心、区域一体化公共服务平台，开展各类供需对接活动，加大优秀方案和实践案例的宣传推广。

"六项保障"：一是加强工作统筹。省制造强省建设领导小组办公室统筹推进制造业"智改数转"工作，成立江苏省制造业"智改数转"战略咨询工作专家组，开展制造业数字化前瞻性、战略性重大问题研究，分类制定"智改数转"推进指南。各地人民政府主要负责人要亲自抓本地区制造业"智改数转"工作，强化政策措施落地见效。支持制造业企业、智库单位、行业协会等牵头或参与制定制造业数字化领域相关国家、行业和地方标准。二是加大政策支持。省级财政每年安排12亿元专项资金，采取贷款贴息、有效投入补助等方式，支持工业企业"智改数转"。进一步提高效率，优化流程，加强动态评价，建立项目库管理制度，试行"当年入库、优化安排、滚动调整"，切实发挥好财政资金的引导作用。鼓励有条件的地方在省级财政补助的基础上，给予一定比例的配套补助，形成政策叠加效应。研究制定"智改数转"费用纳入研发费用范围指引，引导企业更多享受税收优惠政策。三是强化人才支撑。发挥省重大人才工程引领作用，搭建"智改数转"人才智库平台，加快建设一批高水平人才创新载体，聚焦"高精尖缺"引进"智改数转"领域的战略科学家、科技领军人才和创新团队。开展制造业"智改数转"人才培养试点，推进产教融合、校企合作，培养制造业"智改数转"卓越工程师及青年科技人才。实施数字化技能人才培训工程，依托工业互联网平台建设制造业数字化人才公共实训基地，培育一批高技能人才和大国工匠。组织举办各类专题培训班，营造引才聚才用才的良好氛围。四是创新金融服务。支持金融机构创新金融产品和服务，开设"专精特新"企业金融服务绿色通道，推动投贷联动。鼓励金融企业运用大数据探索产融合作新模式，推进基于工业互联网平台的产融协作服务创新。引导金融机构增加制造业中长期贷款，支持中小企业设备更新和技术改造。支持企业通过融资租赁方式开展"智改数转"，融资租赁费用可享受同等财政补助政策。五是实施跟踪监测。探索建立制造业"智改数转"成效评估指标体系，开展全省制造业"智改数转"监测工作，为政策研究、宏观决策等提供支撑。建立情况通报制度，定期反映各地工作目标任务完成情况。邀请第三方咨询机构开展行业"智改数转"评估诊断，帮助解决行业转型过程中遇到的共性问题。强化数据要素支撑，探索推动工业数据的采集、传输、加工、存储和共享，促进数据开放利用。六是营造良好环境。组织行业龙头企业、科研院所、技术专家总结"智改数转"成果和经验，加强技术交流，凝聚发展共识。积极开展多种形式精准化宣传推广对接，开展制造业"智改数转"环省行、区县行、进园区等活动，宣传制造业"智改数转"典型案例、解读相关政策，扩大示范带动效应。高质量举办世界智能制造大会、世界物联网博览会、中国（南京）国际软件产品和信息服务交易博览会、世界工业与能源互联网暨国际工业装备博览会等，打造专业化、国际化、高水平的"智改数转"交流合作平台。

二、智能制造强区典型案例

以江苏南京江宁区为例，江宁开发区深入贯彻江苏省委省政府决策部署，在省市区工业和信息化部门大力支持下，坚持把数字经济作为转型发展的"关键增量"，获批国家工业互联网推动数字化创新领先园区，全省首批工业互联网标识示范区，大力创建全省首批"5G+工业互联网"融合应用先导培育区，标杆创建位居前列，优秀案例持续涌现，领军服务商组团输出，全力强化"三个做实"，数字化发展保持昂扬势头。

江宁开发区以"做实软硬件配套建设，打造全国一流的数字化沃土"为目标，部署5G基站超1200座；依托未来网络试验设施、紫金山实验室等创新核心和电信、曙光等计算核心，建设工业互联网高质量外网。打造了近70多家由"中字头"国家队、知名外企和成长迅速的民企组成的服务商体系，各类企业都能找到对口"转型助手"。培育科远等省级以上平台8家，省工业互联网服务资源池19家，省领军服务机构2家，国家级实训基地2家，支持服务商形成品牌向外辐射，仅去年1年主要服务商就带动长三角区域500余家企业加速数字化转型。

做实产业生态构建，打造"自我生长"的发展格局。完善产业数字化专项扶持政策；提出企业转型四个驱动力（整体解决方案需求、未来发展战略趋势需求、生产过程精益化需求和信息安全防护需求）和四类价值（降低生产和财务成本、提高供应链管理水平、提升生产研发管控和提高综合发展效益）。构建由管委会为引导、工业企业为主体、服务商为支撑，协同运营商、高校院所、金融机构等积极参与的转型生态圈，混编组队，实施"入驻式"服务，坚持服务商培育和工厂智能化改造两手抓；因业施策、试点推广，特别是注重发挥链主企业引领，让发展红利从20%头部企业，延伸到60%腰部企业，着力破解"不愿转、不敢转、不会转"难题；承办第二届智能制造创新大赛全国总决赛，举办第六届未来网络发展大会；从"我要办活动"向"让企业提活动"转变，年度开展 20 余场培训和对接，覆盖超千家次企业。

进入"十四五"时期，下一步，江宁开发区将充分发扬"四敢"精神，实施产业数字化"747"计划，聚焦 7 大产业集群（绿色智能汽车主导产业集群、智能电网特色产业集群和五大新兴产业集群），按照龙头企业"一企一策"、中小企业"一行一策"、产业链"一链一策"、区域特色平台"综合施策"等 4 大转型路径，全力夯实设施网络、工业互联网平台、信息安全、工业软件、制造业服务化、产业生态和绿色制造 7 大支撑，进一步实现产业数字化广度、高度和亮度全面提升，为全省智能化改造数字化转型贡献智慧和力量，再建新功。

第三节　浙江省

一、明确制造强省建设目标任务

2019 年 12 月，制定《浙江制造强省建设规划纲要》并征求社会各界意见，2020 年 2 月印发《制造强省建设行动计划》，在"八八战略"指引下，以供给侧结构性改革为主线，聚力打好产业基础高级化、产业链现代化攻坚战，提高制造业创新能力，优先发展数字经济，加快新动能培育和传统制造业改造提升，优化空间布局和产业结构，增强企业及产品竞争力，推动更高水平对外开放，加快制造业绿色发展，提升经济治理效能，推动制造业质量变革、效率变革、动力变革，巩固提升制造业在国民经济中的支柱地位和辐射带动作用，为制造强国建设作出新贡献。

四大战略定位。（1）全球先进制造业基地。健全体制机制，增强制造业创新策源能力，提升制造业国际竞争力，提高制造业在全球价值链中的地位。（2）全球数字经济创新高地。优先发展数字经济，推动制造业加速向数字化、网络化、智能化发展，打造"三区三中心"，大幅提高数字经济对经济增长的贡献率。（3）全国制造业绿色发展标杆地。推行绿色生产方式，淘汰落后产能，建立生产高效、空间集聚、资源循环利用的绿色低碳产业链，推动绿色制造产业成为新支柱产业。（4）全国制造业高端人才集聚高地。建立更加开放、更有力度的高端人才引育工作体系，面向全球引进研发和高技能人才，完善产教融合培养人才机制，打造全国人才生态最优省。

九个重点领域。（1）新一代信息技术产业。突破集成电路自主芯片关键核心技术，打造国家重要的集成电路产业基地。聚力打造世界级数字安防产业集群。发展壮大网络安全产业。（2）工业互联网。完善"1+N"工业互联网体系，健全网络、平台、安全功能，打造全国工业互联网发展示范区。集聚发展工业互联网小镇（园区）。（3）生物医药和高性能医疗器械。突破制药关键技术，发展生物技术药物，加快开发原研药、临床短缺药品，研制疗效确切、临床价值高的中药新药，基本建成国内领先的生物医药制造中心、研发外包与服务中心和国际知名的医药出口制剂基地。建成"五大疾病"防治器械制造高地和全国重要的医疗器械产业集聚区。（4）新材料。加快发展性能优异的先进基础材料。大力发展填补国内空白的关键战略材料。推进重点品种产业化及规模化应用，打造具有全球竞争力的高性能纤维及复合材料、高端磁性材料、氟硅钴新材料、光电新材料等特色产业基地。（5）汽车产业。突破整车关键核心技术，推进燃油汽车转型升级，发展新能源汽车。创新发展关键零部件，强化整零协同，建成全国汽车创新高地。打造国家级车联网先导区和国内领先的智能网联汽车现代产业集群。（6）高端装备。突破关键共性技术，建成全国智能装备产业高地。着力在节能环保装备、轨道交通装备、现代农业智能装备、高端船舶和海工装备、航空航天装备等领域建成一批国内重要的装备制造基地。（7）绿色石油化工。打造绿色石化制造业集群。（8）新能源及新能源装备。开展氢能应用试点，建成国内氢能产业高地。突破风电技术，发展核心装备，打造风电装备研制高地。突破核电技术与装备，打造国内重要的核电服务与关联装备制造基地。突破光伏技术与设备，打造光伏产业及应用高地。（9）现代纺织与时尚轻工。突破差异化生产技术和新型加工技术，推广应用绿色印染技术，打造世界级现代纺织产业集群。突破节能、智能技术，建成具有国际影响力的中高端家电生产基地。发展功能型、装饰型智能家居产品，建成国内领先的中高端家具研发、设计、生产基地。

二、推进先进制造业集群建设

立足建设全球先进制造业基地战略目标，加快推进"415X"先进制造业集群建设。

2022年9月，浙江省人民政府印发《关于高质量发展建设全球先进制造业基地的指导意见》，围绕建设全球先进制造业基地，提出制造业增加值占全省生产总值比重、劳动生产率、研发经费投入、数字经济核心产业增加值占比、高技术制造业增加值占比、工业单位增加值能耗下降等目标。《指导意见》明确，到2025年，全球先进制造业基地建设取得重大进展，以"415X"产业集群为"柱"，"双核一带一廊"空间布局为"梁"的全球先进制造业基地"四梁八柱"得到全面巩固拓展，浙江制造在全球价值链创新链产业链的位势明显提升。到2035年，成为全球数字变革创新地、全球智能制造领跑者、全国绿色制造示范区，基本建成全球先进制造业基地。同时，为保障目标实现，《指导意见》还提出了创新财税支持政策、实施融资畅通工程、优化能耗资源配置、加强工业用地保障四方面措施。

2023年2月，浙江省人民政府印发《浙江省"415X"先进制造业集群建设行动方案（2023—2027年）》，提出以高端化智能化绿色化国际化为主攻方向，以"腾笼换鸟、凤凰涅槃"为主要抓手，到2025年，全球先进制造业基地建设取得重大进展，由4个世界级先进产业群、15个"浙江制造"省级特色产业集群（以下简称省级特色产业集群）和一批高成长性"新星"产业群等构成的"415X"先进制造业集群体系基本形成，全要素生产率显著提升，"浙江制造"高端化智能化绿色化国际化水平持续领跑全国。重点实施空间腾换行动，优化制造业发展空间；实施招大做强行动，夯实制造业发展根基；

实施企业优强行动，提升制造业效率效益；实施品质提升行动，打响"浙江制造"品牌；实施数字赋能行动，引领制造业变革重塑；实施创新强工行动，增强制造业发展动能等六个方面的主要任务。

三、重视科技创新建设

2023年2月，浙江省政府印发《浙江省"315"科技创新体系建设工程实施方案（2023—2027年）》，加快建设高水平创新型省份和科技强省，到2027年，具有全球影响力的科创高地和创新策源地建设取得更大突破，高水平创新型省份和科技强省建设取得更大进展，体系化创新能力和整体效能大幅提升。其中，"315"指的是"互联网＋"、生命健康、新材料三大科创高地，云计算与未来网络等十五大战略领域。在重点任务方面，提出了实施六大行动：实施重大科创平台提能造峰行动、实施关键核心技术攻坚突破行动、实施创新链产业链深度融合行动、实施战略人才力量集聚提质行动、实施全域创新能级跨越提升行动和实施开放创新生态深化打造行动。

第四节　山东省

山东加快建设先进制造业强省，主要开展了以下重点任务。

一是着力激发创新动能。狠抓技术攻关，突破"卡脖子"技术、行业共性技术、颠覆性技术；狠抓成果转化，院校、市场、政府三方协同发力；狠抓人才引育，加强精准培育，注重灵活引用。

二是着力强化数字赋能。提速产业数字化转型，转要有标杆、有依托、有动力、有实效；建强用好工业互联网，加快推进"云行齐鲁·工赋山东"行动，以园区为单位试点，以行业为单位推广；培育壮大数字产业，稳固核心板块，拓展优势板块，培植潜力板块。

三是着力做优产业生态。加快搭建优质企业梯度培育体系，深入实施标志性产业链突破工程，夯实载体、服务、政策支撑，打造系统完备、互联共生、创新活跃、安全稳定的产业生态。

四是着力推进绿色转型。能源消费要清洁低碳，着力控总量、降强度、调结构；资源利用要循环高效，加快打造一批"无废园区""无废工厂"；生产制造要绿色环保，抓好过程控制和末端治理。

五是着力提升供给质量。扎实推进制造业供给侧结构性改革，注重加强需求侧管理，大力提升"好客山东 好品山东"品牌影响力，大力发展制造新模式，大力推动内外贸一体化。

六是着力稳运行稳预期。盯住重点市县、重点行业、重点企业，支持企业适度存储重要原材料和关键零部件，落实用好"政策包"，发挥"四进"工作队作用，畅链保供、助企纾困。

七是强化组织保障。加强组织领导，制造强省建设领导小组要发挥好牵头抓总作用，省直有关部门要紧密协作、齐抓共管，各市县要把制造业发展摆在突出位置，主要负责同志要亲自部署、狠抓落实。优化发展环境，提升服务效能，畅通对接渠道，改进执法检查，全力打造市场化、法治化、国际化营商环境。强化要素保障，推动更多要素资源向先进制造业重大项目倾斜。大力弘扬企业家精神和工匠精神，营造坚守实业、崇尚制造的浓厚氛围，凝聚建设先进制造业强省的强大合力。

第十二章
当前智能制造关键基础性产业发展态势分析

第一节　装备制造智能化生产

装备制造包括通用机械、专用机械、汽车、铁路、船舶、航空航天等行业门类。基于装备制造行业智能制造示范工厂场景建设，装备制造行业智能工厂建设以满足复杂系统产品研制的数字化设计与柔性化生产为切入，加速供应链协同，并探索服务化衍生。

首先，装备产品的愈发复杂的本体系统结构和机电软一体化集成的发展趋势对企业研发能力和制造能力均提出了较高的要求，亟须采用数字化技术赋能解决复杂系统研制效率和质量问题；其次，装备产品集成性和组装性特点带来了复杂的配套协作关系，应用数据打通供应链，实现协同是化解复杂配套协作的必然路径；同时，装备智能化水平提升，应用数据开展远程诊断和运维是确保装备良好运行，为客户持续创造价值的有效手段。因此，装备制造行业智能工厂形成了四类特色模式。

一是基于模型的协同设计。应用基于模型的定义、数字孪生等技术，依托协同设计平台，开展复杂系统的多专业协同数字化设计，分析优化和虚拟验证。中煤科工应用三维设计手段构建产品的多学科虚拟样机，并利用数字样机开展仿真分析、虚拟验证和设计优化。江铃底盘则探索产品模块化设计，构建车桥总成模块化设计方案，根据客户配置参数匹配车桥基础平台开展快速三维设计与仿真。

二是动态资源配置和柔性加工装配。通过数据的高效流动实现复杂系统制造过程的动态资源组织、柔性生产作业和精准运营管控。上海航天依托柔性喷涂机器人，应用数据分析实现工件自识别、参数自调用和轮廓自适应的小批量、多品种涂装生产。而广州汽车则在车身自动焊装产线的基础上应用视觉引导、车型派生识别、柔性定位等技术，满足大批量定制需求。

三是供应体系网络化协同。基于数据贯通多级供应商体系，打造供应链协作网络，高效配置全链条资源，提升装备研发、生产和运维等业务效率。航发商发依托云平台构建供应链协同平台，建立供应商制造过程协同流程和数据共享模型，实现供应链研发和制造过程协同管理。一汽集团则通过供应商管理系统与供应商生产执行、仓储系统集成，供应商根据主机厂生产时序做订货配送，实现拉动式供应链。

四是智能产品与衍生服务。依托数字化、智能化装备打造全生命周期数据入口，依托数据分析开展故障诊断、远程运维等衍生服务。中车四方机车关注产品实时监控和动态运维，依托轨道交通一体化数据传输体系对轨交装备开展远程健康监控与预测性维护。博创智能则依托注塑机云平台，为客户提供注塑机健康监控、预测性维护等服务，同时依托数据分析创新注塑机共享租赁等服务。

第二节　电子信息产业智能制造

电子信息包括电子元器件、集成电路、计算机、信息通信设备、消费电子等行业门类，以离散制造为主，且细分行业产品和生产特点差异较大。基于电子信息行业（主要是信息通信终端设备和消费电子器件）智能制造示范工厂场景建设，电子信息行业智能工厂建设关注适应订单变化的柔性可重构生产与制程工艺的数字化设计，加速探索供应链弹性管控。

首先，电子信息行业，电子产品存在订单种类多、更新换代快等特点，需要提高生产系统柔性，具备一定的可重构能力来适应动态变化的订单生产需求。其次，电子产品的制程精密复杂，需要借助数字手段设计、验证和优化制程工艺设计。同时，部分高端电子产品的供应链存在断供等异常，通过数字手段监控和调度供应链资源是提高供应链韧性，保障订单交付的有效手段。

电子信息行业智能工厂形成了三类特色模式。

一是快速可重构生产模式。应用包括5G、智能控制、柔性物流等技术，构建可重构柔性产线，能够根据订单变化快速调整设备布局、工艺参数和物流走向，实现多品种兼容。TCL关注快速换产，应用5G实现设备无线组网，便捷调整布局重构产线，并自动同步设备参数。而电科十四所则应用柔性数字定位及柔性装夹系统，实现多型号雷达不同结构天线阵面的精准拼接和智能装配。

二是数字化工艺设计与可制造性分析。全面应用数字化模型表达电子产品工艺设计，进而开展布线、封装、标贴、装配等可制造性分析，以及产线和物流的节拍、瓶颈仿真分析等。欣旺达电子对锂电池封装生产线进行三维建模以及运动仿真分析验证封装工艺设计的正确性和生产节拍的合理性。而烽火通信关注工艺知识应用，搭建工艺知识库，并基于规则对知识进行调用，实现知识驱动的快速工艺设计。

三是供应链精益化弹性管控。依托供应链系统集成，打通从订单到交付全流程供应链端到端数据流，进而优化资源配置效率，快速响应订单变化，降低供应链成本。歌尔声学强调供应链计划协同，依托供应链计划协同系统，发布近期确定和远期预测供货计划，并动态监控。亨通光电则关注供应链物料追踪，应用工业互联网标识技术追踪物料生产、库存、物流、交付全流程信息，优化资源配置。

第三节　原材料智能制造

原材料行业包括如钢铁、石化、有色、建材等行业门类，是典型的流程制造，运行过程通常伴随着物理化学性质的连续变化。基于原材料行业智能制造示范工厂智能场景建设，原材料行业智能工厂建设聚焦于全流程制造与安能环管理的智能优化，并积极探索全价值链协同优化。

首先，原材料行业制造过程机理复杂，流程间衔接要求高，难以完全依赖物理或者数学模型解析，"黑箱"特征明显，需要依托数字传感、先进控制和智能装备，取代人工控制、执行生产过程。其次，原材料行业生产环境具备高温高压、有毒有害、易燃易爆等特点，危险源点多面广，基于数字手段动态感知和精准识别安全风险，避免人工巡检的滞后，消除风险盲区，则尤其重要。同时，原材料行业由产品性质和工艺特点决定了高能耗、高排放和高污染的特点。近年来在严峻的节能环保压力下，迫切需要应用数字化技术强化能耗和排放监控能力，进而有效实现节能减排的社会责任。原材料行业智能工厂形成了四类特色模式。

一是全流程智能控制与实时优化。基于"数据分析＋工业机理"构建深度解析"黑箱"过程的模型系统，感知加工状态，决策最优操作参数，并实时响应控制。江西铜业通过对设备运行参数、控制参数和生产指标分析，构建数据模型，并叠加在常规控制逻辑上，实现磨浮生产效率和稳定性的智能优化控制。而国投生物燃料则通过对过程和最终产品的计量理化数据分析，结合细胞代谢动力学机理，构建解析过程参数和产品质量关系的模型，实时优化乙醇发酵过程参数，实现产品收率的提升。

二是全过程集成协同与全局优化。通过数据协同推动生产计划、排程调度和全流程控制的集成优化，实现计划、调度约束下装置和过程的全局最优化生产。中石油镇海炼化通过 ERP、RTO（实时优化）、APC（先进过程控制）

和 DCS（分布式控制）系统集成，生产计划直接驱动全流程各装置控制优化，实现全局经济效益的最大化。而宝武武钢则通过集中控制和 APS（高级计划排产）系统打通炼钢、连铸、轧钢三大工序，进行统一的排程调度和工序界面一体化优化，实现三大工序全局高效协同生产。

三是质能环一体化优化。基于生产过程数据采集分析，结合工业机理，实时优化工艺操作参数，并实现对装置能耗、排放和质量的一体化优化。酒钢集团应用炼铁能耗专业性机理模型和大数据人工智能模型对单个高炉炼铁过程参数动态调优，提高冶炼效率和质量的同时，减少高炉碳排放。而海螺水泥则是依托全流程智能生产控制平台，基于全流程数据分析建模实现多装置的工艺参数调优，降低生产能耗同时提升产出熟料质量。

四是全价值链协同优化。打通上游原料供应和下游用户销售，实时感知原料价格、供应量、市场需求以及销售价格等波动，进而动态优化生产运营。中石化天津分公司基于大数据分析原油价格和内外贸价格的走势来决策主要产品的产量和原料投入。而中铝萨帕特种铝材（重庆）则是打通上游原料供应和下游订单交付物流，利用启发式算法进行运输路径优化，确保原材料按时到货，订单能准时送达。

第四节　消费品智能制造

消费品行业包括食品饮料、生物医药、家电服装、家居日化等行业门类，涵盖离散和流程制造，以客户为中心组织生产是行业主要特点。基于消费品行业智能制造示范工厂场景建设，消费品行业智能工厂建设以个性需求驱动的柔性定制生产为切入，加速产供销一体化协同，进而推动业务精准创新。

首先，消费品行业长期处于低价位、同质化、走销量的竞争环境，追求高效率、低成本实现薄利多销倒逼企业应用数字化技术优化生产，改善管理；其次，传统以产定销模式难以适应市场变动进而造成库存积压，抬高成本，有必要打通供、产、销，基于销售拉动生产，向以销定产模式变革；同时，不断挖掘并满足消费者需求是可持续发展的关键，而推动消费侧和生产侧打通，基于客户数据洞察需求、创新产品和优化生产则提供了可行路径。消费品行业智能工厂形成了四类特色模式。

一是销售拉动的生产动态优化。基于市场、销售和客户的数据分析，预测市场走势、销售波动和需求变化，进而实时调整计划、生产策略，快速响应市场变化。浙江迎丰科技关注基于市场预测优化生产，利用销售和客户数据分析预测市场销量情况，进而动态调整生产计划和资源调度。而波司登服装则聚焦拉动式自动补货生产，通过门店款式销量数据分析预测补货量自动触发补货通知拉动生产。

二是基于数据协同的敏捷弹性供应链。通过打通供应商计划、生产和物料等环节，基于数据监控供应链状态，传递需求变化和生产异常，并动态调度供应链资源快速响应。维尚家具更关注定制产品的供应链准时配套，应用人工智能基于销量数据分析动态决策最优供应链安全库存，进而保障定制产品采购准时供货同时减少供应链库存成本。而天津伊利乳业则聚焦供应链全流程的可视化，通过不同工厂间生产、仓储系统对接，完整可视化监控生产、仓储、装箱、运输等全环节。

三是数据驱动的精准营销销售。通过线上线下多渠道采集消费者数据，通过数据分析构建消费者精准画像，进而洞察需求，针对性开展营销销售活动。光明乳业通过消费者数据采集分析，构建360度消费者家庭画像，进而策划精准营销活动。而东阿阿胶则关注应用多渠道销售数据分析，构建客户画像及供需预测模型，动态预测和调整不同渠道销售计划。

四是消费者驱动的业务创新与运营优化。通过生产系统和消费互联网端到端打通，消费者数据能够直接反馈到生产、设计等更前端的环节，驱动产品创新、生产模式和商业模式变革。维尚家具为消费者提供家居个性化定制设计，基于客户需求挖掘，应用模块化设计快速产生和交互家居设计。伊利聚焦从线上、线下多渠道采集产品评论和建议信息，通过数据分析识别产品改进点进而驱动产品优化。

第五节 先进制造业智能化

一、国内先进制造业发展重点

"十四五"规划纲要指明提升制造业核心竞争力的八大方向：高端新材料、重大技术装备、智能制造与机器人技术、航空发动机及燃气轮机、北斗产业化应用、新能源汽车和智能（网联）汽车、高端医疗装备和创新药、农业机械装备。

高端新材料包括先进金属和无机非金属材料、高性能纤维及其复合材料等，2021年新材料产业产值达6.4万亿元，五年CAGR达18.9%，预计在2025年产值将达到10万亿元。

重大技术装备包括高速度等级动车、高端机床装备、先进工程机械、核电机组关键部件等，其中机床则是制造业的基石，2020年我国数控机床市场规模为3473亿元，三年CAGR约4.7%，预计到2026年市场规模将达到5148亿元。

智能制造主要包括工业机器人、工业视觉、工业互联网、数字化工厂等领域，2020年市场规模约2.5万亿元，五年CAGR为20.3%，预计到2026年市场规模将达5.8万亿元。

发展北斗产业是实现国家安全和战略的需要；航空发动机和燃气轮机需突破进口垄断；新能源和智能汽车继续突破电池、电机、软硬件系统等方面技术；高端医疗装备包括手术机器人、高端影像、介入器械等，创新药包括疫苗、肿瘤药、特效药等；农业机械装备是保障我国粮食安全的关键，未来方向是集约化、信息化、大型化、智能化。

二、国内先进制造业集群分布

现阶段，我国先进制造业集群主要呈现出东强西弱、一带三核两支撑的特点，一带是沿海经济带，三核是指环渤海核心、长三角核心和珠三角核心，两支撑为西部支撑和中部支撑。

环渤海核心包括北京、天津、河北、辽宁和山东等省市，是国内重要的先进制造业研发、设计和制造基地。北京：先进制造业高科技研发；天津：航天航空业；山东：智能制造装备和海洋工程装备；辽宁：智能制造和轨道交通。

长三角地区主要在航空制造、海洋工程、智能制造装备领域较突出，形成较完整的研发、设计和制造产业链。

珠三角核心地区的先进制造业主要集中在广州、深圳、珠海和江门等地，以特种船、轨道交通、航空制造、数控系统技术及机器人为主。

西部支撑地区主要由陕西、四川和重庆组成，轨道交通和航空航天产业形成了一定规模的产业集群。中部支撑地区主要由湖南、山西、江西和湖北组成，其航空装备与轨道交通装备产业实力较为突出。

第十三章

经验总结与启示

第一节　基于国家战略层次的经验总结与启示

一、制造业是大变局下中国经济的稳定器

当前正处于百年未有之大变局中，国际上看逆全球化和贸易保护主义兴起，国内看依托土地产业链的旧增长模式难以为继，中国经济仍面临"需求收缩、供给冲击和预期转弱"的三重压力。疫情以来，持续受益于中国制造业优势所支撑的出口高增长以及制造业投资高增长，制造业已成为中国经济的稳定器。建设制造强国，有助于提升中国经济的自我恢复能力，以及对抗系统性风险的能力。

二、维持供应链韧性，保障供应链安全，是应对贸易摩擦的关键

逆全球化进程加速了全球产业链重构，我国中高端制造业作为供应链的核心和贸易摩擦的焦点，正有向发达国家回流的迹象。因基础研究不足、核心产品供给能力薄弱等，我国对供应链的控制能力还有较大提升空间：一方面，随着贸易摩擦加剧，发达国家出口管制、知识产权壁垒提高，中国技术引进难度不断增加；另一方面，部分外资企业迁出亦对国内企业的技术进步产生抑制作用，我国高端制造业的"卡脖子"问题可能越发严峻。借鉴发达国家

的工业化经验，产业技术领先是制定产业政策和贸易政策的基石。因此，以"智能制造"为主攻方向，实现关键核心技术的突破，增强中高端制造业自身竞争力及不可替代的优势，进一步夯实制造业韧性与基础，是保障我国供应链安全、缓冲贸易摩擦带来的不利冲击的重要途径。

三、制造业是其他产业发展的基础和推动力

随着一国经济发展，工业的产业链更长、产品结构更复杂、中间投入更大，使得工业生产过程中需要更多来自农业以及服务业的投入，而制造业的发展也会带动农业和服务业的发展。第一，工业生产加快，会带动其他产业特别是生产性服务业的发展，如物流运输、研发设计、商务服务等；第二，随着规模不断扩张，产品增值服务会从制造企业中分离出来，形成专业化的服务企业，从而推动服务业发展；第三，其他产业所需的原材料、生产设施及工具（如芯片、智能设备）大多来自工业部门，因此，制造业也是高科技服务业等行业发展的基础。

四、发达国家智能制造的发展趋势启示

智能制造目前已经成为新型工业应用的标杆性概念，国外先行的发达工业化国家已经累积了大量发展经验。目前来看智能制造表现出以下几个方面值得关注的发展趋势。

一是重视工业软件开发。工业软件是未来战略性新兴产业的基础，没有工业软件，智能制造就是空想。时至今日，世界上每一件工业品，几乎都是工业软件的重要结晶。

二是信息网络技术加强智能制造的深度。信息网络技术对传统制造业带来颠覆性、革命性的影响，直接推动了智能制造的发展。信息网络技术能够实现实时感知、采集、监控生产过程中产生的大量数据，促进生产过程的无缝衔接和企业间的协同制造，实现生产系统的智能分析和决策优化，使智能制造、网络制造、柔性制造成为生产方式变革的方向。从某种程度上讲，制

造业互联网化正成为一种大趋势。比如德国提出的工业 4.0 计划，其核心是智能生产技术和智能生产模式，旨在通过"物联网"将产品、机器、资源和人有机联系在一起，推动各环节数据共享，实现产品全生命周期和全制造流程的数字化。

三是网络化生产方式提升智能制造的宽度。网络化生产方式首先体现在全球制造资源的智能化配置上，生产的本地性概念不断被弱化，由集中生产向网络化异地协同生产转变。信息网络技术使不同环节的企业间实现信息共享，能够在全球范围内迅速发现和动态调整合作对象，整合企业间的优势资源，在研发、制造、物流等各产业链环节实现全球分散化生产。其次，大规模定制生产模式的兴起也催生了如众包设计、个性化定制等新模式，这从需求端推动生产性企业采用网络信息技术集成度更高的智能制造方式。

四是基础性标准化再造推动智能制造的系统化。智能制造的基础性标准化体系对于智能制造而言起到根基的作用。标准化流程再造使得工业智能制造的大规模应用推广得以实现，特别是关键智能部件、装备和系统的规格统一，产品、生产过程、管理、服务等流程统一，将大大促进智能制造总体水平。智能制造标准化体系的建立也表明本轮智能制造是从本质上对于传统制造方式的重新架构与升级。对中国而言，中国制造在核心技术、产品附加值、产品质量、生产效率、能源资源利用和环境保护等方面，与发达国家先进水平尚有较大差距，必须紧紧抓住新一轮产业变革机遇，采取积极有效措施，打造新的竞争优势，加快制造业转型升级。

五是物联网等新理念系统性改造智能制造的全局面貌。随着工业物联网、工业云等一大批新的生产理念产生，智能制造呈现出系统性推进的整体特征。物联网作为信息网络技术的高度集成和综合运用技术，近年来取得了一批创新成果，在交通、物流等领域的应用示范扎实推进。特别是物联网技术带来的"机器换人"、物联网工厂，推动着"绿色、安全"制造方式对传统"污染、危险"制造方式的颠覆性替代。物联网制造是现代方式的制造，将逐步颠覆人工制造、半机械化制造与纯机械化制造等现有的制造方式。

第二节　基于发达省份的经验总结与启示

习近平总书记指出，必须始终高度重视发展壮大实体经济，抓实体经济一定要抓好制造业。制造业是立国之本、强国之基，是供给侧结构性改革的核心产业领域。党的十九大、二十大报告，对我国制造业的转型升级以及高质量发展，均做出了审时度势、高瞻远瞩的规划、部署，各先进地区紧紧抓住了创新这个动力之源，为解决制造业发展存在的短板和痛点提供了科学指引，总结起来，主要有以下四点先进经验。

一、科技创新是关键

推动制造业高质量发展，重点和难点在传统产业，要解决好"卡脖子"的问题，关键就在科技创新。先进地区的政府工作报告均提出加强科技（体系）建设，完善科技创新政策支持体系，打造科技创新的生态圈，推动"产学研用"等各领域加快发展，全力提升科技创新力、制造含金量，通过科技创新驱动，提升制造工业品更好满足智能化、个性化、时尚化消费需求的能力。

二、品牌建设是首位

以高品质、优品牌、严标准为导向，推动制造业向高端化、高质量化、高价值链跃升。推进"制造"向"创造"转变、"制造大省"向"制造强省"转变，时刻把品质提升放在首位，持续推进标准强省、质量强省、品牌强省建设，提升政府质量奖，打响地区制造业品牌，大幅提升制造品品质。品质提升不仅体现在企业产品的设计、生产和品牌上，还体现在先进制造业集群的培育、工业互联网平台体系的构建、落后产能的淘汰、与现代服务业的深度融合等诸多方面。

三、数字经济是引擎

数字经济"一号工程"是驱动制造业高质量发展的主引擎，各地方政府加快介入元宇宙等数字经济的新赛道，企业上云、电商进村，"云上的日子"给制造业送来了机遇和梦想。数字产业化、产业数字化，众多浙企把旗帜插上云计算、人工智能等数字领域的"山头"。面向未来，各类数字经济领域的未来产业，成为各先进地区加速占领的新高地，加快相关领域的部署、布局推动转换动能，拥抱数字经济。

四、企业升级是保障

企业是创新的主体，市场主体升级是制造高质量发展的保障，是智造强省建设的主力军。无论是科技创新还是工匠精神，最终都要企业去落实。加快市场主体升级，打好组合拳，实施"独角兽""瞪羚""专精特新""雏鹰企业""牛羚企业"等企业成长计划，加快企业技术中心、众创空间、科技企业孵化器等创新平台建设，鼓励科技小巨人企业、技术创新示范企业、隐形冠军企业、技术先进型服务企业、创新型企业发展。不仅关注顶天立地的龙头企业，也扶持小微企业；不仅要做大做强，还要走出去；不仅做好存量增量，还要优化市场主体结构。

第六篇　战略篇

第十四章

辽宁智造强省战略研究

第一节　指导思想

以习近平新时代中国特色社会主义思想为指导,全面贯彻党的十九大、十九届历次全会和二十大精神,深入贯彻落实习近平总书记关于东北、辽宁振兴发展的重要讲话和指示批示精神,立足新发展阶段,完整、准确、全面贯彻新发展理念,构建新发展格局,深化改革开放,统筹发展和安全,紧紧围绕打造国家重大战略支撑地、重大技术创新策源地、具有国际竞争力的先进制造业新高地等发展目标,切实维护国家国防安全、粮食安全、生态安全、能源安全和产业安全,加快培育壮大新质生产力,以新一代信息技术与先进制造技术深度融合为主线,深入实施智能制造工程,着力提升创新能力、供给能力、支撑能力和应用水平,加快构建智能制造发展生态,持续推进制造业数字化转型、网络化协同、智能化变革,为促进全省制造业高质量发展、加快智造强省建设、发展数字经济、构筑竞争新优势提供有力支撑。

第二节　基本原则

一、坚持战略引领，市场主导

强化辽宁省委、省政府在智造强省建设中的战略引领地位，全局谋划、系统推进。聚焦新阶段新要求，立足省情实际，融入国内国际"双循环"新发展格局，考虑区域、行业发展差异，加强前瞻性思考、全局性谋划、战略性布局、整体性推进，充分发挥各地区、行业和企业积极性，分层分类系统推动智造强省战略落实。同时，充分发挥市场在资源配置中的决定性作用，强化企业在发展智能制造中的主体地位。更好发挥政府在策略规划引导、标准法规制定、公共服务供给等方面作用，营造良好环境，激发各类市场主体内生动力。

二、坚持守正创新，顺势而为

党的二十大报告指出"必须坚持守正创新"，赋予守正创新在新时代党和国家各项事业改革发展中普遍性的指导意义。"守正"是"创新"的前提和基础，是不可分割、不能偏废的整体。坚定不移地以智能制造为主攻方向，推动产业技术变革和优化升级，推动制造业产业模式和企业形态根本性转变，就要加强原创性、引领性科技攻关，打赢关键核心技术攻坚战，而"创新"是目标和路径，科技攻关要坚持问题导向，奔着最紧急、最紧迫的问题去，要从国家急迫需要和长远需求出发，在基础原材料、高端芯片、工业软件等方面关键核心技术上全力攻坚。

推进智能制造，坚持守正创新，要把科技自立自强作为智能制造发展的战略支撑，着力突破关键核心技术和系统集成技术。推进智能制造，坚持顺势而为，既要顺应新一代信息技术发展趋势，又要结合企业内外部的市场形势。在新一轮产业变革兴起的大背景下，加快构建以国内大循环为主体、国内国际双循环相互促进的新发展格局，坚定自信自强，夯实核心基础产业，自主创新发展更是大势所趋。我国已开启全面建设社会主义现代化国家新征程，我们必须主动适应新形势新环境新路径，牢牢把握数字时代的发展特征，坚持走中国特色新型工业化道路，以智能制造为主攻方向，大力发展数字经济，推动数字经济和实体经济深度融合，实现经济体系的全面优化升级。

三、坚持融合发展，安全可控

新一代信息技术蓬勃发展并加速向制造业全链条、全流程渗透融合，催生了智能制造这种全新的生产方式，新一代信息技术产业对整个制造过程提出了更高的质量、效率、生产稳定性等要求。要加强跨学科、跨领域合作，推动新一代信息技术与先进制造技术深度融合。发挥龙头企业牵引作用，推动产业链、供应链深度互联和协同响应，带动上下游企业智能制造水平同步提升，实现大中小企业融通发展。强化底线思维，将安全可控贯穿智能制造创新发展全过程。加强安全风险研判与应对，加快提升智能制造数据安全、网络安全、功能安全保障能力，着力防范化解产业链、供应链风险，实现发展与安全相统一。

四、坚持标准先行，数字思维

数字化标准将成为企业数字化转型的重要基础设施。通过术语定义、参考架构、数据字典等基础性标准的规范，新概念和新技术才可能在企业中得以真正的实施，加速供应链产业链协同，凝聚行业共识形成合力加速数字化转型，避免出现"先乱后治"的发展怪圈。智能制造不是简单的"机器换人"，技术赋能不等于技术万能。避免盲目追求新技术、新设备、新模式的应用，忽视人才是智能制造的主体。支持企业高度重视全员数字化素养的培育，把数字优先思想贯穿到企业精神文化、制度文化和物质文化建设全过程，激发全员在面对实际问题时，从"能用、会用"向"想用、爱用"数字化手段的能动性。

五、坚持循序渐进，久久为功

当前阶段，不同地区、不同行业的工业门类之间技术水平差距过大，"十三五"期间"2.0补课、3.0普及、4.0示范"熟悉的提法仍然要在"十四五"期间并行推进。在需求侧、应用端，推进智能制造是一项持续提升产品竞争力、提高企业生产效率的长期性系统工程，需要循序渐进。制造企业推进智能制造的实施过程中，趋向于总体规划、分步实施的技术路线，通过宏观把握转型蓝图导入新型制造模式下的管理体系和生产系统，从投资上接近于从智能单元的试点向自动化产线、数字化车间、智能工厂、智慧企业逐级达成效益。在供给侧、技术端，推进智能制造不再是单一技术与装备的突破应用，更涉及系统化的集成创新，需要久久为功。促进技术与产业融合的同时，需要企业与服务商之间的融合创新，打破不同企业间的边界，培育系统解决方案供应商在一些重点行业打造标杆场景，在市场引导下，分步推广智能制造的应用。

第三节 战略目标

今后及未来相当长一段时期，推进智能制造，要立足制造本质，紧扣智能特征，以工艺、装备为核心，以数据为基础，依托制造单元、车间、工厂、供应链等载体，构建虚实融合、知识驱动、动态优化、安全高效、绿色低碳的智能制造系统，推动制造业实现数字化转型、网络化协同、智能化变革。到"十四五"期末，规模以上制造业企业大部分实现数字化网络化，重点行业骨干企业初步应用智能化；到2035年，规模以上制造业企业全面普及数字化网络化，重点行业骨干企业基本实现智能化。

一、"十四五"期末主要目标

一是转型升级成效显著。70%的规模以上制造业企业基本实现数字化网络化，加快建设全国数量领先的引领行业发展的智能制造示范工厂。制造业企业生产效率、产品良品率、能源资源利用率等显著提升，智能制造能力成熟度水平明显提升。

二是供给能力明显增强。智能制造装备和工业软件技术水平和市场竞争力显著提升，市场满足率分别超过70%和50%。加快培育专业水平高、服务能力强的智能制造系统解决方案供应商。

三是基础支撑更加坚实。建设一批智能制造创新载体和公共服务平台。构建适应智能制造发展的标准体系和网络基础设施，积极参与或主导国家、行业标准的制修订，建设多个具有行业和区域影响力的工业互联网平台。

二、中长期发展目标

"智能化"是未来制造技术发展的必然趋势，赛博物理融合的智能制造是其核心，在工业4.0时代，智造强省的中长期目标可以归结为如下五个方面。

优质：制造的产品具有符合设计要求的优良质量，或提供优良的制造服务，或使制造产品和制造服务的质量优化。

高效：在保证质量的前提下，在尽可能短的时间内，以高效的工作节拍完成生产，从而制造出产品和提供制造服务，快速响应市场需求。

低耗：以最低的经济成本和资源消耗制造产品或提供制造服务，其目标是综合制造成本最低，或制造能效比最优。

绿色：在制造活动中综合考虑环境影响和资源效益，其目标是使整个产品全生命周期中，对环境的影响最小，资源利用率最高，并使企业经济效益和社会效益协调优化。

安全：考虑制造系统和制造过程中涉及的网络安全和信息安全问题，即通过综合性的安全防护措施和技术，保障设备、网络、控制、数据和应用的安全。

第四节　战略任务

一、通过"三次赋能"引领产业结构升级

一是加大 5G 等新基建投资。尽快在产业园区等重点区域建成畅通、高效的网络设施，为人工智能、工业互联网、大数据、云计算等数字经济发展打好基础，为结构升级赋能。新基建一方面要通过网络铺设、区域预留、平台搭建、中心建设等，打造一张万物互联、人机交互的"高速公路网"；另一方面要大力发展以解决方案、数据分析、云计算、新模式应用等为代表的"软件支撑"。二是利用完善的 5G 等通信基础设施为智能科技产业赋能。加快推进智能化、数字化技术在研发设计、生产制造、经营管理、市场营销、运维服务等各环节的融合应用。三是用智能科技产业为传统优势产业赋能。促进特色应用场景与智能科技深度融合，催生数字工厂、云上生态、智慧供应链等新业态。深化制造业与互联网融合，大力发展网络化协同研发制造、个性化定制、云制造等智能制造产业。

二、重点围绕"三篇大文章"推进产业数字化

加快"设备换芯""生产换线""机器换人"，以"智"赋能促进"老字号"数字化、智能化升级，以辽宁正在建设的 100 个以上企业数字化改造升级标杆为引领，加快建设一批智能工厂、智能车间、智能生产线，逐步建立面向生产全流程、管理全方位、产品全生命周期的智能制造模式，拓展新一代信息技术应用场景，加大制造业企业数字化改造力度，推动数字技术在制造企业的应用，建设具有国际竞争力的先进装备制造业基地。促进冶金、石化产业强链、延链、补链，带动产业链向高端演进，积极搭建全省供应链云商务平台，为企业提供快速响应的市场需求服务。大力培育数字化、智能化转型

本地供应商，支持企业开发高端工业制造软件，着力为企业提供系统解决方案。

三、发展壮大数字产业集群

做大做强集成电路产业，加快沈阳集成电路装备高新技术产业化基地、大连集成电路设计产业基地、朝阳半导体新材料研发生产基地、盘锦光电产业基地、锦州电子信息产业园等建设，培育新的增长极。加快发展人工智能产业，加强新一代机器视觉、物联网核心芯片、智能计算芯片等技术的前瞻布局。重点依托中国科学院沈阳自动化研究所等平台资源，加快推进机器人未来城建设，打造机器人产业创新生态圈。积极推进区块链技术发展应用，建设全省区块链专业技术创新中心和区块链产业创新平台、沈阳东北亚区块链总部基地、大连区块链产业园。大力发展大数据产业，重点研发海量数据存算、数据分析挖掘、安全隐私、大数据归集管理、虚拟现实、大数据与医疗知识融合等关键技术。充分利用国家赋予沈抚改革创新示范区的平台优势，以发展"新字号"为方向，扶持大数据、智能制造等产业发展，重点建设东北大数据中心、大数据交易中心和健康医疗大数据产业园，支持机器人小镇和微电子产业园项目建设。[①]

四、提高产业协同创新能力

一要加快突破关键核心技术。搭建国家级关键核心技术研发平台，加快推进国家信息光电子创新中心、数字化设计与制造创新中心、国家先进存储产业创新中心等制造业创新平台建设。围绕全省重点产业领域开展关键核心技术和产品攻关，组织实施一批重大科技创新专项。加大基础研究、原始创新支持力度，加强共性技术供给，促进重大成果转化，推动重点产业创新能力提升。

二要充分发挥创新主体作用。鼓励企业加大研发投入，设立研发机构。

[①] 李万军，张万强：《加快推进数字辽宁智造强省建设》，辽宁日报（理论版），2021.9.18。

支持企业与高校、科研院所合作建设新型研发机构；依托产业集群，支持行业龙头企业、骨干企业牵头建设制造业创新中心、产业创新中心、技术创新中心、产业技术研究院等产业创新平台，积极承担国家和省级重大产业技术攻关项目。建立企业创新主体梯次培育工作机制，培育引进一批具有全国影响力的技术创新示范企业。

三要完善创新发展环境。畅通基础研究、应用研究、技术与产品研发以及工程化和商业化之间的技术转移转化通道，探索实践科技创新成果产业化新机制。加快发展技术市场，完善制造企业、科研院所、金融资本合作机制，促进技术创新与产业发展良性互动。支持各类中小企业公共服务示范平台、小型微型企业创新示范基地、孵化器和众创空间提升服务能力。建设一批国家级生产应用示范平台和新技术试验场景，推进创新产品应用示范。加快培育在专利申请、技术成果转化等方面提供优质服务的第三方机构。更大力度落实研发费用加计扣除、高新技术企业税收优惠等普惠性政策。开展省级技术创新示范企业认定，引导企业创新发展。倡导创新文化，加强知识产权创造、保护、运用。

五、提升产业链现代化水平

一是以优势行业技术改造全覆盖为抓手推动"强链"。加快先进适用技术应用，巩固提升汽车、新一代信息技术、食品、化工等传统支柱产业链，围绕智能制造水平提高、绿色制造水平提高、产品质量提高、产业布局结构优化的"三高一优"技改目标，以提高企业综合效益和降低运营成本为导向，大力发展智能制造，培育壮大大规模柔性生产、全生命周期产品管理服务、云制造和共享制造等新生产模式，不断采用和推广新技术、新工艺、新流程、新装备、新材料，对企业生产设施、装备、生产工艺进行改造。推动全省先进制造业和优势传统产业加快新一轮技术改造，实现省内规模以上工业企业"机器换人"全覆盖。依托骨干企业构建制造业物联网服务生态，推广制造企业应用精益供应链等管理技术，打造产品全生命周期云管理能力，提升数据采集、边缘计算、设备连接、安全保障、能源互联等功能，实现产业链资源优化配置和能力精准交易，完善从研发设计、生产制造到售后服务的全链条供应链协同体系。

二是以承接产业转移和重大项目落地为核心做优"补链"。围绕重点产业领域，加强与国内外汽车、机械装备、食品、冶金、化工等优势领域龙头企业对接，重点引进投资额度大、产业链长、科技含量和附加值高的龙头型、基地型、旗舰型、税源型产业化项目，支持本土企业进入配套体系。以产业链高端产品和关键技术研发为重点，引导内外资更多地投向半导体、光器件、新型显示、动力电池、化工新材料、数控机床、操作系统等新兴特色产业链，加快补全缺失环节。

三是以维护产业链运行稳定可靠为落脚点夯实"护链"。建立产业链外迁风险预警和应对机制，提升产业链安全保障能力。不断优化企业服务和针对性解决方案，保障产业链重点产能、核心环节、关键产品，保障产业链安全和省内优势产业供应链完整稳定。加强重点产业链发展态势及安全风险评估，对龙头企业和核心产业链定期进行压力测试，储备一批备份原料（零部件）供应商，及时发现影响产业链安全的关键点，排除可能的风险隐患。

六、加强质量品牌建设

一要提升工业产品质量。大力推进质量强省建设，全面提升企业产品质量。完善质量基础设施，推进测量体系和检测认证体系建设，探索建立质量分级制度。紧跟消费需求升级趋势增品种，研发生产应对全球疫情急需的抗疫药品、产业链关键原料药、高端医疗器械、移动医疗可穿戴设备，以及营养价值高的快消食品等。开展国际对标，提高工业产品一致性和稳定性，引入卓越绩效全面质量管理、六西格玛、精益管理等国际先进的精细化管理方式，加强从原料采购到生产销售全流程质量管控。

二要培育"辽宁制造"品牌。在汽车、装备等重点制造业领域，扶持发展"辽宁优品"名牌，打造应急装备制造品牌。在冶金、食品、纺织等传统产业领域深入推进名优特色产品创建活动，振兴"老字号"品牌，引导中小制造企业向龙头企业靠拢，同类产品向品牌产品集中，不断提升全省品牌价值水平。大力发展新零售业态模式，支持企业创新品牌推广商业模式，与大型电商平台对接，发展线上销售，培育或招引一批具有较强影响力的品牌创意中心或广告服务机构。做好产业集群区域品牌建设试点示范，支持在试点示范区域内开展博览会、时装周、设计大赛等重大品牌活动，弘扬工匠精神，树立"匠心辽宁"形象，开展文化输出。

三要加强标准体系建设。以关键技术标准、重要产品标准、基础标准、性能检测方法标准、评价管理标准为切入点，大力推进光电子、生物医药等优势领域标准研制。以实施标准联通"一带一路"行动计划为契机，增强实质性参与国际标准化活动的能力，鼓励光电子、汽车、食品等具有技术优势或自主知识产权的工业领域企事业单位，主导和参与国际标准制定。持续推进国家技术标准创新基地（中国光谷）建设，强化技术标准创新服务，推动工业产品标准由生产型向消费型、服务型转变，建立"标准—检测—认证"一站式服务，推进 TC/SC 工作站建设，为企业提供在线标准供需对接服务。

第七篇　对策篇

第十五章

搭建新型创新载体，强化"智"造新动能

第一节　加快新型基础设施建设

智能制造，数智为基。包括以 5G 为代表的网络基础设施建设，以及数据中心、智能计算中心等算力基础设施建设，是支撑数智技术应用的基础。但因为投入大、建设周期长，需要政府带动并组织社会资源进行先期性、规模化部署和建设。我国 5G 当前建设规模全球领先，据工业和信息化部数据统计，累计终端连接数已超过了 2 亿户，累计建设开通 5G 基站 71.8 万个；算力基础设施建设加快，但目前制造业使用率较低，约占 3%。

一、明确新基建基本内涵

"新基建"可分为狭义"新基建"和广义"新基建"。其中，狭义"新基建"指数字基础设施，包括 5G 基站建设、大数据中心、人工智能、工业互联网等。广义"新基建"指融合基础设施，包括特高压、新能源汽车充电桩、城际高速铁路和城市轨道交通，以及交通、水利重大工程等。新基建就是新发展理念在数字经济中的落地，要用改革创新的方式推动新一轮基础设施建设。

归纳来说，新基建特点在于：（1）更突出支撑产业升级和鼓励应用先试。"新基建"以产业作为赋能对象，通过数字化智能化改造，促进产业的数据驱动发展，并在超高清、智能制造、智能网联汽车、新能源汽车等前沿产业

领域，完善应用环境，抢占产业发展先机。（2）更突出政府对全环节的软治理。"新基建"需要加强政府对规划、建设、运营、监管的全环节治理水平，增强投资动员能力，提升资金运用精准性，加强政策配套保障，实现舆情及时响应和监管开放透明，在实践中不断优化治理水平。（3）更突出区域生产要素整合和协调发展。"新基建"提升覆盖范围内数据资源、电力能源、人才的流动速度和参与程度，削弱了传统要素有限对经济增长的制约，推动技术、劳动等其他生产要素的数字化发展，不仅促进中心城市的产业创新，还有助于中小城市、农村地区的协调发展。

新型基础设施主要内容包括：一是信息基础设施（对应数字经济框架中的数字产业化）。主要指基于新一代信息技术演化生成的基础设施，比如，以5G、物联网、工业互联网、卫星互联网为代表的通信网络基础设施，以人工智能、云计算、区块链等为代表的新技术基础设施，以数据中心、智能计算中心为代表的算力基础设施等。二是融合基础设施（对应数字经济框架中的产业数字化中的传统产业升级，可以概括为农业工业化，工业自动化，网联化最后智能化）。主要指深度应用互联网、大数据、人工智能等技术，支撑传统基础设施转型升级，进而形成的融合基础设施，比如，智能交通基础设施、智慧能源基础设施等。三是创新基础设施（对应数字经济框架中的产业数字化中的数字化创新，创新是数字经济时代推动经济增长的根本手段）。主要指支撑科学研究、技术开发、产品研制的具有公益属性的基础设施，比如，重大科技基础设施、科教基础设施、产业技术创新基础设施等。

二、重视新基建在智能制造战略中的重要地位

党的二十大报告中，在第四点"加快构建新发展格局，着力推动高质量发展"中，明确提出：坚持以推动高质量发展为主题，把实施扩大内需战略同深化供给侧结构性改革有机结合起来，增强国内大循环内生动力和可靠性，提升国际循环质量和水平，加快建设现代化经济体系，着力提高全要素生产率，着力提升产业链、供应链韧性和安全水平，着力推进城乡融合和区域协调发展，

推动经济实现质的有效提升和量的合理增长。加快发展数字经济，促进数字经济和实体经济深度融合，打造具有国际竞争力的数字产业集群。优化基础设施布局、结构、功能和系统集成，构建现代化基础设施体系。

所以，未来新基建的内涵将随着生产要素内涵的扩张而扩大，而定义的核心就在于聚焦全要素，围绕全要素的安全保障，围绕全要素的自主可控，围绕全要素的低成本。新型基础设施，是以新发展理念为引领，以技术创新为驱动，以信息网络为基础，面向高质量发展需要，提供数字转型、智能升级、融合创新等服务的基础设施体系。

三、物联网是物质世界数字化的基本手段

人工智能是数字经济时代新生产力的具现，大数据发展是人工智能应用的基础，云计算是数字经济发展的根本动力，区块链是对数字化价值实现的保证，物联网是物质世界数字化的基本手段。物联网技术负责数据的记录和采集，将物理世界数字化，通过源源不断的实时数据，将物理世界和数字世界建立起了实时镜像的关系。

一切传感器、摄像头、触摸屏都是物联网的末端节点，智能手机成为集成了众多物联网技术的超级终端，实现了对人的在线化，人类在物理世界的行为甚至生命体征，都可以通过手机实时地在数字世界里记录下来。有了互联网技术，让数据成为数字经济时代的"第五维"，数据的流动代替了物质的位移，已经能够让人们超越时间和空间进行协作。互联网技术诞生后，让数据在数字世界里可以方便地共享和流动成为可能，世界上不论物理位置距离多远的两个人，只要接入网络，都可以直接进行交流和协作。移动互联网技术更是实现了随时随地的数据交流，是人类文明史上协作能力的一次飞跃。正是有了互联网技术，数据的流动让人们的协作可以超越时间和空间的四维空间。从这个角度上说，数据成为数字经济时代的"第五维"。

四、完善新基建的根本技术和基础设施

大数据、云计算、互联网、区块链和物联网是新基建的根本技术和基础设施。大数据技术是对海量数据进行实时获取、存储和计算的技术能力。机器智能是替代天量人力，用算法来完成的海量信息处理和个性化服务的技术。大数据和机器智能互相融合才能将数据转化成价值。二者的基础都是能够处理海量数据的强大廉价的云计算能力。大数据、机器智能和云计算共同搭建了数字经济的最核心的引擎，是数字经济模式最核心的关键技术。云计算就是通过网络按需提供可动态伸缩的廉价计算服务。云计算所提供的算力，具备按需付费的伸缩性，即插即用的便捷性，无处不在的通用性三大特征。云计算就像是数字经济时代的"电"，是技术背后的技术。互联网技术让数据成为了数字经济时代的"第五维"，数据的流动代替了物质的位移，已经能够让人们超越时间和空间进行协作。区块链技术定义了一种全新的"公开透明的数据存证"方式，解决了数字世界里数据篡改的难题。区块链实际上是互联网技术的一种深入演化，区块链是数字世界中数据记录、组织和传播方式的创新，其本质是构建了数字经济的一种新的生产关系。

第二节　优化智能制造实施的技术路线

对于不同的行业、不同的领域，或是不同的企业，具体实施智能制造会有各自不同的技术路线和解决方案，笔者仅从一般方法的角度给出推进辽宁智能制造实施技术路线的六个步骤建议。

一、注重智能化改造的需求分析

需求分析是指在系统设计前和设计开发过程中对用户实际需求所作的调查与分析，是系统设计、系统完善和系统维护的依据。需求分析主要涉及发

展趋势、已有基础、问题与差距、目标定位等。首先，在明确智造强省的发展战略和目标基础上，了解智能化改造在实现这些目标中的地位和作用。在这个基础上，制造业企业需要对现有的业务流程、组织架构、管理模式等方面进行全面的评估，找出存在的问题和瓶颈，为智能化改造提供方向和重点。其次，需要对制造业企业智能化改造的技术可行性进行深入的研究和分析。这包括对现有技术的基础和发展趋势的掌握，以及对新技术的研究和应用。需要根据制造业企业自身的实际情况和需求，选择适合的技术和方案，避免盲目跟风和浪费资源。再次，对制造业智能化改造的经济效益和社会效益进行评估。这包括对改造后的成本、收益、投资回报率等方面的预测和分析，以及对社会和环境的影响和责任。制定出合理的经济和社会效益目标，并采取有效的措施实现这些目标。最后，对智能化改造的实施过程进行全面的规划和设计。这包括对改造的流程、时间表、资源需求等方面的规划和安排，以及对实施过程中的风险和挑战的预测和应对。制定出合理的实施方案和计划，并采取有效的措施保证实施的效果和质量。

二、加强网络基础设施建设

网络互联是网络化的基础，主要实现企业各种设备和系统之间的互联互通，包括工厂内网络、工厂外网络、工业设备 / 产品联网、网络设备、网络资源管理等，涉及现场级、车间级、企业级设备和系统之间的互联，即企业内部纵向集成的网络化制造，还涉及企业信息系统、产品、用户与云平台之间的不同互联场景，即企业外部（不同企业间）的横向集成。因此，网络互联为实现企业内部纵向集成和企业外部横向集成提供网络互联基础设施实现和技术保障。在网络互联基础建设中，还必须考虑网络安全和信息安全问题，即要通过综合性的安全防护措施和技术，保障设备、网络、控制、数据和应用的安全。

三、开发互联可视的数字化

以产品全生命周期数字化管理（PLM）为基础，把产品全价值链的数字化、制造过程数据获取、产品及生产过程数据可视化作为智能化第一步，实现对数字化和数据可视化呈现，此为初级的智能化。主要内容包括：产品全生命周期价值链的数字化、数据的互联共享、数据可视化及展示。

四、现场数据驱动的动态优化

现场数据驱动的动态优化本质上就是以工厂内部"物理层设备—车间制造执行系统—企业资源管理信息系统"纵向集成为基础，通过对物理设备/控制器/传感器的现场数据采集，获得对生产过程、生产环境的状态感知，进行数据建模分析和仿真，对生产运行过程进行动态优化，作出最佳决策，并通过相应的工业软件和控制系统精准执行，完成对生产过程的闭环控制。主要内容包括：现场数据感知与获取、建模分析和仿真、动态优化与执行等。

五、推进虚实融合的智能生产

虚实融合的智能生产是智能制造的高级阶段，这一阶段将在实现产品全生命周期价值链端到端数字化集成、企业内部纵向管控集成和网络化制造、企业外部网络化协同这三大集成的基础上，进一步建立与产品、制造装备及工艺过程、生产线/车间/工厂和企业等不同层级的物理对象映射融合的数字孪生，并构建以 CPS 为核心的智能工厂，全面实现动态感知、实时分析、自主决策和精准执行等功能，进行赛博物理融合的智能生产，实现高效、优质、低耗、绿色的制造和服务。主要内容包括：数字孪生建模及仿真、智能工厂、智能生产。

六、打造未来工厂

在未来的智能制造工厂中，不同层级、不同阶段和不同颗粒度的数字孪生，将重新定义端到端的过程，帮助制造企业实现产品生命周期闭环，加快产品上市的周期，降低生产设计和维护的成本。同时，实现相应生产过程中的灵活安排、柔性制造，包括可以通过新产品导入或者是通过不同批次的生产来实现更大的灵活性，确保生产质量可被持续追溯和改进，最终保证整个企业的生产效率不断提高。

边缘计算和制造大数据分析将为传统制造企业带来数据的透明度和可视化，将使工程师和管理人员实时监控生产线及设备的运行状态，有效地使用和分析数据变得轻而易举。

云服务和工业互联网平台将催生出数字化服务的新业务模式，它们将带来广泛的互联，将机器设备甚至整个工厂连接到数字化世界，通过开放的编程接口，用户可共同参与开发，让用户决定设备或者边缘设备运行的内容，以及云端的内容，最终实现产业的"集成 – 连接 – 协作"，共同营造一个全新的生态环境。以云服务和工业互联网平台为基础，将建立一种全新的"增材制造 + 减材制造"在线协作平台和开放的生态系统，即混合制造网络系统，为未来制造提供"软件 + 硬件 + 网络"的新的数字化解决方案。

第三节　打造跨界协调创新生态系统

一、完善数字化转型顶层设计

一是继续完善《辽宁省装备制造业智能化服务化发展行动方案》，以此为抓手深化互联网、大数据、人工智能等新一代信息技术与装备制造业融合发展，破除融合发展过程中的体制机制问题；二是组建数字化标准推进联盟，围绕装备制造业全价值链、全生命周期等，建立装备制造业数字化转型动态监测和第三方评估机制；三是支持沈鼓集团、中国航发燃机、沈阳机床等影响力较大的产业链龙头企业牵头研制支持影响力大的产业链龙头企业牵头研制全产业链智能化服务化发展标准，带动上下游企业加快应用。

二、加快行业数字生态圈建设和改造升级

引进或培育行业龙头企业或隐形冠军企业，发挥产业链带动作用，推动全行业产业链智能化转型升级。对智能化水平较高的行业，如装备制造、机械加工、汽车及零部件、电子信息等行业，鼓励有能力的骨干企业将智能化服务向全行业拓展，带动整体行业提升。在行业工业互联网平台及服务搭建方面，重点依托技术成熟、产业内应用广泛的国内一线工业互联网平台企业进行引进式标准化建设。行业工业互联网平台及其服务是一个产业链开展智能制造的"基础地基工程"，事关整个产业链智能制造生态圈的长期正常建设和发展，如果存在平台技术缺乏标准体系、专业服务无法长期坚持、平台用户数量少、网络安全防御保障能力弱等任何一个问题都无法确保平台及其服务的长期正常使用，更无法实现技术和服务的迭代更新。在行业工业互联网平台及其服务搭建上，首先，要考虑引进国内优质一线工业互联网平台企业进行战略层次的合作，如东方国信 Cloudiip、航天云网 INDICS、浪潮云 In-Cloud、用友精智等全国工业互联网平台企业；其次，行业工业互联网平台、智能制造解决方案要注意符合国内"工业互联网标准体系（2.0 版本）"相关技术标准，避免未来的技术迭代和服务升级受限。

三、加快工业智能制造生态应用

在工业 APP 体系、数控设备升级、智能生产管理机制等智能制造的应用生态打造方面，要兼顾通用与专业场景，实施研发协作化、技术标准化、落实项目化的系统建设。一方面，要重点本着基础场景模块化、技术体系标准化的原则，采取引进吸收式、技术协作式完成生产线监测、生产排程、智能仓储、物料供应、购销管理、财务管理等基础应用生态的建设；另一方面，要重点本着通用场景系统化、行业领域特色化的原则，采取重点项目攻关引导式、专业基地集成研发式、行业联盟迭代式等推动汽车制造、装备制造、电子

制造、机械制造、化工工程、电子商务、供应链金融等不同产业链应用生态的精准突破。

四、加快智能化"上云上平台"应用推广

以推广"标杆企业"和推动"企业上云"的形式，加快促进省内规模以上企业积极实施数字化、联网化、智能化改造升级。一方面，引导企业家实现智能制造的理念更新，可以采取组织智能制造主题高峰论坛、深度行、培训班等活动，通过真实案例真正触动企业家理解制造业"软件定义、数据驱动、平台支撑、服务增值、智能主导"的发展新趋势，激发智能化改造提升的积极性。另一方面，对省内企业可以采取分层推进"企业上云"，分行业选树一批标杆企业，依托"企业上云"引导企业将基础设施、业务系统、设备产品、制造能力向云端迁移，形成一批可复制、可推广的改造方案。

第十六章

开展智能制造应用示范，助力产业"智"能升级

聚焦应用场景、重点行业、产业链、供应链等转型升级需要，围绕场景、行业、供应链、产业链开展多场景、全链条、多层次应用示范，培育推广智能制造新模式新业态，构建智能制造产业生态，助力产业"智"能升级。

第一节　从数据应用场景出发，寻找破局之法

数据来源于业务，也终将反哺业务，数据应用场景贯穿于市场机会识别环节、产品研发、运营策略优化、营销决策等各个业务环节。以业务应用场景的线上化、数字化、智能化为切入点，基于业务实际需求完善系统建设、沉淀整合数据、搭建数据应用场景并提升人员数字化水平，是推动业务效率提升和业务成果改善的关键破局点。

一、明确数据应用需求与数据标准

优化企业数字化转型过程中系统冗余、数据冗余问题，需以业务数字化转型及应用场景推动过程中遇到的实际问题为出发点，推动企业逐步构建信息化系统及数据中台，沉淀内外部数据，并建立统一的数据统计口径和管理规范。与此同时，需要构建业务数字化转型战略思维，对业务数字化转型整

体方向、节奏、重点有通盘、前瞻性思考，在系统搭建、数据沉淀及治理过程中少走弯路、回头路。

二、以数据应用场景落地带动业务效率提升

数据应用场景是系统及数据价值实现的最终途径，在业务数字化转型过程中，需要以消费需求洞察、销售预测、竞品动态追踪等重点环节、场景的数字化应用及工具开发为撬动点，通过业务经验数字化、模型搭建、工具开发等方式辅助、提升业务人员策略构建的精准度及业务动作实施的及时性，让业务人员充分感受到数字化对自身带来的价值与能量，进而以点带面，推动业务的全面数字化转型，实现数据业务化与业务数据化。

三、以数据应用场景明确员工数字化能力要求

在推动组织及人员数字化提升的过程中，一是要通过业务数据应用场景的梳理及落地，明确不同业务线条、不同岗位所需要具备的数字化能力，并通过能力现状调研及评估，识别现阶段数字化能力短板及痛点，有针对性地进行培训课程设计及落地；二是需要以数字化场景的开发及落地为借力点，"干中学、学中干"是最高效、可行的能力提升路径，通过业务人员对数字化应用场景的深度参与，加深业务人员对于数据价值的认可，激发业务人员对数据的感知能力及实际使用能力，促进其主动学习数据分析方法和工具来提升业务成果，见图 16-1。

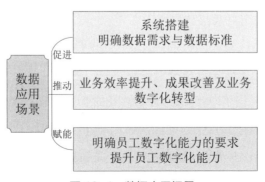

图 16-1　数据应用场景

四、明确应用场景数字化步骤

数据在业务中的应用实践包含四个关键环节：数据业务定义、数据分析与建模、数据业务实施、模型的迭代与优化。其中，第一个环节，数据业务定义是将业务问题定义成数据可分析的问题，这是所有数据应用的起点，也是业务数字化转型的起点。第二个环节，对数据可分析的问题，应用数据分析方法进行建模，将业务逻辑抽象为模型逻辑。第三个环节，通过流程改造、产品设计、标准制定等方式，将其沉淀到实际业务与工具当中。第四个环节，通过业务实践及应用对模型不断进行迭代，实现数据应用价值的螺旋式上升。

以产品退市为例，传统制造业企业为平衡最大化产品收益与最优化工厂产能配置，需要对产品结构进行不断优化、管理 SKU 数量并基于此进行产品退市决策，而如何准确地做出产品退市决策（退掉真正没有价值的产品）一直以来都是制造业企业的难题，见图 16-2。

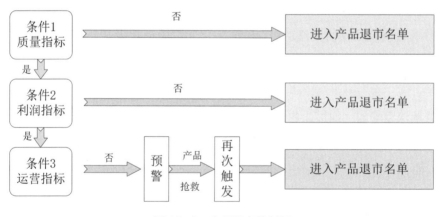

图 16-2　产品退市的判断

在数据驱动业务应用场景提升的条件下，通过以下步骤将数据应用到业务场景中。步骤 1：了解实际退市环节涉及的业务环节，并基于现有的产品退市规范，梳理产品退市的业务逻辑，确定刚性红线指标，如产品质量品质类指标、利润类指标。步骤 2：整合并清洗产品销售过程中沉淀的数据，用数据说话，挖掘与产品销售相关联的前置预警指标。从产品流量获取、流量转化等维度，制定产品预警标准，并结合产品退市的红线指标构建产品预警及退市模型，并基于最近留存的数据进行模型的实践，对模型进行验证，并对模型进行参数调优。步骤3：将产品预警及退市模型进行沉淀，更新到产品退市流程中并将模型应用到产品日常的运营监控中。步骤4：在后续使用过程中基于产品退市模型的输出效果，不断进行迭代，完成数据驱动业务应用场景的闭环。

第二节　推进重点行业数字化应用示范

深化新一代信息技术与制造业融合发展，加强新一代信息技术对传统产业全方位、全角度、全链条的改造。实施行业数字化转型行动，以智能科技、装备制造、原材料、消费品四大行业，绿色节能、安全生产两大领域和传统产业为重点，以信创、集成电路、高端装备、新能源、生物医药等重点产业链为核心，制定差异化发展路径，推进重点产业数字化转型。

一、以应用场景建设推动智能科技创新转型

聚焦信息技术应用创新、集成电路、车联网产业链，重点推动智能科技应用场景建设，创新数字化服务模式，增强产品（服务）供给能力。

一是信息技术应用创新产业链。围绕卫生健康、社会保障、公路水路运输、广播电视、水利、铁路、民航等重点领域，逐步开放一批信创技术行业应用场景，创新数字化服务模式。加快行业应用软件向服务化、平台化转型，培育信创行业应用解决方案提供商和集成商能力，提升企业在信息技术咨询、信息系统方案设计、集成实施、远程运维等方面的服务能力。

二是集成电路产业链。聚焦发展IC设计、芯片制造、封装测试、设备、材料等五大子产业链条，开展基于数字技术的高端电子制造设备及智能集成系统应用、封装测试等环节数字化水平提升，加快推进产业基础高级化、产

业链现代化。聚焦智能硬件、智能传感、汽车电子等特色方向，搭建集成电路公共服务平台，进一步优化城市集成电路产业发展生态。

三是车联网产业链。谋划车联网先导区建设，重点推动车路协同道路数字化升级改造、车联网示范应用场景搭建、测试验证及信息安全等支撑服务平台建设，加快车联网产业生态建设。围绕智能驾驶系统、智能座舱系统等产品开发与使用，加强网络安全保障系统建设，提升车联网信息安全防御能力。

二、以数字化运营能力提升推动装备制造行业转型

聚焦高端装备、汽车和新能源、航空航天产业链，重点支持协同平台建设，加强行业资源配置及服务能力建设，提升装备制造行业数字化运营能力。

一是高端装备产业链。依托国家级重点实验室和工程院、精工等企业技术中心，支持5G、大数据、人工智能等新一代信息技术在关键技术装备（产品）中的应用，促进高端装备产品智能化。强化供需对接，支持工业设备健康管理平台、基于工业互联网的重型锻压装备客制化工艺与智能化健康管理服务平台等市级试点示范平台在行业的推广和应用，赋能高端装备产品维护智能化。

二是汽车和新能源汽车产业链。依托沈阳、大连、铁岭等地汽车及新能源汽车、专用车等产业基础，支持数据汽车行业工业互联网APP集成开发平台、电子汽车制造业互联网平台等国家级试点示范平台在行业中的推广应用，通过扩大应用规模，形成开放共享、协同演进的良好生态。以整车制造龙头企业为依托，强化整车制造龙头企业融通作用，培育一批在全国具有较高知名度和影响力的汽车智能制造应用典型企业，开展智能工厂、数字化车间应用示范。

三是航空航天产业链。加强新一代信息技术与航天产业的深度融合，将数字化转型作为改造提升传统动能、培育发展新动能的重要手段，全面推进航空航天数字化产品、数字化研制、数字化管理和数字化产业协同发展。推动航空航天技术应用及服务产业向数字化转型升级，鼓励产业链龙头企业开展智能工厂建设，推动产品向高可靠、可重复、智能化方向迈进，助力航空

航天产业高质量、高效率、高效益发展。

三、以产品研发能力提升加快原材料行业转型

聚焦新材料、新能源、绿色石化产业链，重点推进创新研发平台和公共服务平台建设，扩大应用规模，构建新一代信息技术与产业深度融合发展的新生态。

一是新材料产业链。推动数字产业与新材料产业深度融合，开展新材料行业智能制造行动计划，推进5G、工业互联网、人工智能等新一代信息技术在原材料行业的应用，打造一批试点示范项目，培育一批智能制造系统解决方案服务商。推广共建"数字"模式，赋能钢铁行业全产业链转型升级，打造钢铁工业智能制造示范和标杆。

二是新能源产业链。以阜新、朝阳、葫芦岛、营口等地的高新区、经济技术开发区的风电产业基地、高新区新能源产业示范基地、氢能示范产业园、新能源产业高端制造基地等为重点，加快推广应用绿色制造新技术、新工艺、新装备，进一步提升新能源产业绿色制造水平，构建技术、产业、应用融合发展的新能源产业生态圈。鼓励锂离子电池及产业链上下游企业积极探索"互联网＋回收"等新型商业模式，共建基于工业互联网的共用回收平台，推动废旧动力电池回收和综合利用。

三是绿色石化产业链。加快推动盘锦辽滨、营口辽河、锦西石化等工艺优化、预测性维护、智能巡检、风险预警、故障自愈等工业APP和解决方案在石化产业的应用推广，实现石化产业生产的智能化管控。推动石化生产与5G、大数据、云计算、人工智能、工业互联网等新一代信息技术深度融合，建设面向重点行业的工业互联网平台、开发安全生产模型库、工具集和工业APP，培育一批行业系统解决方案提供商和服务团队。

四、以数据价值开发推动消费品行业转型升级

聚焦生物医药、中医药产业链，加快大数据、云计算等新一代信息技术

在产品研发、质量追溯、全生命周期管理等环节的应用，带动区域内行业数字化升级，助力药品行业信息化追溯体系建设。

一是生物医药产业链。鼓励大型医药行业企业建设工业互联网标识解析二级节点，打造基于工业互联网标识解析技术的药品质量追溯体系，促进标识解析在医药行业的应用，推动医药供应链管理和追溯双闭环。推广药业等药企智能工厂建设经验模式，带动区域内生物医药行业的数字化升级。

二是中医药产业链。推动新一代信息技术在中药材有效成分提取、分离与纯化等技术研发环节的应用，拓展组分中药、中药制剂新产品。推进现代中医药实验室建设，建设中医药大数据平台，为中药制剂生产制造、中药新药开发和临床用药、健康诊疗提供大数据支撑。支持基于大数据的中药产品质量管理平台等项目的建设，助力全省中药材等重要产品信息化追溯体系建设。

五、以关键环节数字化改造推动传统产业转型升级

大力推动冶金、纺织等传统行业数字化转型。围绕设备管理、生产管控、供应链管理、环保管理等方面，搭建连接全要素、全产业链、全价值链的工业互联网平台，推动生产设备管理、生产工艺过程管控、全产业链协同以及能耗管理向数字化、网络化、智能化转型升级。加快智能工厂、工业大数据平台等项目建设，推动冶金行业生产过程智能化、生产模式绿色化。推动高效智能供销一体化平台、电动车智能化工厂、智能化生产线建设、服装企业生产销售一体化管理平台等重点项目建设，推广数字化、智能化技术在研发设计、生产制造、产品营销等环节的集成应用，促进海城西柳、辽阳袜业、佟二堡皮草等"老字号"数字化赋能，推动轻纺行业数字化转型升级。

第三节　培育智能制造示范基地和产业集群

培育一批智能制造示范基地、园区、先导区，聚集人才、科研、产业资源，

逐步完善智能制造产业链，促进产业规模化、集聚化发展，并以基地为中心，辐射并带动一定区域/范围内智能制造产业升级。滚动遴选跨领域跨行业综合性工业互联网平台作为工业互联网技术突破、应用赋能的标杆性代表，同时支持行业/区域平台发展，建设面向重点行业/区域的特色型工业互联网平台，带动更多主体参与平台建设，加快工业互联网平台推进进程，发挥平台向中小企业的赋能作用，带动行业整体智能化升级。

围绕辽宁现代产业体系和重点产业集群主题园区布局，加快信息基础设施建设，开展固定宽带和移动宽带"双千兆"工程，推进5G网络全面深度覆盖。搭建主题园区大数据平台，持续汇集园区企业、研发机构、服务机构等数据，为新兴产业发展提供大数据支撑，为园区创新发展赋能。强化技术应用场景构建，打造数字工厂、智慧园区、智慧交通等场景，拓展新技术新业态落地空间。推动面向重点区域的特色型工业互联网平台在"块状经济"产业集聚区落地，发展中央工厂、协同制造、共享制造、众包众创、集采集销等新模式，提升区域制造资源和创新资源的共享和协作水平。

第四节　培育推广智能制造新模式新业态

一、构建高质量绿色制造体系

探索"互联网+"绿色制造新模式，强化绿色制造动态管理，加快推进绿色制造体系建设，持续开发一批绿色产品，建设一批绿色工厂，打造一批绿色供应链，发展一批绿色工业园区。拓展绿色基础数据来源，支持企业对高耗能设备、新能源设备实施数字化改造和上云用云，加快构建绿色制造重点数据库。鼓励绿色制造重点行业企业开展数字化管理平台建设，优化供应链资源配置，减少耗材和资源能耗消耗，持续提升企业绿色发展水平。严格落实能源消费总量和强度双控及碳排放强度控制要求，研究制定市严格能耗限值推动重点领域节能降碳的实施方案，推动石化产业绿色低碳转型。

二、努力实现资源效率与社会效益相统一

近年来，在"双碳"战略目标引领下，开展智能工厂建设和数字化转型的同时，以数字技术赋能节能环保安全技术创新，应用人工智能、大数据、5G、工业互联网等提升工厂能耗、排放、污染、安全等管控能力，逐步迈向绿色制造、绿色工厂和绿色供应链，加快制造业绿色化转型，创造良好的经济效益和社会效益。

一是能耗监控分析与能源效率优化。基于数字传感、智能电表、5G等实时采集多能源介质的消耗数据，构建多介质能耗分析模型，预测多种能源介质的消耗需求，分析影响能源效率的相关因素，进而可视化展示能耗数据，开展能源计划优化、平衡调度和高能耗设备能效优化等。如长城汽车通过实时采集室内外温度和制冷机系统负荷，利用校核系统模型实时决策制冷运行的最佳效率点，动态控制制冷机并联回路压力平衡和水泵运行频率，降低制冷站整体能耗，节能率达到16%以上。

二是安全监控预警与联动应急响应。针对主要危险源进行实时监控，基于采集数据分析自动识别安全风险隐患并实时预警；广泛连接各类安全应急资源，构建应急预案库，自动定位安全事故，推荐应急响应预案，并实时联动调度应急资源，快速处置安全事故。如万华化学建设应急智慧系统，集成视频、报警、气象仪器等数据源，构建应急预案库，实现事故定位、预案启动、应急响应、出警通知以及相关设备和资源自动化联动，能够高效处置安全事故，降低损失。

三是全过程环境监测与污染优化。依托污染物监测仪表，采集生产全过程多种污染物排放数据，建立多维度环保质量分析和评价模型，实现排放数据可视化监控，污染物超限排放预警与控制，污染物溯源分析，以及环保控制策略优化等。如南京钢铁通过对220个总悬浮微粒无组织排放监控点的实时数据采集，构建和应用智慧环保模型，实现环保排放的预测预警与环保控

制策略优化，降低生产异常带来的超标排放风险 80%，加热炉排口硫超标现象下降 90%。

四是全链条碳资产管理。通过采集和汇聚原料、能源、物流、生产、供应链等全价值链条的碳排放数据，依托全生命周期环境负荷评价模型，实现全流程碳排放分布可视比较，碳排放趋势分析、管控优化以及碳足迹追踪等。如中石化镇海炼化构建碳排放管理系统，在线计算各环节碳排放、碳资产数据，实现碳资源采集、计算、盘查和交易全过程管控，按照单台装置每月减少碳资产计算工作量 1 天测算，全年降低成本 130 多万元。[①]

---

① 数据来源：中国信息通信研究院《智能制造行业：中国智能制造发展研究报告》。

第十七章

夯实智能制造基础，做好"智"造新保障

第一节 完善智能制造标准体系

智能制造、标准先行。标准化工作是实现智能制造的重要技术基础，包括建设细分领域行业应用标准体系，加大基础共性和关键技术标准研制力度，以及推进标准推广应用等。我国在产业部门的领导下统筹推进国家智能制造标准体系和行业智能制造标准体系建设，依托智能制造标准应用试点等手段，激发了辽宁制造企业在智能制造实施过程中应用标准、创新标准的积极性，智能制造标准化价值得到有效释放。根据工业和信息化部统计，"十三五"期间，我国已发布285项智能制造国家标准，主导制定47项国际标准，涵盖了企业生产制造的全流程，我国已进入全球智能制造标准体系建设先进行列。截至目前，国家优化迭代了3版《国家智能制造标准体系建设指南》，发布了339项国家标准，提出并研制了44项智能制造国际标准，推动船舶总装、建材、石化等14个细分行业智能制造标准体系建设，涌现了59家智能制造标准应用试点先进单位，来自全国33个省、市、自治区的51000家企业利用智能制造成熟度模型国家标准开展网络在线自诊断。标准在统一共识、指导智能工厂建设、促进新技术融合、开展新模式探索发挥了积极作用。

当前，国内智能制造发展进入系统创新、深化应用的新阶段，细分行业、

中小企业仍是智能制造发展的关键。接下来，辽宁要贯彻落实好《"十四五"智能制造发展规划》的工作要求，创新工作方法，务实推进辽宁乃至全国智能制造标准走深向实，切实发挥好标准的保障作用。一是优结构，加强标准体系的系统化布局。深入实施智能制造标准领航行动，针对装备制造、电子信息、原材料、消费品等领域的特点和需求，加快推动细分领域标准体系研究，以企业为主体加速推进重点标准研制，全面构建具有中国特色的智能制造标准体系。二是强基础，加强智能制造标准的研制与供给。围绕数字孪生、工业 5G、人机协作、智慧供应链等方向，前瞻性布局制定或参编一批具有自主知识产权的国家标准。统筹推动智能制造技术攻关和标准转化，将先进适用专项成果转化为"标准群"。三是促转型，以应用牵引标准成果转化落地。持续开展智能制造标准应用试点，依托国家智能制造标准化公共服务平台，做好对试点项目成效的动态跟踪，宣传推广优秀案例，结合典型场景参与编制智能制造标准应用图谱，促进智能制造标准快速向中小企业普及和应用。四是争高端，深化国际合作打造开放共享新环境。稳步扩大智能制造标准化视野，快速、精准介入智能制造国际标准制定，提高国际标准制定的话语权。深化中德、中日等多双边合作机制，参与"一带一路"沿线国家、RCEP 国家标准化合作机制，在标准合作研制、标准互认互通等方面强化共识。

第二节　强化网络安全

一、重视信息安全

深入开展宣标贯标、达标示范，推动工业互联网企业开展网络安全分级分类。落实企业安全防护主体责任，引导企业建立完善技术防护体系和安全管理制度。加强网络安全产业供给，从本质安全、工程安全、事件安全、主体安全、全域安全等培育技术、产品、服务等产业。培育发展安全云解决方案等云计算安全服务，加快推动计算机病毒应急处理中心、"城市安全大脑"、信创安全产业基地等项目建设。

二、强化安全生产

加快推进新一代信息技术融入安全生产、运输等各类场景，加速"工业互联网＋安全生产"融合，构建工业安全生产快速感知、全面监测、超前预警、联动处置、系统评估的新能力体系。支持高危行业构建覆盖关键装置、现场作业、人员、环境等的全局化安全生产监测、预警、管理和应急体系，深化新一代信息技术在人员身份识别、安全生产监控、产品视觉检测、AGV 物流配送、远程辅助运维等安全监督管理中的应用，实现全局化生产监督管理。

三、落实安全制度

智能制造，安全是魂。以"虚实融合"及"网络化协同"为核心特征的智能制造必将面临信息和网络安全挑战。2016 年我国《网络安全法》发布，将工控安全确立为国家推进智能制造的重要前提；2018 年工业和信息化部发布《工业控制系统信息安全行动计划（2018—2020）》，提出了"一网一库三平台"（即在线监测网络，应急资源库，仿真测试、信息共享、信息通报平台），着力态势感知、安全防护、应急处置能力支撑体系建设；2019 年工业和信息化部等十部门发布《关于印发加强工业互联网安全工作的指导意见的通知》，在"设备和控制安全、提升网络设施安全、强化平台安全、建立健全工业 APP 应用前安全检测机制，强化应用过程中用户信息和数据安全保护"四个方面提出建设要求。

第三节　实施智能制造创新人才工程

一、加强人员数字化能力建设

辽宁制造企业业务的数字化转型最终要以人员能力数字化建设及提升为底层支撑。人员数字化能力建设是企业数字化转型和业务数字化转型的基础。数据的最终维护责任方与使用方是业务部门，这就要求业务人员开展数字化能力建设与提升，并通过业务人员数字化能力的建设与提升辅助企业完成系统的规范化建设、扩展更多维度的数据源并进行沉淀、更高效地使用现有的系统和数据并对于目前系统中存在的问题和缺失的数据进行反馈，实现从业务场景出发，并最终反哺业务场景的数据应用闭环，见图17-1。

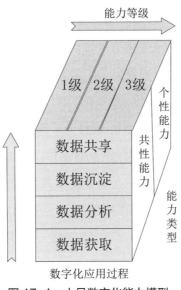

图 17-1　人员数字化能力模型

二、明确数字化能力模型整体搭建思路

根据数据使用的流程与逻辑，搭建数据获取、数据分析、数据沉淀、数

据共享 4 个一级指标。数据获取是基于业务场景及分析决策需求，明确所需要的数据源、数据指标及数据标准的能力；数据分析是基于业务场景对数据进行分析与应用的能力，如基于数据进行监督、评估、预测、策略构建及优化等方面的能力；数据沉淀是各岗位人员在提升自身数字化能力的同时，能够通过各类方法、工具、系统等方式对数据和分析方法进行沉淀的能力；数据共享是各岗位人员能够在同岗位序列人员间、部门内和部门间进行能力分享，并且积极参与并支撑团队整体数字化能力提升工作的能力。基于数字化能力模型中的 4 个核心一级能力维度，根据各岗位的工作职责继续拆解划分二级能力项，建立完整的岗位数字化能力模型，并选取量化指标对能力水平进行评估。最终通过将岗位数字化能力要求与人员数字化水平进行匹配，牵引人员数字化能力的提升。

三、注重数字化能力模型的落地

要充分认识到人员能力的数字化转型是企业数字化转型的底层支撑，业务的数字化转型最终要通过人员数字化能力的提升与构建来实现。数据应用场景落地及人员数字化能力建设也是打造数字化时代企业新型竞争优势的战略布局点。一方面通过各类激励、管控方式将人员数字化能力与其职级水平、收入水平等"切身利益"捆绑挂钩，提升员工提升自身数字化能力的紧迫感。另一方面通过数字化能力培训课程体系的建立、各类共创会及分享会的组织、系统及工具的开发来赋能、激发、加速业务人员数字化能力建设的广度与深度，最终实现组织数字化能力的大幅提升。

第四节　强化智能制造发展的投入保障

国内制造业转型升级的主要挑战和机会在于，经济结构调整、技术升级创新、消费升级，这就要求"中国制造"转向"中国创造/智造"。也就是说，从要素投入型转向创新驱动型，从规模扩张的粗放型到效益提升的精益型，从投资拉动型转向消费拉动型，从资源消耗型转向环境友好型，从工业产品化转向工业服务化。在这个变革过程中，资本 / 投资是推动制造业生态建设和产业转型升级的重要力量，促进产业的改革、发展、创新和国际化。在"改革"方面，引入外部投资者及其相应资源，构建有效的公司治理结构，实施市场化的管理和激励；在"发展"方面，借助资本市场，迅速扩展业务和市场规模，提升经营能力，并进行价值链联动；在"创新"方面，引入外部的先进制造和研发技术及管理经验，提升企业自主研发能力；在"国际化"或"开放"方面，获取和利用国际资源 / 技术 / 品牌 / 渠道，实现产业链的全球优化布局。

在产业生态建设过程中，资本 / 投资可以分别以风险投资基金和成长或并购基金的形式促进新兴产业的培育与发展传统产业的转型升级。以风险投资基金方式培育具有发展潜力的创新项目；以成长或并购基金方式利用跨国公司及其产业链公司的业务调整机会引入国际先进成熟技术。

在开放条件下，产业生态的建设应整合全球资源。基于国内产业需求，引进国际先进技术和资本，推进产业的转型升级。创新是全球性的，也是全球经济的核心，所以应在开放中创新发展。"走出去"（辽宁企业走到海外）和"引进来"（国外企业进入辽宁）要并重。在"走出去"过程中，资本 / 投资可以收购海外企业或技术，支持辽宁成熟产业的企业落地海外；在"引进来"的过程中，可以协助外商投资企业落地辽宁运营，并与辽宁企业开展资本或技术合作。

产业中的少数几个巨型企业或龙头企业拥有强大生产、市场和技术能力，在各自的产业链中充当着核心企业或系统集成商的角色，是产业生态成长的关键力量。要发展产业生态并提升竞争力，其关键就在于龙头企业的培育与发展。产业投资基金可以整合国内外资源支持龙头企业的发展，其主要作用方式包括以下三个方面：第一，贯通辽宁与世界，利用国外先进技术和中国的大国市场创造出特有的中国价值；融合产业与金融联动发展，为产业发展提供资金，为金融运营提供载体；第二，通过投资基金方式，金融探路，广泛寻找投资标的，关注世界领先技术或项目，以产业发展的长远价值为目标；

第三，通过全方位资源支持与管理改善的投后管理（孵化器）为所投项目增值。

产业投资基金通过对龙头企业的投资，从产业链和产业集聚区两个维度促进产业生态的建设。从产业链方面来看，转型升级原有业务；开拓新业务；做大规模，做强能力，做优品牌；国际化发展及与国内市场的协同。从产业集聚区来看，建设新的有前景产业生态或集聚区。为了更广泛地整合全球资源推进产业生态建设，还可以采用产业混合母基金的形式。它以"投资基金"为投资对象，优化资金的投资配置，降低投资风险，分享投资收益。精选优秀投资基金作为"伯乐"，广泛寻找并深入挖掘若干行业的新创领先、高成长高科技项目（"千里马"）。

通过市场机制培育龙头企业并支持其发展，固然重要，但是同时还应该发挥政府的作用。现在，各级政府已开始转变传统的财政资助，采用政府引导基金方式支持领先企业的发展，并且将其作为另类的"招商引资"方式，由"补贴投入"改为"股权投入"，这是一种很好的探索。2014年以后，政府引导基金或母基金规模迅速扩大。然而，许多政府引导基金的管理还是偏向于财政资金性质，包括管理机制和考核机制，而非规范的市场化管理。尽管政府引导基金规模很大，却难以达成其预期。因此，不仅要认识到资本／投资对于产业生态建设的重要作用，还要采取有效的机制或方式发挥其作用。同时，应该认识到产业生态的稳定发展及其升级关键还是取决于龙头企业及相关的配套条件。

第五节　推动产业链、供应链数字化升级

一、深化供应链领域数字化升级

深化数字技术在传统产业研发创新、生产加工、仓储物流、营销服务过程中的应用，促进企业实现生产制造与管理决策过程中的数字化转型。鼓励

大型工业企业围绕自身核心业务、利用工业互联网技术搭建企业内部工业互联网平台，推进工业设备联网和信息采集汇聚，加快内部信息化系统的综合集成以及云化改造，围绕上下游产业链生态圈，提供产业链协同、资源对接、信息共享、协同创新等服务。综合利用信息化、数字化的手段，汇聚工业经济运行全维度信息，搭建工业运行监测体系，建设工业大数据平台，基于平台加快推进产业链数字化转型。

鼓励龙头企业和第三方机构基于各产业链行业特性，深度融入产业链、供应链上下游真实场景，利用技术和数据双驱动，构建行业级工业互联网平台，赋能产业链、供应链相关企业协同发展，提高产业链协作效率和供应链一体化协同水平。打造一批集科技成果转化、技术标准、计量测试、检验检测、中试生产等功能于一体的产业技术公共服务平台，降低中小企业成本。加强传统产业数字化转型所需的人才队伍建设，为提升产业链、供应链现代化水平提供人才保障。

二、推动装备制造业集群虚拟化转型

利用工业互联网、大数据等数字化技术，依托其梳理的工业机器人、机床等11条重点装备制造领域产业链实施方案，探索形成突破地理空间限制、专业化分工及整体协作的虚拟装备产业集群，加速信息交流共享，降低信息不对称导致的交易成本，实现产业链对上下游垂直整合云端聚集。一是依托产业联盟、协会，以龙头企业数字化改造为引领，带动大量产业链内企业进行数字化改造，为集群虚拟化转型奠定基础。二是依托"链主"企业，搭建行业级工业互联网平台，推动企业数据向云端迁移。三是结合辽宁实际，对产业链完整、竞争力强的重点装备制造领域开展集群虚拟化转型试点，在政策、资金方面帮助争取国家支持。

第十八章

发挥企业主体作用，构建"智"造新生态

充分发挥辽宁制造企业开展智能制造的主体作用，尤其是制造业龙头企业在智能制造推广中的引领和赋能作用。龙头企业拥有较强的技术、市场和资金能力，在产业链中充当着"链主"或系统集成商的角色，是智能制造产业生态发展的关键力量，突出龙头企业开展集成创新、工程应用、产业化、试点示范的主体地位，引导和支持它们在实践中不断成长壮大，是构建智能制造产业生态的关键。同时，以国内国际两个市场需求为导向，以企业为主体，通过"产学研用"结合及开放平台等形式，最大程度聚集行业优势资源，促进创新成果孵化和转化，推动"智"造生态的可持续生长。

第一节　明确数字化转型阶段

针对制造业企业数字化转型的所处阶段，明确不同阶段的重点任务和要求，切实做好制造业企业数字化转型的重点工作。

一、明确规划阶段工作重点

首先，确定制造业企业数字化转型所需费用。面对不菲的投入，企业高管常提的问题是"企业需要为此付出多少费用？"毫无疑问，"费用模型"

是规划阶段受访者最看重的问题。数字化转型需要软件、硬件和服务等方面的各项投资，这使费用的确定变得复杂且必要。"按需付费"订阅软件模式是目前流行的趋势，这种模式可消除传统永久软件许可的大量前期投资。

其次，明确制造业企业数字化转型存在的风险因素，树立可靠的安全意识。互联网越来越普及，加上劳动力的流动性增大，以及敏感的数字知识产权，网络攻击面也会越来越大，因此企业更需要制定安全策略。网络风险已成为2020年最重要的五大运营关注问题，此外，受新冠肺炎疫情影响，网络风险问题成为技术企业的头等关注事项，因此，可靠的信息安全功能成为企业选择核心业务数字化转型软件的基本前提。

再次，分析供应商持续提供数字化转型的服务的稳定性。许多人考虑供应商的规模和财务稳定性，以确保他们能够支持其当前和未来的数字化转型的宏大目标。由于大多数数字化转型需要五年以上的时间，因此数字化转型购买者必须评估供应商的实际生存能力，以便为数字化转型这一漫长过程提供支持。

最后，严格审查评估，确定制造业企业数字化转型的合作伙伴。毫无疑问，企业应通过严格评估来确定数字化转型的合作伙伴。然而，企业本身也必须针对如下问题进行严格评估：如何实现或加速企业的经营战略和目标？这项投入的预期财务影响是什么？计划如何实现相应价值？数字化转型工作负责人应该能够建立起数字化转型目标与经营战略的直接联系。按照经营优先事项和相关的财务因素，妥善处理数字化转型工作，从而确保得到高管的支持和认可。通过进行财务影响测试来预估数字化转型项目在金钱方面的影响。

上述工作的目的是制定制造业企业数字化转型的切实可行的路线图，以获取相应价值和方向，并配备所需资源。制造业企业数字化转型的价值应在数字化转型过程中不断地逐步体现，从而保证转型进度，并在对应节点配备恰当资源，以加速转型进程。例如，如果汽车制造商的策略是保持最高水平的产品和服务质量（汽车行业的受访者认为这是数字化转型的最高目标），其数字化转型计划就应该力争或加速这一目标的实现。除了降低产品缺陷、召回率和提升客户满意度外，降低废品率和返工制造成本等财务相关指标也应该作为产品和服务质量的评价指标。

二、强化试点阶段工作评估

技术应用能力：努力探索扩大技术应用范围。许多制造业企业在试点阶段尝试各种目标，以便在整个企业加以推广应用。因此，制造业企业在该阶段应重视具有多项技术能力的供应商，以便在试点阶段尝试运用不同技术。

采用一流的技术：寻找市场上最好的技术解决方案。制造业企业往往希望采用尖端、创新和一流的技术进行试点工作。许多制造业企业往往寻求外部资源以制定评估标准，以确定最佳技术方案，但是每个企业都应优先考虑自身特点，以便选择最适合自身的技术方案。

行业经验/专业知识：选择经验丰富的供应商。制造业企业应考虑具体应用，在现实世界中拥有实施解决方案行业经验的供应商可以在一年实现数字化转型，而缺乏相关经验的供应商甚至需要花费五年时间，并且费用支出存在天壤之别。具有行业实践经验的垂直领域专业供应商往往拥有克服试点难题的专业知识。

针对试点阶段的相关建议：优先实现最有价值的应用场景。许多制造业企业的数字化转型项目在试点阶段往往遭遇失败。只有30%的制造业企业的数字化转型试点能顺利通过概念验证（PoC）阶段。[①] 两种错误的市场认知是造成试点失败的罪魁祸首：其一，以技术为重点安排试点工作；其二，急于同时推进过多应用场景的实现。企业可以尝试回答如下问题，以规避相关错误风险。许多数字化转型团队像是"打开了潘多拉的盒子"，被众多技术创新应用弄得眼花缭乱。实际上，制造商在试点阶段平均同时启动8个项目，但其中有6个无法进行扩展。因此，企业必须首先确定成功的标准，并优先

---

① 数据来自：2021年2月，美国参数技术公司（以下简称PTC公司）首次发布的《工业数字化转型状况》，由赛迪智库译丛于2021年6月14日，第19期发布。

考虑试点项目中能带来最大经营价值的使用场景。

为防止出现上述情况，制造业企业需要制定一个统一的路线图。该路线图应优先考虑实现一两个能带来最大价值的应用场景。在确定优先事项过程中，可能会出现许多影响价值实现的时间制约等因素。应恰当进行利弊权衡，以免对后续工作制造麻烦。这些工作可能涉及浩繁的技术集成问题，需要漫长的生产停机时间，或者大量不同的运行数据，以便进行模型分析。通过评估试点工作来证明其价值，是增加项目投资和推广工作的关键内容。应对试点价值和关键绩效指标（KPI）改进情况进行量化评估，并以此为基准，从而衡量试点项目对各相关方的价值和意义。

三、提高推广阶段应用实效

采用一流的技术：在产品、流程和人员中全面采用一流技术。虽然制造业企业的数字化转型试点工作主要取决于财务因素，但数字化转型的核心仍然是技术。为实现富有成效的技术转型，首先应确定试点中应用场景采用的技术能否全面推广至整个生产过程。

全面交付模型：进行全面推广。制造业企业数字化转型试点工作一旦获得成功，并能带来可观的收益，就应进行全面推广。处在数字化转型推广阶段的制造商应采用全面交付模型来评估提供商的价值，并分步骤加以推广，实现跨地区、跨部门和跨地点的推广应用。可利用更具可扩展性的技术（例如云计算）以及与地区性和行业合作伙伴的战略联盟等方式进行推广应用。

成为远见卓识的领导者：判断数字化转型项目的未来演变情况。面对一波波颠覆性经济、经营和技术浪潮，选择拥有远见卓识的领导力的合作伙伴，对制造业企业的数字化转型成功至关重要。与具有远见卓识的供应商合作并随时调整路线图有助于缓解这些颠覆性变化带来的冲击。

针对推广阶段的相关建议：通过项目的技术支撑、迅速复制和大规模推广实现增长。对许多制造业企业来说，某个试点项目获得成功后，就自然会扪心自问"接下来该如何行动"，很多制造业企业尚未做好准备，难以在整个制造业企业中复制最初的成功试点，也无法认清项目的整个财务价值。进度缓慢、耗时耗钱的试点项目无法产生变革性的成果，此外，由于缺乏明确收益，还会面临后续资金难以到位的风险。因此，在行业合作伙伴的协作下，制造业企业需要消化技术并打造技术生态系统。技术生态系统是创建企业架构以便在整个价值链进行全面推广的关键所在。利用具有数字化素质的合作伙伴，采用可扩展的云基础设施和工业物联网平台，是工业企业体系架构的惯常做法。

制造业企业数字化转型的最终目标应该是在全局范围内实现空前的速度，从而实现财务收益倍增效果。建立可在制造业企业各个部门轻松复制的数字化转型流程可促进推广工作。创建适用于不同场景下的项目"说明书"，内容包括成熟经验、用户角色与职责、管理模型与路线图。将这些项目"说明书"与敏捷的流程模式相结合，针对所确定的目标，跨职能团队利用两到四周的时间完成冲刺，以便实现"最简可行产品"。通过与其他试点团队合作，从而达到切实的文化变革。团队负责人应积极参与其他部门的试点情况发布会，以更加熟悉相关流程，并促进跨机构的知识共享。随着试点项目的推广，通过管理模型同时管理多个全面推广的项目至关重要。由内部各相关方和外部合作伙伴组成的指导委员会应创建章程，以确保各个团队之间的统一性和问责制，并促进从规划到试点、最后到推广的无缝对接。

第二节　突出龙头企业集成示范作用

辽宁制造业供给与市场需求适配性不高、产业链供应链稳定面临挑战、资源环境要素约束趋紧等问题凸显，以智能制造为主攻方向，推动产业技术变革和优化升级，推动制造业产业模式和企业形态根本性转变仍然刻不容缓。在发达国家的工业化进程以及在中国工业化的大部分时间里，工业和制造业的发展主要依靠其本身技术创新持续形成的动力。互联网、大数据、人工智能等新一代信息技术成为赋能制造业发展的重要力量，数字化、服务化转型成为制造业发展的重要方向。

对制造企业内部核心竞争力打造而言，智能制造要始终围绕提高企业如何打造更能适应市场、质量更高、成本更优、有竞争力的产品的主题，通过智能制造技术手段和系统构建，实现生产效率提升、产品质量提高、研发周期缩短、运营成本降低、能源消耗减少的切实目标。而对辽宁制造企业外部市场环境而言，"十四五"时期制造业结构调整的重点将从一些特定产业部门产值比重的提高转向制造业与其他产业的融合发展，既有数字经济的模式、业态创新，又有数字经济为实体经济赋能，利用信息技术提高传统产业的创新能力以及效率和效益，制造业领域龙头企业要不断深化数字化、智能化水平，起到示范引领作用，通过服务化开拓新的增长点。同时要更好地发挥政府在战略规划引导、标准法规制定、公共服务供给等方面的作用，营造良好环境，激发带动各类市场主体内生动力，提高制造业企业市场核心竞争力。

因此，要推动行业龙头骨干企业开展集成应用创新，加快云化、平台化、服务化转型，聚焦研发设计、生产制造、销售服务等业务全过程，推动生产设备与信息系统的全面互联互通，促进研发设计、生产制造、经营管理等业务流程优化升级。鼓励行业龙头骨干企业牵头建设工业互联网平台，开放先进技术、应用场景，将数字化转型经验转化为标准化解决方案向行业企业辐射推广。加快推进国有企业数字化转型，进一步加强集团管控能力，提升运营效率，优化业务流程，打造行业数字化转型样板。

第三节　加速企业数字化变革

加快培育制造业企业个性化定制、网络化协同、智能化制造、服务化延伸、数字化管理能力，推动生产方式、组织模式和商业范式深刻变革。实施辽宁制造企业数字化转型"万千百十"工程，推动万家企业上云上平台，千家企业通过两化融合贯标，百家智能工厂和数字化车间，数十家国内优秀的智能制造和工业互联网解决方案供应商。

一是提升企业个性化定制能力。通过用户参与产品全生命周期，提升企业需求分析、敏捷开发、柔性生产能力。鼓励开展客户需求分析，精准挖掘用户需求，形成客户需求画像。推动企业建设用户交互定制平台，缩短产品设计周期。鼓励打造模块化组合、大规模混线等柔性生产体系，建设快速响应需求的柔性生产示范车间。

二是促进企业网络化协同能力。建设各类企业间协同网络，促进数据、业务互联互通，实现产能高效配置。加速企业间数据互联，支持重点行业打造协同数据库，推动重点订单、产能、渠道等方面开放共享，促进资源有效协同。

三是提高企业智能化制造水平。以"降本减存、提质增效"为核心，推广融合示范，实现产线设备全面智能化升级。推动人工智能、物联网、大数据等新一代信息技术在产品制造全生命周期的融合应用。鼓励工业企业购置先进成套生产线，广泛运用信息技术改造技术落后生产设备，实现生产制造自优化、自决策、自执行。

四是塑造企业服务化延伸能力。鼓励企业从销售产品向销售"产品＋服务"转变，延伸自身服务环节，发展各类制造业共性服务。鼓励制造业企业基于产品数据进行跨界整合与价值挖掘，实现向价值链两端高附加值环节延伸。推动各类企业围绕共性制造环节，提供工业设计、设备在线检测及健康管理、远程运维、预测性维护、融资租赁、供应链金融等服务。

五是深化企业数字化管理能力。以基于章生技术打通核心数据链为重点，构建数据驱动的高效运营模式。支持企业建设资源计划系统、生产线数据采集系统、智能物流条码识别系统等数字管理项目。鼓励企业不断挖掘生产运营数据并反馈重构企业战略、组织管理、市场服务等决策，打造数据驱动、敏捷高效的管理运营体系。

六是推进装备企业数字化升级。一方面实现装备产品数字化迭代升级。

围绕我省重点装备领域，结合市场需求和优势，制定重点突破的智能装备产品清单。鼓励沈鼓集团、沈阳机床、东软医疗、新松机器人等具备高端产品研发能力的企业坚持数字化发展方向，研制具有自感知、自决策、自执行功能，嵌入新一代信息技术的智能装备产品。推动装备企业与用户单位联合攻关、试验验证，攻克一批超特高压输变电、冶金石化、机械加工、汽车自动化装配等领域需要的专用智能成套装备。探索开展辽宁首台（套）产品示范应用项目，建立数字化产品应用推广目录，加大高档数控机床、工业机器人、智能生产线、专用成套装备、工业软件等优势产品的推广力度。另一方面加强数字化车间建设。在航空航天、汽车、船舶、轨道交通、数控机床、机器人等领域，以沈阳、大连两市作为试点区域，推进实施智能生产单元、智能生产线、数字化车间建设。加大数字化设计、装备智能化升级、工艺流程优化、精益生产、可视化管理、质量控制与追溯、智能物流等应用，对生产运行过程及供应链进行规划、管理、诊断和优化，推动企业全业务流程数字化整合。对已建成并投入运营的数字化车间和智能工厂行业示范给予支持，鼓励引导更多装备制造企业开展数字化升级，并将数字化升级典型成功案例进行推广，形成由点到面、有序推广的格局。

第四节　构建数字化转型良好生态

一、推进软件重大工程

建设大力发展基础软件及工业软件，支持行业龙头骨干企业、工业软件企业、制造业数字化转型服务商、高校院所等强化协同，开发面向产品全生命周期和制造全过程各环节的核心软件、嵌入式工业软件、集成化工业软件平台，加快发展研发设计类软件、生产制造类软件、经营管理类软件、行业专用软件和新型工业软件，加快工业软件云化部署。

二、提升数字化转型能力

围绕产业特色创新体系与发展格局，多渠道、多元化提升企业数字化思维，引导企业逐级和跨级推进两化融合，构建适应数字时代的企业新型能力。引导企业建立数据管理能力，用标准加快企业全业务流程的数字化。

三、推动中小型制造企业数字化普及应用

加快推进中小型制造企业数字化普及应用，重点推进设备换芯、生产换线、产品换代、机器换人。聚焦关键工序自动化、生产过程智能优化控制、供应链管理智能化，分类创建示范车间，聚焦设备互联、数据互换、过程互动、产业互融，建设示范智能工厂。通过打造公共服务平台、建立培育体系等手段，培育一批"专精特新"中小企业、专精特新"小巨人"企业和单项冠军。鼓励工业互联网平台联合数字化转型服务商，打造深度融合行业知识经验的系统集成解决方案。梳理一批典型应用场景，发掘一批优质应用产品和优秀应用案例，向中小企业予以全面推广。

第十九章

完善体制机制，推动智造强省行稳致远

第一节　协同机制

一、建立制造业协同联动工作机制

成立领导小组统筹全省智能制造高质量发展，制定发布重大战略规划、重点产业规划和重大政策措施，研究部署重点工作任务和重大项目布局建设，协调解决重大问题和困难。聚焦重点行业发展规划、重大项目、重点企业和关键资源要素配置等重点领域，加强省级统筹布局，打破行政壁垒，促进各市、县（区）和开发区协调配合，形成省、市、县（区）上下联动，省直部门左右协同，全省一盘棋的工作格局。

二、建立健全政策协同机制

省级层面构建政策协同支持体系，各地政府统筹集成各类智能制造财政支持政策，集中财力支持产业基础再造和产业链提升、先进制造业转型升级、优质企业竞争力提升、集群服务体系构建及人才引育、科技创新等重点工作。各地在符合国家和省有关规定的前提下，每年从土地出让收入中提取"腾笼换鸟"专项经费，重点用于盘活工业用地、企业整治提升、宿舍型保障性租赁住房建设、产业园区配套设施完善等。

深化工业用地市场化配置改革，加快划定工业用地控制线。确定全省每年出让的国有建设用地中工业用地比例，确保省级特色产业集群核心区、协同区所在地的工业用地总量稳中有升。工业用地整治、低效用地再开发等腾出的土地，在符合规划的前提下重点用于省制造业重大项目。充分发挥省制造业重大项目调度机制作用，支持先进制造业重大项目申报省重大产业项目，符合条件的特别重大和引领性产业项目可提前预支用地奖励指标。

三、健全区域间制造业协同发展新机制

充分利用地缘优势，开展与京津冀地区的产业合作，积极探索建立与省际毗邻区域的协同发展新机制，实现产业协作联动、优势互补；主动对接粤港澳大湾区、长江经济带等制造业先进地区，力争在新材料、节能与新能源汽车、先进装备制造、电子信息制造等产业领域形成合作；主动对接江苏、浙江等地特色产业集聚区，力争在先进成套装备、生物医药等领域形成产业合作。积极借鉴和推广自由贸易试验区改革成功经验，推动省内开发区与自由贸易试验区建立顺畅联动协作发展机制，最大限度释放自由贸易试验区的经济溢出效应。积极探索共建产业园区、产业转移园中园，打破行政区划限制，围绕主导产业优化布局，强化开发区间的产业链上下游协同发展，实现优势互补、产业链协同配套发展。

第二节　共享机制

一、健全数据要素共享机制

建设完善全省物理集中、动态更新的产业信息资源库，整合共享各部门产业领域相关数据，汇聚各类社会化数据。研究制定政府公共数据开放管理办法，编制数据开放共享目录和标准。建设政府数据开放平台门户，围绕社

会关注度高的重点领域，有序推动政务数据向企业和公众开放，完善省、市数据共享机制。探索建立一屏全览的综合展示可视化产业大数据平台，积极探索引导式、场景化服务，提升产业数字化治理能力，对推进效果分地区、分产业、分任务进行精准评估。探索数字化标准规范，完善数据产权保护机制。完善网络与信息安全保障体系，加强重要信息系统网络安全防护，健全网络安全监测预警、应急处理的工作机制。

二、健全质量检测公共服务功能共享机制

加快检验检测公共服务体系建设，重点围绕汽车、电子信息、生物医药等重点行业需求，探索突破计量、检验检测技术，分行业逐步建设检验检测公共服务平台，推广质量基础设施"一站式"服务，推动优势领域积极申报国家级平台，强化计量、标准和关键检验检测技术一体化建设，分类推进产业质量基础设施改造升级，加强产业计量测试中心建设，提升制造业基础领域质量检测公共服务功能共享水平。开展产业基础技术、工艺等基础数据搜集工作，掌握全省基础工艺技术发展情况，为产业创新攻关提供数据支撑和方向指引。

第三节 激励机制

开展全省制造业高质量发展综合评价，对评价优秀地区开展激励考核。开展集群竞赛，建立赛马机制，强化省级特色产业集群核心区、协同区考核评估和动态调整。培育集群发展促进组织，积极争创国家先进制造业集群。进一步落实研发费用加计扣除、固定资产加速折旧以及重大技术装备进口、高新技术企业、集成电路和软件企业税收优惠等已出台的优惠政策。对实施技术改造的制造业企业，项目完工且经项目核准或备案部门验收合格后3年内，鼓励市、县政府按照招商引资政策依法落实税收优惠。

加大工作激励力度。将智能制造发展纳入省政府对市、县（市、区）年度目标考核内容。省政府每年对智能制造发展综合 10 强县（市、区）、智能制造发展增速 10 快县（市、区）、智能制造综合实力 50 强企业、智能制造 50 名优秀企业家进行通报。加大对辽西三市、智能制造集聚的重点县（区）的支持，对上述区域符合条件的项目，奖补资金补助金额上浮 20%。

第四节　保障机制

一、加强组织领导

在"智造强省建设领导小组"领导下，设立制造业数字化转型工作专班，统筹谋划和推进全省制造业数字化转型工作。各有关部门根据职责分工，加强政策、措施协同，形成全省推动制造业数字化转型"一盘棋"。各级人民政府要健全工作机制，结合实际制定具体实施方案，确保各项工作落到实处。

二、加大政策支持

强化省、市、县（区、市）联动，鼓励各地区"因地制宜"制定差异化的政策措施，形成政策合力。统筹现有各项专项政策，用好市智能制造等制造业强省有关专项资金和政策，不断优化政策执行效果，加大对制造业数字化转型支持力度，加快推动重点行业中小型制造企业"上云上平台"数字化转型，鼓励开展区域、行业或企业级等多层次工业互联网平台建设，遴选一批数字化转型试点示范，引导、鼓励企业加快数字化、网络化、智能化转型升级改造步伐。

三、提升公共服务

强化数据要素支撑，探索推动工业数据的采集、传输、加工、存储和共享，推进工业大数据分级分类。围绕工业互联网、工业软件、智能制造等领域，落实国家有关融合发展技术、管理、应用标准，构建政府主导与市场自主制定标准并重的标准体系。开展智能制造立法工作，强化智能制造法规保障，进一步规范大数据、云计算、工业互联网等新一代信息技术在制造业领域中融合应用。

四、加强交流合作

强化对接合作，充分发挥全省产业、教育、科技等比较优势，加强政策联动，深化与国内外发达地区供需对接，融入京津冀、长江经济带、粤港澳大湾区等国家区域战略建设，协同推进工业互联网协同发展示范区建设。依托全国互联网大会等平台，广泛开展制造业数字化交流，加速要素流通以及区域联动，推进数字化转型创新发展。

五、强化人才支撑

加快引进培育制造业数字化领域的高层次、复合型人才，健全人才评价机制。加强高校、职业院校、技工院校等制造业数字化领域相关学科和专业建设，推进产教融合、校企合作，培养制造业数字化专业人才。加强制造业人才政策宣传解读和社会舆论引导，营造引才聚才用才的良好氛围。

附　录

附录1　加快推进数字辽宁智造强省建设[①]

当前，全球新一轮科技革命和产业革命加速发展，互联网、大数据、云计算和人工智能蓬勃发展，数据量呈现爆发式增长，数字化、智能化技术不断突破，为经济创新发展注入了新动能。我省应利用好数字经济发展的窗口期，抢抓数字经济发展新赛道带来的新机遇，加快推进数字辽宁、智造强省建设，奋力实现辽宁全面振兴、全方位振兴新突破。

一、辽宁发展数字经济推进智造强省建设潜力巨大

辽宁拥有丰富的推进传统产业与数字经济、人工智能融合发展的场景资源。辽宁最早在全国建立起独立完整的工业体系，装备制造、石化、冶金、轻工、纺织、建材、医药、电子信息等工业门类齐全，曾创造过1000多个"全国第一"，填补了大量产业空白，树立过很多行业标杆。辽宁战略性产业集聚，关系国民经济命脉和国家安全的装备制造、冶金、石化等产业在全国占有优势地位，能够生产大批"国之重器"，有很多亟待插上"智慧翅膀"转型升级的企业，具有推进数字化、智能化深度融合发展的广阔空间，从企业生产工艺到生产流程，每个环节都能培育出典型的应用场景。

一是建设数字辽宁、智能制造所需的人才存量和科教资源丰富。辽宁是人才大省，人才存量多。截至2020年，专业技术人才总量323万人，其中高级职称人才48万人；产业技术工人483万人，其中高技能人才100.7万人；高层次人才集聚，拥有"两院"院士56人。辽宁是科教大省，科教资源密集，创新潜能巨大。全省有高校100多所，其中"双一流"高校4所，拥有中科

[①] 本专题原载于《辽宁日报（理论版）》，"加快推进数字辽宁智造强省建设"，2021年9月18日，作者：李万军（辽宁社会科学院院长、研究员），张万强（辽宁社会科学院副院长、研究员）。

院所属科研院所 6 个，国家级高新区 8 个，国家工程技术研究中心 12 个，国家工程研究中心 16 家，国家企业技术中心 43 家，全省双创示范基地达 19 家，技术转移示范机构 91 家，科技企业孵化载体达 272 家。全省高新技术企业突破 7000 家，科技型中小企业突破 10000 家。沈阳市拥有新松机器人、东软、格微、芯源等一批机器人、工业软件、集成电路企业，大连市拥有英特尔等 60 余家半导体生产及配套企业。

二是数字化基础设施建设逐步完善。近年来，辽宁加快推进 5G 基站等新型基础设施建设。目前，全省规模以上企业数字化研发设计工具普及率和关键工序数控化率分别达到 75% 和 51.81%。工业互联网工作起步早、推进快，在工业和信息化部确定的国家工业互联网企业名录中，辽宁上榜数占总量的 1/10，沈阳机床、东软医疗等 9 家企业承担的项目被评为国家智能制造试点示范项目，18 个项目列入国家智能制造综合标准化与新模式应用项目计划。目前，辽宁工业上"云"企业 7000 多家，联网设备超万台，智能生产线、数字化车间和智能工厂等项目带动示范效应显著。

三是高度重视数字经济、智能制造工作。近年来，省委、省政府高度重视这项工作，把"数字辽宁、智造强省"作为"十四五"时期和未来 15 年远景规划的重要目标，不断加大推进力度。省财政安排了专项资金，聚焦数字化转型和智能化改造，推动 1 万户工业企业上"云"；重点培育 100 个"5G+工业互联网"示范工厂和园区，推进鞍钢、恒力石化、抚顺新钢铁、沈阳鼓风机等企业开展数字化转型和智能化改造，企业生产效率持续提升，运营成本不断降低。"十四五"时期，辽宁将大力推进数字项目建设，用数字驱动创新，持续激发制造新动能。

二、加快推进"数字辽宁　智造强省"建设的重点任务

一要通过"三次赋能"引领产业结构升级。一是加大 5G 等新基建投资。尽快在产业园区等重点区域建成畅通、高效的网络设施，为人工智能、工业互联网、大数据、云计算等数字经济发展打好基础，为结构升级赋能。新

基建一方面要通过网络铺设、区域预留、平台搭建、中心建设等，打造一张万物互联、人机交互的"高速公路网"，另一方面要大力发展以解决方案、数据分析、云计算、新模式应用等为代表的"软件支撑"。二是利用完善的 5G 等通信基础设施为智能科技产业赋能。加快推进智能化、数字化技术在研发设计、生产制造、经营管理、市场营销、运维服务等各环节的融合应用。三是用智能科技产业为传统优势产业赋能。促进特色应用场景与智能科技深度融合，催生数字工厂、云上生态、智慧供应链等新业态。深化制造业与互联网融合，大力发展网络化协同研发制造、个性化定制、云制造等智能制造产业。

二要重点围绕"三篇大文章"推进产业数字化。加快"设备换芯""生产换线""机器换人"，以"智"赋能促进"老字号"数字化、智能化升级，以辽宁正在建设的 100 个以上企业数字化改造升级标杆为引领，加快建设一批智能工厂、智能车间、智能生产线，逐步建立面向生产全流程、管理全方位、产品全生命周期的智能制造模式，拓展新一代信息技术应用场景，加大制造业企业数字化改造力度，推动数字技术在制造企业的应用，建设具有国际竞争力的先进装备制造业基地。促进冶金、石化产业强链、延链、补链，带动产业链向高端演进，积极搭建全省供应链云商务平台，为企业提供快速响应的市场需求服务。大力培育数字化、智能化转型本地供应商，支持企业开发高端工业制造软件，着力为企业提供系统解决方案。

三要发展壮大数字产业集群。做大做强集成电路产业，加快沈阳集成电路装备高新技术产业化基地、大连集成电路设计产业基地、朝阳半导体新材料研发生产基地、盘锦光电产业基地、锦州电子信息产业园等建设，培育新的增长极。加快发展人工智能产业，加强新一代机器视觉、物联网核心芯片、智能计算芯片等技术的前瞻布局。重点依托中科院沈阳自动化研究所等平台资源，加快推进机器人未来城建设，打造机器人产业创新生态圈。积极推进区块链技术发展应用，建设全省区块链专业技术创新中心和区块链产业创新平台、沈阳东北亚区块链总部基地、大连区块链产业园。大力发展大数据产业，重点研发海量数据存算、数据分析挖掘、安全隐私、大数据归集管理、虚拟现实、大数据与医疗知识融合等关键技术。充分利用国家赋予沈抚改革创新示范区的平台优势，以发展"新字号"为方向，扶持大数据、智能制造等产业发展，重点建设东北大数据中心、大数据交易中心和健康医疗大数据产业园，支持机器人小镇和微电子产业园项目建设。

三、加快推进"数字辽宁　智造强省"建设的主要举措

深刻认识发展数字经济、智能制造的重大意义。各级党委、政府应抓住"十四五"时期及未来 15 年数字经济发展的窗口期，把发展数字经济、智能制造摆在重要位置，纳入重要日程，紧紧抓住数字经济新赛道带来的新机遇，掌握全面振兴的主动权。

一要加大政策扶持力度。进一步强化数字经济发展的顶层设计，加强战略指导、制度设计、政策支撑，充分释放数字化发展的放大、叠加、倍增效应。研究设立数字经济发展产业基金，科学布局支撑数字化发展的基础网络体系，统筹推进数据中心、工业互联网等新型基础设施建设，提升 5G、人工智能等应用场景支撑能力，支持省内企业的数字化、智能化改造，吸引大项目投资。制定政策鼓励银行等金融机构加大对企业发展数字经济、智能制造项目的信贷支持力度，鼓励各类投资基金加大对种子期、初创期智造企业的支持力度。

二要进一步完善数字经济发展环境。加快提升政府及社会公共服务数字化建设水平，依托现代信息技术全面提升政府治理效能，让数据多跑路，让市场主体少跑腿，深化"放管服"改革，更大激发市场活力和社会创造力。着力降低数字经济、智能制造企业的生产要素成本，严格落实中央关于数字经济和智能制造的减税降费政策。着力培育数据市场，扩大基础公共信息数据有序开放，推动公共数据与企业数据深度对接，规范数据开发利用场景，提升社会数据资源价值。

三要加快制定吸引人才、留住人才和培养人才的举措。以"数字辽宁、

智造强省"建设为目标，进一步加大专业技术人才培养与引进力度。一方面，辽宁高校应围绕发展数字经济、智能制造调整学科设置，培养高层次人才，为产业需求提供智力支撑；另一方面，激励企业加大研发投入，提高人才待遇，吸引更多人才流入。促进产学研深度融合，培育一批数字领军人才，打造多层次、多类型数字化人才队伍。

附录 2　主动融入新发展格局　推进辽宁全面振兴全方位振兴[①]

加快形成以国内大循环为主体、国内国际双循环相互促进的新发展格局，是以习近平同志为核心的党中央深刻把握发展规律、敏锐洞察历史大势、主动顺应时代潮流作出的重大战略抉择，是事关全局的系统性、深层次变革，是立足当前、着眼长远的战略谋划。辽宁作为老工业基地，在开启全面建设社会主义现代化国家新征程、服务全国构建新发展格局上，一定要深入贯彻省委十二届十四次全会精神，找准在国家发展大局中的战略地位，以全局观念主动融入，充分发挥比较优势，加快推进振兴发展。

一、牢牢把握构建新发展格局切入点和突破口

构建新发展格局的战略基点是坚持扩大内需，使生产、分配、流通、消费更多依托国内市场，形成国民经济良性循环。战略方向是坚持供给侧结构性改革，提升供给体系对国内需求的适配性，打通经济循环堵点，提升产业链、供应链的完整性，使国内市场成为最终需求的主要来源，形成需求牵引供给、供给创造需求的更高水平动态平衡。其目的是要推动形成宏大顺畅

---

① 本专题原载于《辽宁日报（理论版）》，"主动融入新发展格局　推进辽宁全面振兴全方位振兴"，2021 年 1 月 7 日，作者：李万军（辽宁社会科学院院长、研究员）。

的国内经济循环，更好吸引全球资源要素，既满足国内需求，又提升我国产业技术发展水平，形成参与国际经济合作和竞争新优势。辽宁工业门类齐全、体系完备，是国家重要的工业基地，在主动融入构建新发展格局中，一定要牢牢把握扩大内需这个战略基点，明确战略方向。省委十二届十四次全会明确指出，辽宁维护国家"五大安全"的战略地位十分重要。在维护国防安全方面，我省是军工大省，在加快发展军民两用产业、推进新兴领域军民融合发展方面前景广阔。在维护粮食安全方面，我省是全国13个粮食主产省之一，优质高附加值农产品市场巨大。在维护生态安全方面，我省拥有良好的生态和旅游资源，发展绿色产业潜力大。其中在维护能源安全方面，我省可再生资源种类齐全，新增长点多。在维护产业安全方面，我省工业体系完备，装备制造、石化、冶金等产业在国家产业布局中占有重要位置，有能力在一些领域开展关键核心技术攻关，破解"卡脖子"难题。紧紧围绕维护国家"五大安全"精准发力，更好地挖掘内需潜力，更好地改善供给质量，更好地激发内生动力，这既是振兴东北、辽宁的政治任务和历史使命，也是辽宁服务全国构建新发展格局的切入点和突破口。我们一定要突出重点，科学谋划，打造新的经济增长点，为构建新发展格局作出辽宁贡献。

二、加快"一圈一带两区"区域发展格局建设

充分发挥沈阳、大连在全省经济社会发展中的牵动作用，优化区域布局，完善区域政策，形成以沈阳、大连"双核"为牵引的"一圈一带两区"区域发展格局，充分发挥各地区比较优势，促进各类要素合理流动和高效集聚，推动"一圈""一带""两区"区域互补、融合联动，构建高质量发展的板块支撑和动力系统。以沈阳为中心的现代化都市圈，要按照国家中心城市的功能定位，提升城市品质，增强城市能级，提高集聚、辐射和带动能力。率先在制造业数字化、网络化、智能化改造上实现突破，在建设数字辽宁、智造强省中作出示范，着力建设国家先进制造中心。沈阳要在打造数字辽宁智造强省、"一网通办""一网统管"、解决"老字号"方面当先锋做表率。

以大连为龙头的辽宁沿海经济带建设，要突出大连东北亚国际航运中心、国际物流中心、区域性金融中心的带动作用，建设东北地区对外开放新高地和全球海洋中心城市，引领辽宁沿海经济带加快建成产业结构优化的先导区、经济社会发展的先行区。大连作为全省的开放龙头要在畅通循环、实现更高层次对外开放、解决"原字号"问题上做榜样，充分发挥大连的"中心港"效应，加快畅通陆海通道、完善集疏运网络、提升航运服务水平，建设智慧、绿色、高效国际性枢纽港。要对标自由贸易港，推动规则、管理、标准等制度型开放，为更高水平对外开放作出示范。辽西融入京津冀协同发展战略先导区建设，要充分发挥辽西毗邻京津冀的区位优势，紧紧抓住京沈高铁全线贯通的有利条件，依托阜新、朝阳、葫芦岛等市，主动融入京津冀协同发展战略，打造辽宁开放合作的西门户和新增长极。辽东绿色经济区建设，要全面落实国家建设东北东部绿色经济带部署，充分发挥生态环境良好，森林资源、水资源丰富的优势发展生态产业，建立高效低耗的生态经济体系、可持续利用的资源支撑体系、优质可靠的环境安全体系、山川秀美的自然生态体系，在全省率先走出资源节约和环境友好的发展新路子，形成均衡发展、互动发展的良好局面。

三、积极扩大对外开放融入国内国际双循环

充分发挥区位优势，找准我省在国家区域战略版图、"一带一路"建设、东北亚区域合作、东北振兴中的定位和角色，进一步加强国际国内合作，扩大对外开放，打造辽宁对外开放新优势。要充分利用我省与东北亚相邻的地缘优势深度融入共建"一带一路"，坚持陆海统筹，加强经贸产业合作，加快推进基础设施一体化进程，积极推进辽宁与日本、韩国、俄罗斯远东地区临海港口群之间的集装箱远洋干线业务、海内支线业务、国际邮轮业务的共同开发运营；共同参与中俄蒙经济走廊建设，促进东北亚各国之间跨境大桥、跨境铁路和跨境公路建设，提高陆海交通运输网络的互联互通水平。深耕日韩，加快推进产业体系建设，以共同维护制造业供应链安全稳定为重点，推进形

成三方制造业分工合作新机制。加快融入"双循环"，统筹用好国内国际两个市场、两种资源，抓好沈阳、大连、抚顺、营口、盘锦跨境电商综合试验区建设，推动丹东互市贸易创新发展，进一步加强辽宁与江苏、沈阳与北京、大连与上海的对口合作，积极探索与粤港澳大湾区深度合作，主动融入国家区域发展战略，建立和完善开放合作体制机制，扩展开放合作领域、创新开放合作方式、提高开放合作成效，以开放合作推动产业创新、企业创新、市场创新、产品创新、业态创新和管理创新。

四、全面扩大内需有效促进国内大循环

深度融入强大国内市场，使生产、分配、流通、消费各环节更多依靠国内市场实现畅顺循环。优化供给结构，改善供给质量，提升供给体系对国内需求的适配性。推动实体经济均衡发展，促进农业、制造业、建筑业、服务业、能源资源等产业门类关系协调。强化扩大内需的政策支撑，破除妨碍生产要素市场化配置和商品服务流通的体制机制障碍，降低全社会交易成本。顺应消费升级趋势，加快服务消费提质，促进实物消费升级，鼓励发展夜经济、假日经济、平台经济、共享经济，培育体验式消费，促进消费向绿色、健康、安全发展。聚焦卫生防疫、文化教育、环境保护等领域，加大政府购买产品和服务力度，促进公共消费。做精做优辽宁消费品工业，打造辽宁消费品品牌，增加省内新兴领域消费产品。放宽服务消费领域市场准入。改善消费环境，强化消费者权益保护。拓展投资空间，推进新型基础设施、新型城镇化、交通水利等重大工程建设。推进重大公共卫生应急保障、防洪供水、送电输气、沿边沿江沿海交通等一批强基础、增功能、利长远的重大项目建设。加快补齐市政工程、公共安全、生态环保、公共卫生、民生保障等领域短板，鼓励企业设备更新和技术改造，扩大战略性新兴产业投资。稳步扩大利用内资规模。发挥政府投资撬动作用，激发民间投资活力，形成市场主导的投资内生增长机制。扩大高质量产品和服务供给，提升教育、医疗、养老、金融等服务供给，引导企业强化质量管理，提高市场应变能力，培育更多"百年老店"。

支持辽宁民营资本投资消费品工业，促进辽宁消费产品卖在辽宁、卖到全国、卖到世界。发挥优势品牌企业引领作用，培育一批特色鲜明、竞争力强、市场信誉度高的自主品牌，加强行业集体商标、证明商标和地理标志产品保护。鼓励企业挖掘品牌文化内涵，支持企业围绕品牌开展整体宣传，引导社会资源向辽宁自主品牌倾斜，增强市场对辽宁品牌的消费信心。

附录 3　推动数字赋能改造升级我省传统制造业[①]

习近平总书记在致首届数字中国建设峰会的贺信中强调："加快数字中国建设，就是要适应我国发展新的历史方位，全面贯彻新发展理念，以信息化培育新动能，用新动能推动新发展，以新发展创造新辉煌。"促进新一代信息技术与制造业深度融合，推动制造业向数字化、网络化、智能化加速发展，是老工业地区引育新动能、推动新发展、创造新辉煌的重要途径。

一、数字赋能推动制造业改造升级的内在逻辑

（1）从微观层面看，企业数字化转型能够助推企业降本增效、催生新业态。一方面对企业实现生产智能化、营销精准化、运营数据化和管理智慧化具有重要助推作用，能够提升制造企业资源配置效率，有效降低制造企业产业链上下游之间信息交流成本，打破传统制造企业所需交易条件的时空限制，并通过制度创新和管理创新倒逼制造企业转型升级。另一方面数字化培育企业数字商业模式、数字创投与孵化新优势，能够催生智慧型数字工业经济新业态、新模式、新动能。

（2）从宏观层面看，数字化的知识和信息已经成为经济结构优化的重要

---

① 本专题原载于《新华中经观察》，"推动数字赋能改造升级我省传统制造业"，2021 年 8 月 27 日，作者：姚明明（辽宁社会科学院副研究员），获省级领导批示。

推动力量。"数字产业化"和"产业数字化"成为数字经济的重要组成部分。以数字技术为支撑、数字化转型为主线的制造业改造升级,有力地推动产业链、价值链、供应链和创新链的多链融合发展,使制造业由产业集聚向链群式组织结构演进成为可能。制造业数字化链群式组织生态系统能够解决信息孤岛、数字壁垒和数字鸿沟等问题,并强化数字赋能作用,使生产性服务业和制造业在空间上形成"分离式集聚",助推制造服务业向专业化和价值链高端延伸,持续优化产业组织方式和生产力空间布局。

二、辽宁传统制造业数字化现状及问题

进入新时期、新阶段,在新发展格局下,辽宁提出"数字辽宁""智造强省"建设,全力做好改造升级"老字号"、深度开发"原字号"、培育壮大"新字号"结构调整"三篇大文章",明确推动 100 个"5G+工业互联网"示范工厂、示范园区建设目标。2020 年,我省新增 5G 基站 2.3 万个,推进 21 条工业领域产业链建设,持续提升产业基础能力和产业链水平,推动传统制造业向高端化、智能化、绿色化、服务化改造升级。面对新机遇,聚焦数字赋能,推动辽宁传统制造业改造升级,仍面临三方面挑战。

(1)制造企业对数字化技术创新应用的重视程度还不够。数字化场景应用具有投入大、回收慢、门槛高等特点,导致部分企业智能改造升级动力不足,数字化应用场景推广迟缓。

(2)产业数字化发展不均衡。突出表现在地区发展不平衡和数字化基础设施投资不平衡。得益于数字化基础设施、数据储备及数字化服务系统解决方案供给能力的提高,沈阳、大连、营口地区产业数字化水平高于辽宁其他地区,产业数字化转型投资回报率较高,而其他地区 5G 网络、工业互联网平台建设相对滞后。

(3)数字化整体水平还不高。2019 年,辽宁数字经济规模在全国排名第 15 位,数字经济增加值占 GDP 比重低于全国平均水平 2 个百分点。全省数字经济增速 11%,低于全国 4.6 个百分点。

为此，要从宏观引导与服务供给、微观应用与正向激励两个层面，强化数字赋能，以产业数字化推动辽宁传统制造业改造升级，引领老工业基地全面振兴、全方位振兴。

三、南方发达地区数字化驱动传统制造业改造升级主要经验

1. 浙江传统制造业数字化改造升级由试点到全面推进

（1）数字化试点阶段（2017—2020年）。浙江早在2017年启动全省传统制造业改造升级1.0版，核心任务是推动传统制造业智能化改造、空间整合、园区集聚、倒逼整治，以智能化改造提升行业竞争力，以锻长板补短板增强产业链韧性，以精准服务优化传统制造业发展环境。智能化改造提升行业竞争力，主要推进"机器换人"和智能化技术改造，开展分行业智能化改造试点，实施万企智能化改造诊断计划。自2019年以来，浙江千亿技术改造投资工程实施智能化改造项目共计7000项，完成投资2870亿元。在推进"互联网＋制造""企业上云"方面，该省建成工业互联网平台210家，上云企业超39.8万家，建成数字化车间、智能工厂114家，未来工厂10家，拥有在役工业机器人10.3万台。

（2）全面数字化赋能阶段（2020年至今）。2020年11月，浙江全面启动以数字化转型、集群化发展、服务型制造为主要特征的传统制造业改造提升2.0版，全力创建全国传统制造业改造升级示范区，加快建设全球先进制造业基地。在数字化改造升级传统制造业方面，主要做法是：全面推动数字化转型，大力发展新智造，强化新模式培育，强化工业互联网赋能，强化数字化改造，强化"未来工厂"。从新模式培育来看，浙江全力培育基于平台的网络化协同、智能化生产、个性化定制、服务化延伸等新模式，推广"犀牛智造"，以数字化驱动产业链和产业生态重构，推动传统消费品产业向基于"柔性快反供应链"的时尚产业转变，努力实现云端一体、数字赋能。

2.珠三角制造业数字化转型经验

（1）强化工业软件、人工智能和智能制造等领域重点攻关，利用政策引导和示范引领，为中小微提供可见、可用的数字化服务，推进工业互联网"扶贫和扫盲"，拓展中小微企业对数字化应用的深度和高度，提高工业互联网服务及环境支撑能力。

（2）提高工业互联网平台供给能力和下沉深度，提供更多接地气的、高适用性的数字化解决方案，让中小微企业用得了、用得好。

（3）广东省发布《广东省制造业数字化转型实施方案（2021—2025年）》，实施四条转型路径："一企一策"（推动行业龙头骨干企业开展集成应用创新）、"一行一策"（推动中小型制造企业加快数字化普及应用）、"一园一策"（推动产业园和产业集聚区加快数字化转型）和"一链一策"（推动重点行业产业链、供应链加快数字化升级），以及夯实五大基础支撑：①实施广东"铸魂工程"，推动工业软件攻关及应用；②实施"广东强芯"工程，发展智能硬件及装备；③培育工业互联网平台，包括跨行业、跨领域工业互联网平台，特色型工业互联网平台，专业型工业互联网平台；④完善数字化基础设施；⑤构建数字化安全体系，包括推进中小型制造企业"安全上云"工程、建设工业互联网安全技术保障平台。

四、数字赋能推动辽宁传统制造业改造升级的几点建议

1.宏观政策引导与有效服务供给

（1）发挥政府财税政策引导作用，激发企业数字化改造积极性。坚持推动产业数字化，利用互联网新技术、新应用对制造业进行全方位、全角度、全链条的改造。一方面按照"政府引导、专业管理、市场化运作"原则，聚焦共性技术研发、产业创新能力提升、公共服务平台、精益管理、制造业技术改造等领域，管好用好辽宁省产业（创业）引导基金，重点支持企业开展工业互联网试点示范、人才引育和新产品新技术产业化。探索基金管理模式，推进专项资金改革，发挥社会资本杠杆作用，吸引社会资本投入到制

造业数字化改造升级关键环节。另一方面落实好国家税收优惠政策，切实减轻企业数字化转型负担。对国家鼓励发展的集成电路设计、装备、材料、封装、测试企业和软件企业，落实企业所得税"两免三减半"政策。对高新技术企业转换科技成果的股权奖励，技术人员可按五年分期缴纳个人所得税。同时，对制造企业数字化改造投资提供融资担保及财政贴息，降低企业投融资成本。

（2）构建区域数字化技术服务体系，推动先进制造业集群优化升级。辽宁在装备制造、汽车零部件、轨道交通装备、船舶海工、工业自动化、集成电路、精细化工、钢铁深加工等诸多产业领域形成了集群化发展格局，并有省级开发区 62 家、国家级开发区 17 家，省级科技创新基地突破 1000 家，规模经济效应显著。制造企业可依托现有产业集群、工业园区及科技创新基地，主动寻求数字化赋能路径，不断提高产业协同配套服务水平。重点搭建研发设计、知识产权、信息服务、成果转化等数字化技术服务平台，促进制造企业技术结构调整、产业结构优化和产品结构多样化。以数据生态驱动为动力，推动先进制造业集群形成区域化的产业链、价值链、创新链、供应链融合共生的链群组织结构。

（3）转换产业发展思维，夯实制造业向智能制造转变的产业基础。聚焦数字赋能，将辽宁老工业基地传统制造业优势转变为以智能制造为依靠，引领和支撑辽宁制造业高质量发展，需要树立数字思维、融合思维和链式思维。以数字化为主要驱动力，加快全省各地区 5G 基站、工业互联网等新型基础设施建设，赋能传统制造业向智能制造转变。以数字化与制造业融合、产业链和产业集群融合、数据要素与其他生产要素融合为主攻方向，前瞻性布局现代制造业发展体系。以"建链、延链、补链、强链"为重要任务，加快推动制造业产业基础高级化、产业链供应链现代化，提升制造业自主可控能力。以新技术、新产业、新业态、新模式为导向，不断激发制造业转型升级的潜力与活力，全面提高数据、资本、技术、信息、劳动、土地等要素的生产率，夯实传统制造业向智能化制造转变的产业基础。

（4）加快体制机制创新，构建制造业数字化生态体系。以构建制造业产业链群化、数字化生态体系为目标，以推进全省政务生态系统、创业生态系统、创新生态系统和自然生态系统优化和协调为重点，科学实施"链主制"和"链长制"，处理好市场调节和政府调控关系，构建完善的产权制度体系、市场法律体系和司法服务体系，为制造业数字化生态体系发展营造良好的制度环境。优化全省传统制造业区域分工机制，引导制造业产业转型，构建跨地理区域的经济联系和制造业数字化协同关系，减少制造业数字化生态体系发展的时空限制。

2. 微观应用示范与正向激励

（1）创新数字化应用场景，共享工业互联网赋能收益。一是提高制造业数字化软件服务业服务能力。借助辽宁沈阳、大连等地的重要软件研发基地，加快数字化软件服务的研发及更高层次的应用与开放，在制造业集群地区构建数字化软件服务业生态系统，创新工业互联网应用场景，提高技术外溢效应和带动制造业转型升级的中介效应。二是积极培育制造业数字化领军企业。鼓励传统制造企业加快数字化转型，支持核心制造企业带动上下游企业向数字化、智能化方向改造升级，打造形成以龙头企业为领导者、众多中小企业为追随者的协同、包容、开放的数字化生态系统。三是鼓励企业开展商业模式创新，共享制造业数字化红利。以数字技术核心软硬件创新能力为引领，鼓励有研发能力和技术推广能力的企业，通过商业模式加快工业互联网平台建设与应用推广，提供多层次、系统化的智能工厂系统解决方案，提升辽宁制造企业的智能装备创新能力、竞争力和盈利能力。

（2）实施智能制造工程，全面提升制造业企业数字化水平。加快落实"数字辽宁"发展规划，按照制造企业改造升级数字化需求，审时度势、精心谋划、超前布局，重点推广生产线重构与动态智能调度、人机物协同与互操作等技术。引导企业在成套装备、汽车制造、机器人等领域率先布局一批智能工厂、智能车间和智能生产线，逐步实现生产设备网络化、生产数据可视化、生产过程透明化、生产现场无人化的智能制造模式。完善企业及工业园区数字基础设施，推进数据资源整合和开放共享，保障数据安全。推动互联网与制造业生态圈深度融合，释放数字化改造升级对传统制造业改造升级的放大、叠加、倍增作用。

附录4　加快培育壮大辽宁元宇宙产业抢占产业发展新高地①

元宇宙已经成为数字经济领域的新赛道。加快元宇宙产业发展，有助于促进我省数字经济底层关键技术突破，驱动产业数字化赋能升级，推动应用场景创新、生活方式变革和治理模式迭代。截至2022年9月19日，全国共出台了20项涉及元宇宙产业发展的政策文件，其中包括15个元宇宙专项政策，涉及包括辽宁沈阳和平区在内的13个省和直辖市的10个城市的12个区，各地区在元宇宙产业的培育壮大上已经形成了竞争态势。根据中商产业研究院发布的《中国元宇宙行业市场前景及投资机会研究报告》，在政策支持下，中国元宇宙产业迎来发展新机遇，预计2027年元宇宙市场规模将达1263.5亿元。辽宁应增强元宇宙产业培育的紧迫感、危机感，加快布局数字经济"新蓝海"，抢占元宇宙产业发展新高地。

一、深刻认识加快"元宇宙"培育发展的重要性

1. 元宇宙是推动产业数字化赋能升级的新动力

元宇宙是未来虚拟世界和现实社会交互的重要平台，是数字经济新的表现形态。元宇宙底层核心技术基础能够将数字技术与实体经济虚实结合，以虚强实推动价值增值，同时深刻改变现有社会的组织与运作，催生线上线下

---

① 本专题原载于《辽宁智库》，"加快培育壮大辽宁元宇宙产业，抢占产业发展新高地"，2022年9月21日，辽宁社会科学院元宇宙课题组，获两位省级领导批示。

一体的新型社会关系，从虚拟维度赋予实体经济新的活力。辽宁有雄厚的工业基础，为"元宇宙＋工业互联网"应用场景提供了无限可能，甚至在5G、数据要素、在线新经济等行业，元宇宙都能更好地赋能经济、生活、治理等领域的数字化转型。

2. 元宇宙是数字经济发展的新赛道

在国务院发布的《"十四五"数字经济发展规划》中，涵盖了大部分元宇宙概念，工业和信息化部更是把培育一批进军元宇宙的创新型中小企业作为中长期重点任务。在数字经济时代，元宇宙已经成为前沿科技战略的制高点，也是地方政府新的竞争领域。北京市委认为元宇宙是一片"新蓝海"，指出要发挥头部企业带动作用，加强核心技术攻关，投放更多应用场景，推动元宇宙产业聚集发展。上海市人民政府2022年7月发布《上海市培育"元宇宙"新赛道行动方案（2022—2025年）》，依托一批元宇宙领域龙头企业，推出特色产业园区，拓展应用场景，加快推进从概念探讨向务实操作转向。

3. 元宇宙是产业融合发展的新生态

国外的元宇宙已经形成多元化产业生态，从底层技术、算力平台和基础设施，到社交、游戏、交通、办公、制造等实现了广泛的覆盖，形成了相对完整的产业链布局。国内的元宇宙布局现阶段主要围绕算法迭代、芯片设计、娱乐化应用等领域。展望未来，元宇宙以超强的交互性、沉浸式体验感、经济增值性、高效生产力等特有属性，将利用底层技术基础，打造先进的操作系统和引擎，创新交互方式，推动多元化的内容和应用场景的实现，包括泛娱乐、泛工业、智慧城市、智慧农业等多领域的深刻变革与应用。

二、典型地区元宇宙产业发展政策比较

上海重点实施"四个行动＋八项工程"。"四个行动"，如产业高地建设行动，重点发力全息显示、未来网络、VR/AR/MR终端、3D图像引擎等方面提升产业供给力；模式融合赋能行动，支持元宇宙＋工厂、医疗、文娱、办公等场景打造；还有数字业态升级和创新生态培育行动。"八项工程"方面，

如关键技术突破工程，组织企业揭榜挂帅；数字 IP 市场培育工程，试点上海数交所开设数字资产交易板块，推动数字创意产业规范发展；产业创新载体培育工程，布局一批特色产业园区；还有数字人全方位提升、数字孪生空间、数字空间风险治理等工程。

北京依托城市副中心培育壮大元宇宙示范区。北京出台《关于加快北京城市副中心元宇宙创新引领发展的若干措施》提出，北京城市副中心将打造一批元宇宙示范应用项目，支持一批元宇宙应用场景建设。依托通州产业引导基金，采用"母基金 + 直投"的方式联合其他社会资本，打造一支覆盖元宇宙产业的基金。同时，支持元宇宙企业及服务机构集聚，给予元宇宙企业房租财政补贴。

山东打造国内一流、具有国际竞争力的千亿级虚拟现实产业高地。《山东省推动虚拟现实产业高质量发展三年行动计划（2022—2024 年）》提出，打造以青岛为中心，济南、潍坊、烟台、威海四市联动，其他市协同的"1+4+N"虚拟现实产业区域布局。山东将用三年时间在全省培育推广百项应用场景及解决方案，完成千亿级虚拟产业高地建设目标。

广东重点打造元宇宙关键技术及应用的领军企业。《广州市黄埔区、广州开发区促进元宇宙创新发展办法》提出，将重点引进和培育一批掌握元宇宙关键技术及应用的领军企业，对元宇宙专精特新企业入驻本区认定的"专精特新产业园"，争取在 5 年内培育 10—15 家工业和信息化部元宇宙专精特新"小巨人"企业。

三、加快培育壮大我省"元宇宙"产业的四点建议

当前，我省对元宇宙的研究、宣传和应用进展较为滞后，存在新概念界定缺乏共识、缺乏系统的政策激励与引导、缺乏健全完善的技术底层基础设施、标准体系不完善等发展瓶颈，为此提出以下建议。

1. 加强系统研究，形成元宇宙学习、研发的良好氛围

建议依托省内软件开发、通信技术、IC 装备制造等领域"双一流"大学，

增设元宇宙相关课程、培育符合元宇宙应用市场需求的专业人才；支持有实力的高校、科研院所等加快形成元宇宙相关研究课题组，并向场景应用端延伸，形成"产学研用"良性循环，提高元宇宙研究成果转化率。此外，要充分发挥我省在互联网应用、大数据产业、人才储备和培养等方面的比较优势；高度重视元宇宙底层技术基础设施的建立健全，加快推动将 5G 网络、智能传感、算力、人工智能等纳入元宇宙底层基础设施。

2. 加强全面宣传，保障元宇宙产业健康有序发展

当前是元宇宙发展的初级阶段，全省党政干部对元宇宙的理解还不深入，需要进一步凝聚社会各界共识。鼓励数字经济领域专家、产业联盟、行业协会等举办面向社会的元宇宙宣讲、科普活动等，加快元宇宙知识普及，形成全社会共识。此外，针对元宇宙领域的政策监管尚不完善，在加大元宇宙研究、应用等领域宣传的同时，要警惕元宇宙领域的金融过度投机、恶意炒作等行为，特别是以"元宇宙投资项目""元宇宙链游"等名目吸收资金，涉嫌非法集资、诈骗等违法犯罪活动，制定一系列针对元宇宙的政策措施，防范元宇宙炒房、元宇宙虚拟币等违法行为。

3. 加强政策激励，培育元宇宙龙头企业

元宇宙产业的培育壮大，离不开系统化、体系化的政策的引导和激励。要加快制定并出台元宇宙产业规划，建立健全产业促进政策体系，组织产、学、研、用各方面力量解决元宇宙关键共性技术问题，让元宇宙产业成为"数字辽宁、智造强省"建设的新引擎。我省要立足自身优势产业基础，找准定位错位发展、特色发展，在元宇宙终端入口、时空域生成、应用服务等重点环节发力，选取若干领域作为元宇宙产品应用推广的突破口，划定元宇宙产业示范区，以产业政策激励为导向，以骨干企业为依托，加快本土元宇宙龙头企业培育，构建从基础研究、技术开发、产品设计、内容制作到应用服务的完整产业体系和生态圈。

4. 加大基础创新，重点突破基础底层技术和平台标准

围绕基础底层技术和应用场景制定标准，提升行业话语权。由于芯片、

传感器、系统软件、基础软件等底层技术的前期研发成本巨大，需要企业长期大幅投入，更需要政府加强引导和鼓励，推进国产元器件和软件的应用。我省在 IC 装备、软件开发领域具备一定优势，支持企业、数字产业联盟等加快参与制定统一的元宇宙数据、平台标准，探索构建元宇宙的技术、产品和系统评价标准指标体系，出台连接元宇宙设备、产品之间的标识解析、数据交换、安全通信等标准。发挥标准对产业的引导支撑作用，增强行业共识。

附录5　辽宁省主要制造业创新中心名单

辽宁省制造业创新中心名单（截至 2021 年底）

序号	中心名称	牵头单位
1	辽宁省燃气轮机创新中心	中国航发沈阳发动机研究所
2	辽宁省冷热技术创新中心	冰山集团大连冷冻机股份有限公司
3	辽宁省掘进装备创新中心	辽宁三三工业有限公司
4	辽宁省高端医学影像装备创新中心	东软医疗系统股份有限公司
5	辽宁省磁动力创新中心	迈格钠磁动力股份有限公司

附录6 辽宁省主要产业集群

序号	城市	小计	集群名称	核心集聚区	主导产品	投产企业数	2011收入	2015规划	备注
			合计			12213	18767	54700	
		21个	小计			1987	4894	10400	
1	沈阳		大东汽车及零部件产业集群	大东汽车城	汽车及零部件	50	787	1650	千亿
2			铁西现代建筑产业集群	沈阳经济技术开发区	建筑制品、建筑工程机械和建材装备制造	97	400	1000	千亿
3			铁西汽车及零部件产业集群	沈阳经济技术开发区	汽车及零部件	49	264	500	
4			铁西机床及功能部件产业集群		机床及功能部件	18	196	500	
5			铁西电气及配件产业集群		变压器、开关柜	114	290	600	
6			铁西医药化工产业集群		乙烯、树脂、VC	114	311	500	
7			沈北农产品精深加工产业集群	辉山、虎石台经济开发区	粮、油、畜禽精深加工	116	490	1000	千亿
8			沈北手机（光电信息）产业集群	道义、虎石台经济开发区	现代通信、光电显示、集成电路、位置服务产业	111	308	600	
9			于洪家具产业集群	于洪家具产业园	电力装备、机械加工、家具	136	271	500	
10			于洪五金产业集群	于洪五金产业园	机械加工、电器	81	250	400	
11			于洪装备零部件及特种机床产业集群	机械基础零部件产业园和特种机床城	机泵阀、传动件、特种机床	25	8	400	新增
12			苏家屯电力电器产业集群	苏家屯电力电器产业园	电力电器及部件	185	144	300	
13			苏家屯钢管产业集群	苏家屯钢管产业园	钢管、金属加工	137	144	200	
14			东陵（浑南）软件及电子信息产业集群	浑南高新技术开发区	软件、现代通信、半导体照明、数字视听应用电子产品等	110	232	500	

续表

序号	城市	集群名称	核心集聚区	主导产品	投产企业数	2011收入	2015规划	备注
15	沈阳	沈阳民用航空产业集群	沈阳航空基地	飞机大部件及配套	9	8	300	
16		新民药业产业集群	新民经济开发区	医药、食品、化工	68	70	200	县域
17		新民包装印刷产业集群	沈阳胡台新城	包装、印刷制品、机械加工	83	114	200	县域
18		辽中铸造机加产业集群	近海经济区	铸件、机床配件	146	118	250	县域
19		辽中泵阀加工产业园	辽中泵阀产业园	机械、电缆、泵阀	45	78	200	县域
20		法库陶瓷产业集群	法库经济开发区	陶瓷产品	147	259	400	县域
21		康平塑编及纺织产业集群	康平经济开发区	塑料纺织及制品、机械加工	146	152	200	县域
小计		21个			3389	5050	13600	
22	大连	软件和信息技术服务产业集群	大连高新区	软件、信息技术服务	1000	759	3800	千亿
23		金州装备制造产业集群	大连经济开发区	数控机床、制冷产品、载重车发动机	258	572	800	
24		金州汽车及零部件产业集群		发动机、变速器、消音器	33	175	500	
25		金州电子信息产业集群		集成电路、数字视听、半导体照明、新型平板显示等	109	523	1000	千亿
26		金州生物医药产业集群		医药、医疗器械、生物疫苗	20	73	200	
27		大孤山石油化工产业集群	大孤山石化区	油品、医药、PTA、农药、化学品	40	586	1000	千亿
28		登沙河精品钢材产业集群	登沙河临港工业区	特殊钢、轿车板材、特殊钢材、钢材、铝材	12	185	400	

续表

序号	城市	集群名称	核心集聚区	主导产品	投产企业数	2011收入	2015规划	备注
29	大连	长兴岛石油化工产业集群	长兴岛临港工业区	PTA、炼化一体化、甲醇制烯烃及衍生物	6	0	1000	千亿
30		长兴岛船舶制造产业集群	长兴岛临港工业区	各类型船舶、海洋结构物、船舶配套产品	69	103	400	
31		大连湾临海装备制造产业集群	大连湾临海装备制造业聚集区	压力容器、核电设备、钻井平台	10	429	600	
32		旅顺轨道交通装备产业集群	旅顺经济开发区	轨道交通设备制造	11	10	300	
33		旅顺船舶及配套产业集群	旅顺经济开发区	船舶制造及配套	77	67	200	
34		花园口新材料产业集群	花园口经济区	航天航空材料、新能源储能材料	71	72	200	
35		松木岛化工产业集群	普湾新区松木岛化工园区	合成氨、纯碱、丙烯、硫化黑	59	43	400	
36		保税区汽车及零部件产业集群	大连保税区	整车及零部件	24	14	500	
37		庄河农产品深加工产业集群	辽宁现代海洋产业区	海产品、农产品、饮料	378	339	500	县域
38		庄河机床产业集群	庄河市新兴产业经济区	数控机床、落地镗床、滚齿机、橡胶机械、发电装备	260	345	500	县域
39		庄河家具产业集群	庄河市新兴产业经济区	实木家具、实木复合地板、门	153	95	200	县域
40		瓦房店轴承产业集群	瓦房店沿海经济区	轴承	700	390	500	县域
41		普兰店服装产业集群	皮杨工业区	服装	72	242	400	县域
42		普湾电力设备器材产业集群	普兰店经济开发区	互感器、船用电器、电器开关	27	28	200	县域
小计		7个			595	1194	3200	

续表

序号	城市	集群名称	核心集聚区	主导产品	投产企业数	2011收入	2015规划	备注
43	鞍山	鞍山钢铁深加工产业集群	鞍山经济开发区	精品板材、管材、重轨、型钢	52	415	1000	千亿
44		鞍山煤焦油深加工产业集群	鞍山经济开发区	针状焦、染颜料、碳黑	15	42	200	
45		鞍山工业自动化及电力装备产业集群	鞍山高新技术开发区	变压器、高中低压控制柜、SVC、电站关键部件	107	138	300	
46		鞍山光电产业集群		新型平板显示、半导体照明	18	30	200	
47		鞍山冶金矿山装备产业集群	鞍山灵山工业园区	轧辊、造球机、拆炉机、振动筛、除尘器、阀门	42	66	200	县域 千亿
48		海城菱镁新材料产业集群	海城经济开发区	耐火材料、镁建材、镁化工	236	306	1000	县域
49		海城纺织服装产业集群	海城纺织工业园	布匹、服装、针织服装	125	197	300	县域
小计		4 个			322	903	2700	
50	抚顺	抚顺工程机械产业集群	抚顺经济开发区	工程机械设备研发及制造	232	414	1000	千亿
51		抚顺化工新材料产业集群	抚顺高新区	石油化工、新材料	50	404	1000	千亿
52		沈抚新城特殊钢铁材料产业集群	开发区拉古工业园	钢铁铸件制造加工	29	61	500	新增
53		清原输变电设备产业集群	清原镇马前寨	硅橡胶复合绝缘子、特高压铝合金结构件、输变电设备模具	11	24	200	县域 新增
小计		4 个			421	344	2700	

续表

序号	城市	集群名称	核心集聚区	主导产品	投产企业数	2011收入	2015规划	备注
54	本溪	本溪生物医药产业集群	本溪高新区	各种药品、医疗器材	207	170	1000	千亿
55		本溪钢铁深加工产业集群	桥北、东风湖钢铁产业园	冶金轧辊、高精度薄板	186	109	1000	千亿
56		南芬铸件产业集群	南芬铸件产业园	发电设备铸件、工程机械铸件	13	55	400	新增
57		桓仁葡萄酒产业集群	桓仁县五女山经济开发区	冰葡萄酒、干白、干红葡萄酒	15	10	300	县域新增
小计		3个			411	291	1300	
58	丹东	丹东汽车及零部件产业集群	临港产业园区	客车、SUV、皮卡、曲轴、车桥	233	161	500	
59		丹东仪器仪表产业集群	仪器仪表产业基地	自动化系统、燃气表、射线仪器	167	96	500	
60		东港再生资源综合利用产业集群	辽宁（东港）再生资源产业园	铜阳极板、铜拉杆、电线电缆、各类铸件	11	34	300	县域
小计		5个			226	786	3100	
61	锦州	锦州光伏产业集群	光伏产业园	硅、硅片、太阳能电池及组件	34	150	1000	千亿
62		锦州石化及精细化工产业集群	石油化工园	顺丁橡胶、异丙醇、氟碳醇、苯磺酸、防水材料、生物化学品等	94	350	1000	千亿
63		锦州钛及特种金属产业集群	汤河子	钛、锆、钛白粉、油漆、钛合金	22	106	500	
64		锦州汽车及零部件产业集群	西海汽车园	电动汽车、安全气囊、汽车发电机、启动机、减震器等	45	97	300	新增

续表

序号	城市	集群名称	核心集聚区	主导产品	投产企业数	2011收入	2015规划	备注
65	锦州	义县冶金材料产业集群	凌北新型冶金园	球墨铸管、硅锰合金、钛铁、钒铁等	31	83	300	县域新增
	小计	4个			772	716	2200	
66	营口	营口汽车保修装备产业集群	营口汽保工业园	轮胎拆装机、动平衡机等	48	96	500	
67		营口北海电机产业集群	北海新经济区	电机的研发、制造、集散	0	0	400	
68		大石桥镁产品及深加工产业集群	大石桥基镁园、大石桥高端镁质产业园	电熔镁砂、烧成镁砖、镁化工、镁建材	651	524	1000	县域千亿
69		营口仙人岛石化产业集群	仙人岛能源化工区	炼油、乙烯、芳烃深加工	73	96	300	县域
	小计	4个			229	214	1100	
70	阜新	阜新液压产业集群	阜新经济开发区	转向泵、各种液压产品	150	171	500	
71		阜新皮革产业集群	皮革产业园区	皮革、皮鞋、皮靴	15	16	200	
72		阜新氟化工产业集群	氟化工产业基地	聚四氟乙烯树脂、氟碳醇、含氟医药和农药中间体、二甲苯麝香	14	7	200	县域
73		彰武林产品加工产业集群	林产品加工基地	板材、家具、地板及配套产品	50	20	200	县域新增
	小计	5个			1095	1052	3100	

续表

序号	城市	集群名称	核心集聚区	主导产品	投产企业数	2011收入	2015规划	备注
74	辽阳	辽阳芳烃和精细化工产业集群	芳烃基地	芳烃、烯烃、成品油、多晶硅、切割液、水泥减水剂	62	592	1200	千亿
75		辽阳工业铝材深加工产业集群	辽阳高新区	工业铝合金型材、板材	4	189	1000	千亿
76		辽阳汽车零部件产业集群	辽阳经济开发区	汽车内饰件、汽车弹簧等	75	93	200	
77		佟二堡皮革皮草产业集群	佟二堡工业园区	皮装、裘装服装	950	108	500	县域新增
78		灯塔日用化工产业集群	灯塔铁西工业集中区	日化原料、天然脂肪醇、非离子表面活性剂、叔胺	4	70	200	县域
		小计 6个			784	756	2900	
79	铁岭	铁岭专用车产业集群	铁岭经济开发区	罐车、清扫车、垃圾车、自卸车	38	258	1000	千亿
80		铁岭工程机械产业集群	铁岭高新区	工程机械(电铲、塔吊、挖掘机)	45	95	500	县域
81		开原起重机械产业集群	开原工业区	门、桥式起重机、塔式起重机	108	181	500	县域
82		铁岭汽车零部件产业集群	铁岭县工业园区	换挡杆件、汽车轮胎模具、磁流变液制动器	35	110	300	县域新增
83		调兵山矿山机械产业集群	调兵山工业园区	生产采煤机、掘进机、刮板运输机、液压支架	63	62	300	县域新增
84		西丰医药保健品产业集群	西丰工业园区	鹿茸、医药保健品深加工	495	50	300	县域
		小计 6个			690	577	2200	

续表

序号	城市	集群名称	核心集聚区	主导产品	投产企业数	2011收入	2015规划	备注
85	朝阳	朝阳新能源电器（超级电容器）产业集群	朝阳高新技术园区	超级电容器、发电设备、电动车	83	22	500	
86		朝阳矿山机械产业集群	朝阳开发区装备制造业产业园区	矿山机械、柴油机及汽车零部件、专用设备、通用设备等	210	130	400	新增
87		喀左冶金铸锻产业集群	喀左县冶金铸锻产业集群	铸造材料、汽车轮毂、刹车系统、特种钢坯、大型铸锻件等	70	72	200	县域
88		北票粉末冶金产业集群	北票冶金工业园区	铁精矿粉、粉末冶金、机制球团	221	153	400	县域
89		朝阳有色金属产业集群	朝阳县有色金属产业园区	镍产品、铝（钛）产品和锰产品	76	155	500	县域新增
90		建平陶瓷产业集群	建平县工业园区	陶瓷内墙外墙砖、微晶装饰板材	30	45	200	县域
小计		4 个			359	1237	3000	
91	盘锦	盘锦石化及精细化工产业集群	精细化工园、石油化工园、辽滨石化园	催化剂、工业助剂、燃料油、沥青、聚乙烯、聚丙烯、聚苯乙烯	151	821	2100	千亿
92		盘锦石油天然气装备产业集群	盘锦市经济开发区	钻井装备、采气装备、天然气采气装备及油田专用汽车	140	269	400	
93		盘锦海洋工程装备产业集群	盘锦海洋工程装备制造基地	海工平台、海工服务船舶、海上钻采设备、海上风力发电设备	23	37	200	
94		盘锦塑料新材料产业集群	辽宁北方新材料产业园	高性能改性塑料、工程塑料、塑料模具、塑料添加剂	45	110	300	县域
小计		4 个			597	620	2400	

续表

序号	城市	集群名称	核心集聚区	主导产品	投产企业数	2011收入	2015规划	备注
95	葫芦岛	葫芦岛聚氨酯产业集群	高新技术产业开发区	ADI、MDI、TDI、泡沫材料、石油化工产品	110	402	1200	千亿
96		葫芦岛海洋工程装备产业集群	龙港海洋工程工业园	船舶海洋工程装备制造及配套	45	158	500	
97		葫芦岛打渔山泵阀产业集群	打渔山泵业产业区	工业泵	37	4	500	新增
98		兴城泳装产业集群	兴城临海产业园区	泳装产品	405	56	200	县域
99	绥中	绥中万家高新数字产业集群	绥中滨海经济区	IT高新技术产品	100	25	300	县域
100	昌图	昌图换热设备产业集群	老四平工业园区	换热器、鼓风机、供热机组	236	108	500	县域

参考文献

［1］《中国制造2025》解读之：制造强国"三步走"战略［J］.工业炉，2023，45（02）：5.

［2］《中国制造2025》解读之：中国制造2025，我国制造强国建设的宏伟蓝图［J］.工业炉，2023，45（02）：10.

［3］洪银兴，任保平.数字经济与实体经济深度融合的内涵和途径［J］.中国工业经济，2023（02）：5-16.

［4］张强，赵爽耀，蔡正阳.高端装备智能制造价值链的生产自组织与协同管理：设计制造一体化协同研发实践［J］.管理世界，2023，39（03）：127-140.

［5］王万.智能制造系统解决方案供应商政策实施成效、存在问题及对策研究［J］.制造业自动化，2023，45（01）：82-84+169.

［6］刘九如.制造业数字化转型的本质、路径、存在误区及政策建议［J］.产业经济评论，2023（01）：5-15.

［7］谷城，张树山.智能制造何以实现企业绿色创新"增量提质"［J］.产业经济研究，2023（01）：129-142.

［8］樊重俊.以工业互联网推动制造强国建设的国际比较及中国策略［J］.上海管理科学，2022，44（06）：14-17.

［9］瞿国春.深入推动智能制造发展 坚定不移建设制造强国［J］.智能制造，2022（06）：31-33+28.

［10］刘志峰.持续推进智能制造 助力制造强国［J］.智能制造，2022

（06）：38-40+28.

［11］郝玉成.以"强国长子"的使命与担当加快实现智能制造高质量发展［J］.智能制造，2022（06）：40-42+29.

［12］江源.深刻把握中国式现代化，构建智能制造发展新格局［J］.智能制造，2022（06）：49-50+29.

［13］朱明皓.智能制造是制造业支撑中国式现代化的应有之义［J］.智能制造，2022（06）：46-47+29.

［14］王和勇，莫佳丽.工业互联网对制造企业提质增效的影响研究［J］.工业技术经济，2022，41（12）：28-37.

［15］周涵婷，夏敏.可信数字孪生及其在智能制造的应用：机遇和挑战［J］.厦门大学学报（自然科学版），2022，61（06）：992-1009.

［16］本刊编辑部.全力推进广东制造强省建设［J］.广东科技，2022，31（11）：7.

［17］郭锐.科技自立打造新型工业化强国［J］.山东人大工作，2022（11）：16.

［18］孙新波，李继蔚，张明超.数据赋能智能制造企业价值链攀升：综述与展望［J］.财会通讯，2023（02）：26-31.

［19］聚焦2022世界先进制造业大会从4个关键词看山东先进制造业的精进之路［J］.信息技术与信息化，2022（09）：2-3.

［20］浙江制造业再出发［J］.浙江经济，2022（09）：5.

［21］李壮壮.科技服务业经济带动效应测算［J］.统计与决策，2022，38（03）：135-139.

［22］水会莉，李峰光.制造强省专项资金绩效审计的案例分析［J］.中国注册会计师，2021（05）：108-111.

［23］王智毓，刘雅婷.科技服务业促进产业转型升级的路径研究——兼析科技服务业与三次产业融合发展特征［J］.价格理论与实践，2020（11）：145-148+184.

［24］"未来工厂"引领制造强省建设——2020浙江省首届"未来工厂"发布会在杭举行［J］.信息化建设，2021（01）：24-25.

［25］黄云平.加快发展现代产业体系　推动绿色制造强省建设［J］.社会主义论坛，2021（01）：20-22.